预约未来

乡村小学劳动课程项目化实施探索

崔远红 著

中国海洋大学出版社

·青岛·

图书在版编目（CIP）数据

预约未来：乡村小学劳动课程项目化实施探索／崔远红著 . —青岛：中国海洋大学出版社，2023.6

ISBN 978-7-5670-3516-4

Ⅰ．①预… Ⅱ．①崔… Ⅲ．①劳动课－教学研究－小学 Ⅳ．① G623.92

中国国家版本馆 CIP 数据核字（2023）第 094218 号

YUYUE WEILAI: XIANGCUN XIAOXUE LAODONG KECHENG XIANGMUHUA SHISHI TANSUO

预约未来：乡村小学劳动课程项目化实施探索

出版发行	中国海洋大学出版社	
社　　址	青岛市香港东路 23 号	**邮政编码**　266071
出 版 人	刘文菁	
网　　址	http://pub.ouc.edu.cn	
电子信箱	zwz_qingdao@sina.com	
责任编辑	邹伟真　刘琳	**电　　话**　0532-85902533
装帧设计	青岛汇英栋梁文化传媒有限公司	
印　　制	日照报业印刷有限公司	
版　　次	2023 年 6 月第 1 版	
印　　次	2023 年 6 月第 1 次印刷	
成品尺寸	170 mm × 240 mm	
印　　张	15	
字　　数	268 千	
印　　数	1～600	
定　　价	59.00 元	
订购电话	0532-82032573（传真）	

发现印装质量问题，请致电 0633-8221365，由印刷厂负责调换。

序 *Preface*

那一抹乡韵醇厚绵长

初识远红，是在 2008 年，我去她所在的牟平区新牟小学，参加青年教师读书交流会，作为主持人的她纵横捭阖，聪颖睿智，给我留下了深刻印象。后来，我们一行三人去济南参加全省综合实践活动课程研讨会，开会间隙的交流，让我对在综合实践领域已经崭露头角的她印象更深，期望更高。如今，她已经成为一所乡村小学——牟平区玉林店镇中心小学的"掌门人"，经历了由综合实践活动名师到校长的转变。欣喜于她的勤奋扎实，欣赏于她的勇毅前行，当她邀我为《预约未来——乡村小学劳动课程项目化实施探索》一书作序时，我欣然答应。

通读该书，我发现该书有三个特点。

一是时代气息浓郁。翻阅该书，我的思绪倏忽间被拉回"八五"期间。彼时，玉林店小学就已经走在劳动教育研究的前沿。学校申报的国家哲学、社会科学"八五"规划重点课题"教育与生产劳动相结合的理论与实践"的研究卓有成效，轰动一时。时光飞逝，伴随着新的教育形势发展，30 多年后，远红校长带领玉林店小学的师生让劳动教育再次焕发出新时代的勃勃生机。反观当下，随着包括校长在内的人事更迭节奏加快，急功近利者此起彼伏，拼凑理念、盲目实践和过度宣传更是喧嚣尘上，难能可贵的是远红校长和她的团队愿意静心凝气，梳理研究学校自身的办学历史，不仅是为自己的办学理念寻根，也是为自己的改革实践垫底，更是为学校的特色发展续脉。真可谓钩沉一段历史，惊艳一季时光！静能生慧，古人诚不我欺。该书以独特的视角展现了近年来学校劳动教育的实施与思考，再一次让我们看到了研究、传承和沉淀的力量。

结合当前乡村学校情况，该书分析了乡村学校劳动教育课程实施的时代背景、文化根基和乡村场域等因素，提出了乡村学校劳动课程变革面临的制度、习俗、生态、历史等挑战。针对农村学校劳动教育"劳心"与"劳力"分离的状态，书中指出了学生劳动教育普遍不足的现状。尤其值得关注的是，农村学生已经不像我们想象的那样吃苦耐劳，甚至出现了"未富先懒""未富先娇"的状况，这与我们国家新时代的教育要求不相适应，也与劳动教育课程理念大相径庭。基于发现的这些问题，该书在新时代劳动教育的视角下，在准确把握劳动教育指导纲要和劳动课程标准的基础上，细致阐述了劳动课程项目化实施所需要的办学理念、课程规划、制度建设等方面的工作。通过该书，我看到了劳动教育成为玉林店小学向下扎根、向上生长的力量所在，劳动教育正助力乡村少年努力成长为有理想、有本领、有担当的时代少年。

二是创新特色鲜明。该书共分七章，从理念转变入手，详细介绍了学校顶层设计、劳动课程实施、课型探索、实施路径、协同推进、课程评价等方面，将项目化学习的理论与劳动课程相融合，形成了自己独有的特色。与传统劳动课程相比，项目化实施劳动课程优势比较明显，它改变了教师牵引学生活动、学生被动接受的机械做法，将学生置于活动的主体地位。经过激烈的头脑风暴，有了来自学生自己真实体验的驱动性问题，学生研究的兴趣高涨，探索的欲望就会非常强烈。随着活动的推进，教师在难点处适时提供支架，对研究成果进行公开展示，学生在一系列活动过程中，就会产生强烈的内驱力、实践力，这是传统劳动教学中比较少见的。所以，这样的项目化实施方式，更利于学生劳动素养的提升。

值得一提的是，与一般的论著相比，该书不单单是理论的阐述，更重要的是加入了许多实践案例。精彩的案例会让读者更加清晰地明确"这个活动为什么要这样设计，它是基于一种什么样的考虑"。以该书的第三章为例，作者详细分析了劳动课程实施的内涵价值、实施步骤。理论与案例相结合，简单通俗地呈现了"劳动课程项目化实施七步法"，既让读者改变了劳动课"只是在基地出出力、流流汗"的片面认知，也回应了部分教师"劳动课应该干什么"的疑惑。

三是乡村情怀赤诚。没有等来的辉煌，只有干出的精彩。纵观整本书，没有华丽铺张的语言，没有高深莫测的理论，有的是一种对教育的执着，对劳动教育的热爱，对乡村教育的赤诚。这既是远红校长20多年辛勤耕耘的结果，也是她治校理念的一个缩影。中共中央、国务院曾在《关于抓好"三农"领域重点工作确保如期实现全面小康的意见》中提出，巩固脱贫成果、防止返贫，要深化"扶志扶智"。作为乡村振兴的重要组成部分，乡村教育如果能引导孩子从小树立远大志向，培养敏锐的思维能力，唤醒学生内心向上的动力，我们的乡村振兴就指日可待。

远红校长从城市学校调到农村小学后，没有急于生搬硬套城市学校的一些常见做法，而是深入了解农村小学的状况，了解农村学生的特点，着眼于学校的长远发展，致力于农村学生的健康成长，独具慧眼地将劳动教育作为学校办学特色，在延续与传承的同时，让学校拥有持续发展的动力，让学生拥有灵动生长的内驱力。

事实证明,这一做法已经初见成效。玉林店小学已经在区域内小有名气,相信在不久的将来,在远红校长的带领下,玉林店小学劳动教育特色发展之路将会越走越宽,同时也会影响和带动更多的乡村学校走上自己的特色发展之路,为乡村振兴贡献教育力量。

　　一直以来,我都有一个乡村情结,曾无数次憧憬炊烟袅袅、曲径通幽的乡间生活,那种闲适与安逸让人平静而满足。所以,我的目光经常聚焦到乡村学校,经常聚焦到乡村教育工作者身上。作为一名劳动与综合实践战线上的老兵,远红校长没有停下前进的脚步;作为一个城里的孩子,远红校长正逐步与玉林店小学这片热土交融。唯有大爱,能生大勇;唯有大勇,方能翱翔蓝天。希望远红校长能用爱与勇气为更多乡村学生撑起一片晴朗的天空,为乡村教育增添一抹醇厚绵长的韵味。也相信,在不懈努力下,远红校长的教育之路也一定会因"远"而"红"!

烟台市教育科学研究院院长

管锡基

2023 年 2 月

前言 *Preface*

　　"未来"是什么？"未来"是从现在往后的时间，它是一个时刻，也可以是一个时间段。站在现在看过去，现在即是未来；站在现在想将来，未来便是一种预期。我的未来在哪里？我该怎样实现自己的未来，未来的我能为孩子们做些什么……自怀揣梦想踏上教师岗位后，我时常这样叩问自己。时光如流水，20多年转瞬即逝，回首过往，点点滴滴涌上心头，喜悦、温暖、自豪……百感交集，心中总有万千言语想要诉说。借本书出版之际，俯拾碎片，与读者分享，既是对过往的梳理，也是与未来的约定。

源于一份热爱，实现华丽蜕变

　　2001年9月，我踏上了教育工作岗位。这一年，教育部颁布了《基础教育课程改革纲要（试行）》，纲要强调从小学至高中设置综合实践活动并作为必修课程实施。我有幸成为一名综合实践教师，对于这个新鲜而充满挑战的课程，我深深感到自己的浅薄与无知。于是，我抓住一切机会为自己充电。除了参加各级各类的实地培训活动外，我还订阅了综合实践活动相关刊物。每月一期，我总会细细品读。刊物中，既有华中师范大学郭元祥教授对综合实践活动课程的深度解读，又有来自全国一线教师在活动开展过程中的宝贵经验。"实践是综合实践活动课程的本质属性""综合实践活动能让师生焕发生命的魅力"，这些观点不断冲击着我的心灵，让我对综合实践活动充满了无限的热爱。

　　活动指导是综合实践教学的高地，作为综合实践教师，不但要组织好学生的室外活动，更要上好室内的指导课。记得第一次执教公开课，为了能真正了解无土栽培，我自己首先买来各种各样的水培植物，细心研究它们的生长。在种植的过程中，记不清我跑了多少次蔬菜大棚，只记得最后与农场主成了好朋友。对于教学设计，我总是将自己置换成学生，反向思考如果我是学生，我会回答这个问题吗，我会怎样来参与这个活动……正是因为有了自己的精心备课，课堂上的我游刃有余,学生的收获也非常大,课堂取得了精彩的效果。从那以后,对待每一次的活动指导,我都精益求精,我的课堂驾驭能力也日趋成熟。星光不负赶路人,我的执着也换来了教学大丰收:"探秘无土栽培""创意班级文化衫""爱心义卖,情系老兵"等多节课先后获得烟台市和山东省综合实践优质课一等奖,我也被评为烟台市教学能手。这些承载着辛勤汗水的精品课堂,记录着我走过的点点滴滴,也见证了我的成长与蜕变。

始于一份执着,收获心中梦想

2019 年 11 月 26 日,中央全面深化改革委员会第十一次会议审议通过了《关于全面加强新时代大中小学劳动教育的意见》。2020 年 3 月,中共中央、国务院发布了《关于全面加强新时代大中小学劳动教育的意见》,同年 7 月,教育部组织研究制定了《大中小学劳动教育指导纲要(试行)》。作为一名综合实践学科的"老教师",我的身上又担负着劳动教育的重大责任。于是,我陷入深深的思考:如何将劳动教育与综合实践活动相融合,有机开展这两类活动呢? 因此我努力挖掘这两大领域的资源,在开展活动时尽力做到整合实施,一举两得。借助家委会,我组织学生和家长成立"小脚丫走家乡"校外劳动研学群。我和孩子们一起到高陵镇的半岛山庄掰玉米,在龙泉镇的生态茶园里采茶,到昆嵛山脚下的中国院子亲手种下一棵棵小柳树,去烟台艾维农场探秘鱼菜共生……在我的细心组织和精心引领下,孩子们不但开阔了视野,获得了课本上学不到的知识和能力,而且在游历中参与了劳动实践。家乡处处都留下了他们实践的脚印,洒下了他们劳动的汗水。

2020 年,我被评为了烟台市名师。手捧这张沉甸甸的证书,回想自己曾经走过的路,我感触颇深:当初自己所有的努力并不是为了将来能得到什么,但是当下我们踏出的每一步坚实步伐,就是对未来的一种预约。当下你种下什么"种子",未来你就会得到什么"果实"。于是我更加坚定了在劳动与综合实践这方土地上踏实工作、勤奋努力的信心。为了将中华传统文化融入劳动教育,我组织教师编写了校本教材《农历的天空下——走进传统节日》。教材以春节、元宵节、端午节等12 个传统节日为载体,引领学生既了解传统节日的习俗,又动手参与传统美食的制作,且将劳动与社会志愿服务相结合,培养学生的社会责任感和爱心。内涵丰富的劳动教育活动,不但得到了学生的喜爱,还得到了家长和社会的赞赏,作为劳动教师,我有一种强烈的幸福感和自豪感。

守于一份担当,奔赴乡村之约

2021 年,我从新年小学调到了玉林店镇中心小学担任校长,开启了一段乡村教育之旅。玉林店小学自建校以来都非常重视学生的劳动教育。早在"八五"期间,学校就承担了国家哲学、社会科学重点课题"教育与生产劳动相结合的理论与实践"的研究。在物资匮乏的 20 世纪 90 年代,学校带领师生种植了 56 000 平方米粮油地,养殖了 20 多头猪和羊,不但解决了师生的温饱问题,也辅助了学校的运转开销,更拉动了当地的经济。如何深化这一研究成果,让劳动教育传承为学校的办学特色呢? 这是值得我深思的问题。2022 年,教育部印发了《义务教育劳动课程标准(2022 年版)》,劳动正式从综合实践活动课程中分离出来。国家对劳动教育的重视,更加坚定了我们走"劳动创造特色学校,劳动培养精英人才"的路子。

经过一段时间了解,我发现乡村孩子的眼界和精气神儿与城市里的孩子相比有很大差异。全校 120 个孩子,有 53% 来自单亲家庭或是留守儿童,这个数字不仅震惊到了我,也让我的内心深处一下变得异常柔软。望着孩子们那红扑扑的质朴笑脸,我想,作为校长的我应该为这些孩子做些什么,给他们的童年留点什么。结合农村特点,我带领老师们申报了烟台市"十四五"规划课题"清单式小学劳动课程开发与实施的研究"和"小学农村学校家校共育的实践研究",力图通过课题研究带动劳动教育开展。为了解决劳动教育零碎化、被动化的问题,我们还申报了烟台市教改项目"农村小学劳动课程项目化实施研究",将项目化学习方式引进到劳动课程中。孩子们在驱动问题的引领下,兴味盎然地参加一个又一个劳动项目,他们一起设计活动步骤,思考问题,想解决方案,学校的劳动教育开展得如火如荼。因为"见多识广"了,因为"展示自我的机会多了",因为"活动带来的快乐多了",孩子们变得不再腼腆自卑,不再胆小怕事。面对每次活动,他们时常"怦然心动",继而"蠢蠢欲动",在成果汇报时,现场也一片"欢声雷动"。

经过几年的实践与探索,学校先后被评为牟平区课堂教学先锋学校、烟台市教育教学工作先进单位以及山东省绿色学校。我们组织开展的"亲农劳动节""特色才艺展示活动"等多项劳动教育活动被烟台电视台和山东教育频道报道播出。2022 年 12 月,学校承担了牟平区中小学特色学校现场观摩会,接待了来自全区 100 余位领导的参观学习。2023 年,我们在烟台市教育科研活动中做了经验交流,且提供了关于劳动教育方面的成果展示。可以说,是劳动教育为玉林店小学铺就了一条特色发展之路,是劳动教育为孩子们搭建了一个成长成才的舞台。孩子们双眸灵动,双手灵巧,思维灵睿……这是劳动教育赋予孩子们最珍贵的礼物。看着如今朝气蓬勃的孩子们,我仿佛看到了他们美好的未来! 看着学校已经踏上发展的快车道,我仿佛预见到了它美好的未来! 而我,愿继续挥洒智慧和汗水,守望乡土,在劳动教育这片广阔的天地中,与孩子们和学校一起携手,预约未来!

于是,《预约未来》这本书应运而生。基于前期的实践与积累,本书重点从"理念转变、顶层设计、课程实施、课型探索、实施路径、协同推进以及课程评价"七个方面,介绍了劳动课程本土化、校本化实施的策略,尤其对劳动课程项目化实施做了详细的阐述,为中小学尤其是乡村中小学开展劳动教育提供了切实可行的操作模式。希望本书能给更多的同行借鉴和启发,也希望有更多的中小学走上劳动教育特色发展之路!当然,我们深知,劳动课程项目化实施是一个长期、复杂的系统工程,而本书所呈现的做法只是我们一点点粗浅的探索。随着深入地实践与研究,我们将积累更多的项目化实施策略经验和实践案例,从而形成更加完备的项目化实施劳动教育体系。书中如有不当之处,敬请批评指正。

一路走来,感谢我的团队成员,是她们的辛勤付出和精诚合作让我有了前进的动力;感谢我的前辈领导,对本书提出了宝贵的建设性意见;也感谢中国海洋大学出版社,为本书的出版提供了宝贵的机会。

崔远红

2023.2

目录

Contents

📖 第一章

理念转变:破除乡村小学劳动教育发展困局

早在"八五"期间,玉林店小学就进行了国家级课题"小学养成劳动教育"的实验研究,研究的主要方向是通过养成教育培养学生的劳动习惯(见附录1)。经过三年实验,研究者清醒地认识到,在小学阶段进行养成劳动教育非常有必要;要培养学生的劳动习惯,必须有一定的劳动时间做保障;同时要培养学生珍惜劳动成果的情感,不能仅仅局限于让学生进行自我服务和家务劳动,更要让学生参加生产劳动。可以说实验取得了喜人的成果,学生节约粮食、勤俭朴素、吃苦耐劳等思想品质和学习成绩都有明显提高。

30多年过去,随着社会的发展,时代赋予劳动教育新的内涵。国家对劳动教育的重视,再次掀起了各地中小学的劳动热潮。众多学校结合实际,努力挖掘优势资源,开展了丰富多彩的劳动教育活动,形成了鲜明的劳动教育特色,可谓百花齐放,百家争鸣。但潜心审视,我们不难发现,不是所有学校都把劳动教育开展得卓有成效,地域与地域间、学校与学校间还存在很大差距。为了把握当前乡村小学劳动教育开展的真实状况,我们对本校的学校领导、教师和家长进行了问卷调查(见附录2),同时笔者走访了周边近十所乡村小学,梳理总结了当前乡村小学劳动教育发展的困局,并分析了阻碍乡村小学劳动教育开展的主要原因,力图找寻改变这一现状的有效途径。

第一节　问题现状分析

一、学校问题:零打碎散缺乏体系构建

对于劳动教育实施而言,学校是主体,相当于人体大脑的中枢神经系统,只有学校劳动教育规划到位,教师、家长才能全力配合,学生才能获得成长。通过调查问卷分析,我们发现,在劳动教育实施方面,学校层面存在的问题主要有以下三点。

一是学校缺少统筹规划。劳动教育从综合实践学科独立出来时间较短,学校虽然知道劳动教育的重要性,但是对劳动教育没有规划。有的学校劳动教育零散化、分散化,对劳动课程缺少顶层设计,对于劳动体系构建、劳动内容确立都存在流于形式、浮在表面等情况。

二是劳动套上了"安全枷锁"。出于安全考虑,学校有时安排老师上"室内劳动课",只给学生讲劳动的"理论知识",让学生课后自己实践,这种情况下劳动课程的效果可想而知。学校是学生劳动能力获得的主阵地,学生劳动素养的提升主要依靠学校的学习获得,但是学校担心学生在劳动中出现不安全的因素,因此大多会选择没有安全隐患的劳动项目,其他项目都只能"忍痛割爱"。

三是评价导向偏位。中国古代就有"劳心者治人,劳力者治于人"的思想,这种根深蒂固的思想延伸到教育中,造就了重脑力劳动、轻体力劳动的现象。很多学校也只是重视学生学习成绩的评价,对于劳动教育的评价研究还处于起步阶段。有时学校弱化劳动教育的地位,认为劳动教育是知识学习之后的延伸,将劳动作为一种"奖励",安排一些优秀的孩子去体验,剥夺了其他孩子参与劳动的机会。

二、教师问题：思想固化缺少劳动专长

教师是劳动教育实施的关键因素,教师用心领会学校规划意图,用脑开展相关活动才是劳动教育开展最根本的保障。但是,在问卷中,我们发现教师层面存在的问题也成为阻碍劳动教育开展的重要因素之一。

一是部分老师被"唯分数论"的思想固化。从调查问卷看,这一情况比较普遍,约占到了67.8%。这部分老师认为"教学"是主业,将学生的分数提上去看成是他们的"使命"。因而,有的老师觉得如果带领学生去开展劳动教育,会耽误学生的上课时间,也会影响老师的教学成绩。

二是部分教师甘愿充当学校的"传声筒"。对于学校安排的劳动项目,老师就是呆板地执行,为了完成任务而进行劳动教育,盲目、无目的地指导,只是为了完成任务和增加表面的实践感觉而进行活动。这部分老师忽视劳动的目的,缺少对劳动教育的思考和反思等,更谈不上对劳动教育过程中学生高阶思维能力的培养。

三是教师缺少劳动专业技术能力成为"绊脚石"。调查中我们发现,很多教师愿意带领学生参加劳动项目,但是由于缺乏技术,没有"一技之长",不具备开展劳动教育的能力,对劳动教育心有余而力不足。通过调查问卷,我们可以明显感受到老师对于劳动技术的陌生,约有56.3%的老师面对问卷中"用自己的语言说一说如何种植黄瓜?"这一问题说不清楚,有的老师甚至连种黄瓜的季节都弄不清楚。现实中我们也发现,有的老师想带孩子种南瓜,可是自己都不知道南瓜种子的尖

头该朝上还是朝下。试想，一个不会劳动的老师，怎么能把学生的劳动教好呢？

三、家长问题：包办替代轻视劳动价值

通过梳理调查问卷，笔者感受最深的是家长对待劳动的观念。大约78%的家长认为，孩子小的时候没有必要进行劳动教育，等孩子长大了，有了需求之后，自然就会了。通过进一步的跟踪了解，在这部分家长中，女孩子的家长还存在一个普遍的观点是孩子现在学会了，将来还要侍奉别人，还不如不会，将来还不用干那么多的活。类似这样的观点让人觉得不可思议的同时，也促使我们教育者反思。在汇总问卷调查过程中，我们发现46%的家长还有一种观点，认为劳动不是体面活儿，特别是很多农村家长辛辛苦苦在农村生活了半辈子，他们希望自己的孩子能走"读书之路"，不想让自己的孩子继续过"面朝黄土背朝天"的生活。对于学校布置的"书面作业"，他们能支持、配合老师，督促孩子完成好。但对于劳动实践方面的作业，往往采取"放任自流"的方式，没有做过多的干预。还有的家长家庭教育理念和学校不一致，喜欢对学生的劳动包办替代，对孩子很是"溺爱"，生怕自己的孩子"吃苦受累"，导致孩子丧失了劳动的权利和机会。

以上这些现状严重淡化了劳动教育的育人价值和劳动课程的本体价值，漠视了劳动教育在学生成长过程中的重要作用。想让劳动教育在学校真正落地扎根，我们首先要转变学校、教师和家长的思想。思想决定行动，只有思想转变了，三者才会付诸行动。

↙ 附录 1　"小学养成劳动教育"实验研究报告

"小学养成劳动教育"实验研究报告

实验点负责人：姜培祥　孙肇明

实　验　教　师：都基武　吕洪娟　王德芝　李淑萍　杨廷秋
　　　　　　　　曲会范　于万久　董建军

执　行　执　笔：姜培祥　都基武　孙肇明

牟平区玉林店镇中心小学地处牟平南部昆嵛山西麓，属于山区小学。有教职工16名，学生230名。党的十一届三中全会以来，学校认真贯彻党的教育方针，办学质量不断提高，1991年被评为"牟平区首届十佳学校最佳小学"，1993年被评为"山东省农村小学教学先进单位"，1994年被评为"烟台市教育科研先进单位"。

一、实验的目的、意义

20世纪80年代初，我们对学生的劳动素质进行了一次全面调查，调查的结

果令人震惊：随着生活水平的提高，家长对学生的娇惯相当普遍，学生身在农村，却严重地脱离劳动实践，鄙视劳动，不珍惜劳动成果，不少学生认为读书是为了脱离劳动。针对这个实际，我们组织教师认真学习了党的教育方针和小学劳动课教学大纲，总结了进行劳动教育正反两方面的经验，从而对劳动教育引起重视，根据《小学劳动课教学大纲》的要求和农村的特点，探索如何上好劳动课，并加强了劳动管理。经过七八年的努力，学生的劳动观点、劳动态度和技能都有所改善。但是，在教学实践中，通过观察和了解，发现不少学生生活不能自理，没有养成自觉劳动的习惯。原因何在？我们通过冷静地思考，认为我们的教育工作主要是缺乏理论指导，致使劳动教育目标不明确，方法不科学。为了真正把劳动教育落到实处，从1992年起，我们把主攻方向确定为"探索小学养成劳动教育的目标和措施"，通过养成教育，培养学生的劳动观点、态度和技能，从而养成爱劳动的习惯，这就是实验的目的。

其理论依据是，小学教育是基础教育的奠基石，基础教育的实质是对学生进行基本素质教育。教育部提出了小学阶段的素质教育目标，其中有关劳动技能素质方面的要求是："初步学会生活自理，会使用简单的劳动工具，养成爱劳动的习惯"。

从小学劳动素质教育的功能看，劳动素质教育是培养人的品格、意志、良好行为习惯和增长知识、技能、才干的重要手段，小学劳动课在实现上述职能的教育目标中有着其他学科不可替代的作用。可以说，劳动教育搞得好，可以达到益德、辅智、强体、促美的目的，促进孩子们的全面发展。

要培养学生的劳动素质，必须靠养成教育。这是由小学生的年龄特点和生理心理发展的规律决定的。心理学工作者对培养学生的道德信念研究指出，个体道德信念形成的过程可以分为无道德信念时期（10岁以前）、道德信念萌芽时期（10～15岁）、道德信念确立时期（15岁以后）。并认为在无道德信念时期，应该从道德行为开始教育，着重训练道德行为；在道德信念萌芽时期，应该一边进行道德行为的训练，一边进行道德信念的培养；在道德信念确定时期，应着重道德信念教育，同时辅之以道德行为和习惯的训练。这项研究说明，对小学生特别是低年级学生，不能过早地进行信念教育和理想教育，而应先抓养成教育；对中、高年级学生，应一边抓养成教育，一边抓信念和理想教育。进行道德教育是如此，进行劳动教育也是如此。

从劳动技能的形成过程看，大致分三个阶段：掌握局部动作阶段；初步掌握完整动作阶段；动作的协调和完善阶段。要完成这一形成过程，无疑是要靠养成教育。只有边讲怎样操作，边组织学生实际操作，随着操作的不断熟练，多余的动作减少并消失，劳作的速度才能加快，准确性、协调性、灵活性才能提高。

从良好的劳动习惯的形成过程看，由时断时续至"习以为常"，主要靠脚踏实地对学生进行良好的行为、心理素质方面的培养，着力于"养成"，而不在于"灌输"，这是符合儿童自身特点的。少年儿童年龄小，模仿性强，可塑性大，是实施养成教育成果比较明显的时期，如果忽视或错过了这个时期，教育将要付出几倍的努力才能成功。

二、实验的对象、时间

1992 年 5 月开题，1995 年 8 月结题。学校 8 个教学班的师生全部参与实验。其中一年级 1 个班 32 名学生，二年级 2 个班 60 名学生，三年级 2 个班 49 名学生，四年级 1 个班 30 名学生，五年级 2 个班 59 名学生。对照班选在本镇北红石头完小。该校的办学条件、师资水平、学生的基本素质与我校基本相同。为了控制变量的稳定，从我校和北红石头完小的低、中、高年级中各选取一个班，每班随机取样 20 名学生，进行对照。

三、实验的过程

（一）目标体系

我们根据国家教委对小学生劳动素质的要求，结合农村的实际，参考了《九年义务教育小学劳动课教学大纲》的要求，设计了三级教育目标。

1. 总目标（一级）

（1）使学生学习一些浅显的劳动知识，学会使用一些常用工具，初步掌握自我服务劳动和一般家务劳动的基本技能，能进行简单的生产劳动。

（2）教育学生初步懂得劳动创造社会财富、劳动光荣、劳动没有高低贵贱之分的道理，从小培养他们热爱劳动、热爱劳动人民的思想感情，遵守纪律、认真负责、耐心细致、不怕困难的劳动态度和勤劳俭朴、富有同情心、乐于助人、爱护劳动工具及公共财物、珍惜劳动成果等优良品质；初步树立质量观念和环境保护意识。

（3）通过劳动实践，增强动手能力，并注意培养学生观察、思维、想象的能力和创造精神。

2. 年级段教学任务目标（二级）

低年级：在劳动实践上，要求做到自己的事情自己做，家务劳动帮着做；在劳动知识上，掌握简单的自我服务和家务劳动知识以及有关的劳动工具知识；在劳动技能上，有模仿别人劳动的能力，会使用生活工具；在劳动观念和行为习惯上，知道爱劳动是好孩子，从小养成爱劳动的习惯，能够遵守纪律，爱护劳动工具，珍惜劳动成果。

中年级：家庭的事情主动做，集体的事情积极做；掌握一些校内劳动、社会公益劳动和简单的生产劳动知识；有比较熟练的劳动能力，会使用简单的生产劳动工具；知道勤劳是中华民族的美德，养成爱劳动的习惯；培养自己关心集体、爱护公物的品德。

高年级：生产劳动学着做，在劳动中学会创造；掌握一般的生产劳动知识和有关劳动工具的知识；培养自己动手、动脑、独立劳动的能力；知道劳动创造了人类社会，热爱劳动人民，关心集体，不怕困难，乐于助人。

3. 课时目标(三级)

低年级：共 21 项。其中"自我服务劳动"9 项，如学会洗脸、穿脱衣服等；"家务劳动"6 项，如会择菜、会盛饭端饭、会开关电灯、电视机等；"简单生产劳动"3 项，如会喂鸡、会拔草等；"公益劳动"3 项，如会抹桌椅等。

中年级：共 22 项。其中"自我服务劳动"7 项，如会洗头、会钉纽扣等；"家务劳动"6 项，如会洗菜、整理房间等；"简单生产劳动"6 项，如会喂养家兔、会拈玉米或花生种、会锄地等；"公益劳动"3 项，如会花卉管理等。

高年级：共 12 项。其中"家务劳动"4 项，如会做简单的饭菜、初步掌握家用电器的使用方法等；"简单生产劳动"5 项，如会喂猪、会种两三种蔬菜并管理、会栽果树并管理等；"公益劳动"3 项，如管理好学校和敬老院的小花圃、树木等。

我们以国家教委颁发的九年义务教育《小学劳动课教学大纲》为依据，参考省编劳动课教材，结合农村的实际，制定了各年级劳动课的具体教育内容。内容的确定，我们坚持了八性，即循序性、普遍性、教育性、知识性、趣味性、实践性、灵活性、安全性。

1~5 年级共确定了 55 项内容。其中，针对 18 项内容(如喂猪、锄地、择菜等)我们编写了教材，对每项内容都设计了教学要求和知识要点。如"洗脸洗手"一项，要求是：使学生学会洗脸洗手的一般方法；教育学生养成良好的卫生习惯，坚持做到饭前便后洗手。知识要点：① 接水浸毛巾；② 洗手；③ 抹肥皂；④ 擦洗脖颈、耳朵；⑤ 擦干；⑥ 擦油(冬季)。再如"锄地"一项，要求是：使学生掌握锄地的一般要领；教育学生热爱劳动，不怕苦不怕累。知识要点：① 姿势为两手握住锄柄，身体稍向前倾、前腿弓、后腿蹬；② 深度为 1~2 厘米；③ 部位为锄到作物的根上部，但不要割断作物的根和茎。各年级的劳动课教师，按照既定的教学内容备课、上课，组织学生反复实践，完成教学任务。

（二）操作体系

1. 建立教学常规

在劳动教育过程中，我们主要抓了以下三个重要环节。

一是备好每节课。首先是选择合适的课型。劳动课的突出特点是以劳动实践为主。如何实践,要看教学内容。我们根据不同的内容采取了不同的课型,有讲练课、现场课、参观课、社会实践活动、家庭实践活动等。其中讲练课采用了"五段式"教学程序:激发兴趣、讲解示范、动手操作、成果欣赏、实践作业。其次是在钻研教材、掌握学情的基础上写出教案。教案的内容包括:教学目标(劳动双基、思想教育、能力的培养)、教学重点难点、材料工具的准备、教学步骤与方法、作业设计等。

二是上好每节课,力求优化教学过程。我们确定了五条标准,让老师按照此标准上课,也以此标准评课,以提高教学质量。这五条标准是:① 教学目标明确;② 教材处理得当;③ 教学结构合理;④ 教学方法灵活;⑤ 教学效果明显。其中在教学方法方面,几年来,我们灵活运用了"讲解法""谈话法""领学法""实习操作法""参现法"等,效果比较理想。

三是拓宽教育途径。实验的目的是养成学生正确的劳动观念、良好的劳动习惯以及热爱农村、热爱劳动人民的感情。光靠劳动课教学是难以达到教育目标的;要全面实现劳动素质教育的目标,必须拓宽教育途径,主要是抓了六个结合。

(1)与家庭教育结合。我们主要做了三方面的工作。一是向家长发出公开信,向他们宣传劳动的意义,讲明学校劳动教育的目的、任务,并向家长提出要求,提高他们的认识,与学校一起教育学生。二是组织班主任经常进行家访工作,针对学生在劳动态度和习惯等方面存在的问题,给家长讲道理,与他们一起研究教育方法。三是为每位学生建立家庭劳动反馈卡(印刷在《学生劳动手册》中),要求学生在学校学习了家务劳动、自我服务劳动和简单生产劳动的本领后,回到家里由家长指导继续进行劳动实践,并由家长每学期填写两次学生劳动表现的评语,及时反馈到学校。这样做既引起家长对培养孩子劳动习惯的重视,又密切了家庭与学校的联系。

(2)与社会实践结合。我们主要做了两个方面的工作。一是组织学生到果园、工厂、作坊、工地、商店参观,了解工人、农民、职员的生产劳动情况,开阔学生的视野,增强热爱劳动人民的感情,懂得劳动创造社会财富的道理,激发学生为建设社会主义祖国贡献力量的热情。二是组织学生参加力所能及的公益劳动。我们把乡老干部活动室、敬老院作为学生服务的定点,把驻地部队作为联谊点,经常组织学生到这些单位打扫卫生,栽花种树。这样做既锻炼了学生,又密切了学校与这些单位的关系。

(3)与课外活动结合。为了发展学生的特长,我们组织了盆栽、折叠、泥塑、编织、饲养等兴趣小组。各组学生在课外活动时,在教师的指导下,互相学习,共同实践,力求创新。少先队每学期组织举行2～3次展评活动,展览劳动成果,评出

"能手"，激励了学生们的个性发展。

（4）与各科教学结合。与语文课的结合，主要是充分利用教材中有关劳动教育的内容，适当进行热爱劳动人民、珍惜劳动成果和养成良好的劳动习惯的教育；与数学课结合，注意把劳动效率、劳动价值用数据展现给学生，学生学习了测量土地的知识后，就让学生自己测量所分管的校田，做到学以致用；与思想品德课结合，注意优良品质的培养，提高学生劳动的自觉性和积极性；与自然课结合，把自然课学到的有关动、植物的知识和简单的电学、热学、力学、化学等基础知识用于劳动实践中，提高劳动效率；与音乐课结合，我们用歌声来表现劳动的喜悦与繁忙，驱赶劳动的疲劳，调节精神生活；与体育课结合，注意用形体介绍劳动与锻炼给人的身体带来的健康与健美等。总之，与各科教学结合，不仅必要，而且确实充实了劳动素质教育的内容，起到催化剂的作用。

（5）与农业技术试验结合。在简单的生产劳动中，让学生学点农业新技术，对培养他们学科学、爱科学、用科学的思想非常必要。开展实验以来，我们得到了镇农技站、种子站的支持与辅导，在校田里进行过小麦、玉米、花生的品种和施肥的对比试验，在果园里学习剪枝技术，都取得良好效果。其中花生的五种品种试验和三种化肥试验，最优亩产量为 800 斤，试验成果被农技部门推广。

（6）与勤工俭学结合。几年来，我们结合当地的实际，每年都组织学生复收、挖药材、割草、搂草、摘松球、捋刺槐叶等。每次劳动，学生们都在老师的带领下自愿结合成组，活跃在山坡上、田野间，不怕风吹日晒，不怕汗水洗面，圆满地完成任务且保证了安全。在总结成绩时，不论谁完成的任务较差都感到非常惭愧。

2. 搞好基地建设

没有基地，劳动课的实践性就无法体现。因此，多年来我们一直把建立劳动基地作为进行劳动教育的基本条件。为此，我们建立了小农场和饲养场。

小农场有土地 12 亩，其中，粮油田 8.4 亩。根据学生的年龄、体力、知识等情况，我们把种植任务落实到中、高年级各班，实行按地块分班承包管理责任制。各班学生在教师的指导下自己计划、自己栽培、自己管理、自己收获，每年粮食平均亩产1 500 斤，花生亩产 800 斤。学校开辟菜园 0.6 亩，组织学生运用书本上学到的知识，在菜园里种植了大白菜、土豆、萝卜、辣椒、西红柿等，从种到收，一管到底。学生通过种菜劳动，不仅掌握了蔬菜的栽培技术，同时培养了良好的劳动习惯。我们根据农村需要，本着为农村经济服务的宗旨，又开辟了果园 2.5 亩，药材基地 0.5 亩。学生们利用课余时间挖树坑，栽上了苹果、桃子、银杏等 200 多棵果树。在管理上，我们把果树分到高年级班，落实到学生个人，实行挂牌管理，负责浇水、追肥、除虫灭病等，药材的种植主要是颠茄和白眉豆，由于低年级同学加强了管理，药材获得了好收成。

建饲养场的目的有两个:一是形成"饲养—土肥—种植—饲料"一条线的生产流程,发挥劳动基地的良性循环作用;二是使学生学到农业本领,养成爱劳动的习惯,我们建了4个猪圈,采取自繁自养的办法,每年母猪、仔猪、克朗猪的存养量约20头,年出肥猪平均6头,重900多千克。

为了保证生产劳动工具的基本需要,我们还建了四间工具室,备有小推车、锄、镰、锹、镐、筐等40余件。总之,我校的劳动基地初步实现了项目多样化、活动经常化、管理制度化、效益综合化,较好地完成了劳动教育的任务。

3. 加强劳动管理

在劳动时间安排上,采取分散与集中相结合的方式,这样既能保证劳动"双基"的教学时间,又能保证劳动实践的必要时间,实际安排如表1-1所列。

表1-1 劳动时间安排

项目 课时数 年级段	课程计划规定的课时数		一学年实际需要时间					
			分散安排 (自我服务、家务劳动、简单的工艺、生产劳动)		集中安排 (在校的基地劳动、勤工俭学劳动、公益劳动) (课时)	合 计		
						总课时	其中	
	周课时	学年课时	在校 (课时)	回家 (课时)			在校周均课时	全年日均小时
低	1	34	16	137 (日均15分钟)	30	183	1.35	0.33 (20分钟)
中、高	1	34	14	274 (日均30分钟)	64	352	2.3	0.64 (38.6分钟)

在劳动管理上,实行两级管理,定期评估。所谓"两级管理",就是分上、下两级管理。上一级由校长和后勤管理人员组成领导班子,履行他们的职责。校长,负责制定和实施实验方案和阶段计划,加强对各班级和各个工作环节的指挥与调控,组织检查评价。后勤管理人员,主要是协助校长实施实验方案,为实验教师提供各种物质材料,如工具、种子、农药,协助实验教师完成劳动课任务。

下一级指实验教师。他们的职责是根据学校实验方案制订本班的劳动教育计划,并备好每节课,上好各种劳动项目、各种课型的课,根据学校制定的实验评价体系的要求,认真做好对学生劳动质量的考核工作。实验教师的确定,几年来用过好几个方案,实践使我们认识到最好的办法是由班主任兼任劳动课老师。这样的好处有三个:一是便于组织学生劳动;二是有利于检查评价;三是有利于与家长、社会联系。总之,此方案有利于学生劳动观念、劳动技能和劳动习惯的"养成"。

所谓定期评估,就是由领导班子每学期一次对各实验班的工作进行评估,确认工作质量的优劣。我们把劳动管理的质量列为评价教师的一项重要内容,直接与教师的奖惩挂钩,完成劳动任务不合标准的班级,不能评为先进班级,其指导教师不能评为先进个人。这样做,大大调动了教师的积极性。

（三）评价体系

我们主要根据《教育与生产劳动相结合的研究与实验》总课题的要求,选用了"标准参照测验法"对劳动课的教学结果进行评价,属于探索阶段,还不完善,做法如下。

1. 测验的内容

（1）劳动基础知识:教学目标要求掌握的知识要点。

（2）劳动基本技能:教学目标要求掌握的技能。

（3）劳动态度和习惯:劳动态度主要看是否遵守纪律,认真负责、耐心细致、不怕苦不怕脏;劳动习惯主要看是否及时、有始有终、持之以恒。

2. 测试的形式与记分方法

（1）劳动基础知识方面,拟测题进行笔试。采用"二值记分法",正确的记1分,不正确记0分。

（2）基本技能方面:进行辨认测验和实地操作测验。确定辨认和操作的标准,主要根据三级目标中对基本技能的要求,也采用"二值记分法",合格的记1分,不合格记0分。

（3）劳动态度和习惯方面,进行自我、小组、家长和教师相结合的评定。围绕劳动态度和习惯的内涵确定成绩。记分方法采用等级评定法,即优、良、中、差。

3. 测验的实施

（1）"自我服务劳动"和"家务劳动"一学年进行三次:学年初一次（前测）,上学期末一次（中测）,学年末一次（后测）。

（2）"简单生产劳动"和"公益劳动"。按"教学过程"划分阶段,一个过程为一个阶段,进行前测和后测。

（3）在各项劳动内容测验中,教师做到认真负责,逐人逐项全面正确地评定成绩,填好成绩册,搞好统计、分析,写出简要的总结。

（4）写好每节（或几节）劳动课的教学小结。这是进行中测、后测的重要资料,教师写在备课本上。

（5）使用好《小学生劳动手册》,加强与家长的联系。

四、实验结果与分析

学生的劳动知识技能、态度习惯评定结果如表1-2所列。

表1-2 劳动知识技能与态度习惯评定表

年级段	实验前后对比	自我服务劳动			家务劳动			公益劳动			简单生产劳动			
		项目数	知识技能（掌握知识合理操作技能熟练效果较好）	态度习惯（能自觉地、主动地、经常地做到）	项目数	知识技能（掌握知识合理操作技能熟练效果较好）	态度习惯（能自觉地、主动地、经常地做到）	项目数	知识技能（掌握知识合理操作技能熟练效果较好）	态度习惯（能自觉、主动地、经常地做到）	项目数	会使用几种工具	知识技能（掌握知识合理操作技能熟练效果较好）	态度习惯（能自觉地、主动地、经常地做到）
低	1991年前	会洗脸洗手等91项	82%	72%	会扫地洗碗等6项	74%	71%	会抹桌椅等3项	91.5%	86.4%	会喂鸡拔草等3项	5	82%	79.5%
	现在		91%	89%		81%	78%		95%	92%		5	90%	85%
中	1991年前	会洗头钉纽扣等7项	84.4%	82.3%	会洗菜烧火等6项	78.5%	72%	会种花井管理等3项	86.89%	84%	会喂兔会锄地等6项	6	81.5%	79%
	现在		95.5%	93%		88.3%	82%		90.6%	86%		7	87%	83.5%
高	1991年前	巩固前16项	92.3%	90.6%	做简单的饭菜等4项	81.4%	77%	会管理小花圃和树木等3项	87%	85.5%	会喂鸡会种菜等5项	8	91.4%	85%
	现在		98%	95.6%		90.5%	85%		95.3%	92%		11	96.7%	91.2%

对学生的劳动态度和技能问卷调查的结果如表1-3所列。

表1-3 学生劳动态度和技能问卷调查表

项目	1. 天天刷牙梳头			2. 看电视			3. 帮爸妈喂鸡、兔			4. 自己钉纽扣			5. 学习后整理好文具			6. 帮爸妈做饭			7. 自己洗小件衣服			8. 农忙时干农活			9. 劳动课学习后			10. 对劳动课时装病的认识			11. 劳动中受了伤		
	养成	占比	未养成	自己开机	占比	爸妈开	养成	占比	未养成	养成	占比	未养成	养成	占比	未养成	养成	占比	未养成	养成	占比	未养成	养成	占比	未养成	自己干	占比	不干	正确	占比	不正确	正确处理	占比	不正确
中年级 实验班	18	90	2	20	100	0	18	90	2	19	95	1	19	95	1	15	75	5	19	95	1	18	90	2	18	90	2	20	100	0	20	100	0
中年级 对照班	16	80	4	19	95	1	18	90	2	17	85	3	18	90	2	14	70	6	18	90	2	18	90	2	15	75	5	19	95	1	20	100	0
高年级 实验班	20	100	0	20	100	0	19	95	1	19	95	1	19	95	1	20	100	0	20	100	0	20	100	0	18	90	2	15	75	5	17	85	3
高年级 对照班	20	100	0	19	95	1	19	95	1	19	95	1	14	70	6	18	90	2	20	100	0	18	90	2	17	85	3	15	75	5	16	80	4

项目	12. 主动拾掇碗筷			13. 对劳动课的态度			14. 对劳动目的的认识			15. 处理吃剩的饭			16. 长大了干什么			17. 喜欢的三门课			18. 参加兴趣小组			19. 学会劳动本领（项）	20. 每周零花钱（元）	21. 学会使用生产工具（件）
	养成	占比	未养成	端正	占比	不端正	正确	占比	不正确	正确	占比	不正确	当农民	占比	其他	劳技	占比	其他	劳技	占比	其他	平均	平均	平均
中年级 实验班	17	85	3	19	95	1	20	100	0	20	100	0	0	0	20	17	85	3	2	10	18	4.9	1.04	4.8
中年级 对照班	16	80	4	18	90	2	20	100	0	20	100	0	0	0	20	1	5	19	9	45	11	3	0.73	3.8
高年级 实验班	18	90	2	18	90	2	15	75	5	20	100	0	9	45	11	8	40	12	8	40	12	14.8	0.9	8.6
高年级 对照班	14	70	6	15	75	5	15	75	5	19	95	1	0	0	20	0	0	20	13	65	7	5.5	0.79	3.7

从以上两个统计表中所列的数据可以看出,实验的效果是明显的,有计划有目的地组织实验与常规性地抓劳动教育,效果是不同的,经过三年的实验,学生的劳动知识、技能、态度和习惯均有增长和提高。实验班与对照班学生比较,效果也是明显的,其中第16、17、19、21项,反映学生的劳动观点、态度和劳动本领方面,实验班比对照班表现尤为突出。在21项问卷调查中,仅有2项,对照班的成绩高于实验班。其中"每周零花钱"一项有其客观原因,主要是实验班的学生多居住在乡镇,且有不少学生的家长系双职工,家庭经济收入较多一些,所以较对照班学生每周多花0.2~0.3元。

教育与生产劳动结合的结果,除了有效地提高了学生的劳动技能素质外,还增加了学校的经济收入,改善了办学条件和师生福利。1991年以来,学校劳动基地收入45 400元,勤工俭学收入24 500元,共计69 900元。根据"取之于民,用之于民"的原则,扣除生产费用外,40%的收入用来扩大再生产,用于改善办学条件和师生福利的费用各占30%,进一步调动了师生的积极性,保证了初级教育的普及。

五、讨论和结论

(一)讨论

通过几年的实验,我们对小学的劳动教育有了以下三点新的认识。一是纠正了"开设劳动课是针对目前小学生不爱劳动而进行的应试教育观点",认识到劳动教育是素质教育的重要组成部分,是为提高人才素质打基础的重要环节。二是要培养学生热爱劳动、热爱劳动人民和珍惜劳动成果的思想感情,必须加强生产劳动教育,在城市要组织学生学工,在农村要组织学生学农,不能只停留在自我服务劳动、家务劳动和公益劳动上。三是要使学生养成良好的劳动习惯,必须有一定的实践时间。只靠每周一课时的时间(全年34周)是很不够的,因为全年日均只有3.7分钟。我们实验的劳动时间是:低年级日均20分钟,中、高年级日均38.6分钟。即使这样,也没有完全达到"养成习惯"的要求。我们认为,要达到要求,还需要增加一点家务劳动的时间。

几年的实验,使我们体会到,要卓有成效地提高学生的劳动素质,必须坚持以下几条基本原则。

一是潜心教育原则。就是寓教于劳,发挥教育的潜能作用。在教学中,我们充分挖掘教材的内涵,有机地进行技术教育和思想品德教育。如"掏鸡粪、兔粪"一课,不仅教给学生掌握方法,还教育学生既要不怕脏、不怕累,又要讲究卫生,尽量不让粪便触到身上。在每一次组织劳动的过程中,我们从开始动员直至结束后的小结，都不失时机地讲明活动的意义、任务和要求，注意观察每个学生的劳动表现，及时总结，集体评议，表扬先进，批评不良倾向，提高了学生劳动的自觉性和积极性，对个别学生在劳动中出现的问题因势利导，给予具体帮助。

二是实践第一原则，就是让学生亲自动脑、动手，在劳动实践中掌握知识和技能，通过反复的实践活动，养成习惯。从养成教育的特点看，实践尤其重要。离开了实践，就谈不上"养成"。我们不仅要求学生在校内参加劳动实践，还要组织他们在家庭、到社会上参加劳动实践，通过实践，达到陶冶情操、培养观念、掌握技能、形成习惯的目的。例如，组织中高级学生参加小麦、玉米和花生的种植活动，从春天到秋天，他们亲自参加了拔种、浇水、追肥、锄草、捉虫、收割等劳动，经受了风吹日晒、汗水洗面、手起血泡的磨炼，能够深深体会到一粒粮一滴油来之不易，珍惜劳动成果，热爱劳动人民的感情油然而生。

三是示范性原则。示范也称榜样，是教育者在学生的劳动教育过程中，从知、情、意、行等方面为学生做出榜样。教师和父母是对儿童经常的、直接的发生影响的人。要培养儿童的劳动观念、技能和习惯，教师和父母必须以身作则。我们要求从学校领导到老师必须做到带头劳动，拣重活干，不怕苦、不怕脏，讲究操作规程并持之以恒，生活俭朴，爱护公物。教师之间互相关心，互相帮助。十几年如一日，学生们看到校长跳进猪圈取粪和为母猪接生，看到老师们在脱粒机前汗流浃背的劳动场面，看到老师的衣着朴素，举止文明，宿舍里整洁卫生……无不产生敬佩之情，天长日久，潜移默化作用也就在其中了。学生回到家中，父母长辈的言传身教也是非常重要的。我们经常与学生家长联系，帮助他们规范言行，宣传他们的好典型，对孩子们起到了示范作用。我们还经常以老一辈无产阶级革命和英雄模范人物为榜样进行示范教育，增强了学生热爱劳动人民的感情。

四是一般和个别相结合原则，就是一般要求和个别要求相结合，既对每个年级的劳动教育要达到的目的、完成的任务以及学生应掌握的劳动技术水平等有统一的标准，又根据学生的兴趣、爱好不同因材施教，发展其个性。

五是创造性原则，就是在劳动过程中培养学生的创造性思维，不盲从，喜欢质疑，大胆提出自己的想法，探索巧妙的方法，取得事半功倍的效果。

存在的问题和要继续研究的问题有以下几点。

一是在评价过程中，有些数据的统计不够精确，今后要根据教育统计学的要求研究制定各种量表，做好统计工作；二是学生的理想是当农民的不多，除学校教育不够外，还有其社会原因，今后要加强这方面的研究；三是家庭劳动基地开发得还不够，有待于研究如何把学生在校学到的劳动本领与庭院经济结合起来，由精神财富变成物质财富；四是要达到养成劳动教育的目的，在小学阶段每周、每年到底需要多少实践时间,还要进一步实验研究。

（二）结论

在小学阶段实施养成劳动教育是非常必要的,而且也是最佳时期;要实施养成劳动教育,必须建立比较完善的、有一定科学性的目标体系、操作体系和评价体系;要培养学生正确的劳动观点和态度,掌握一定的劳动技能,养成良好的劳动习惯,只能靠"养成",不能靠"灌输",而养成则要靠实践。

实践充分证明了马克思的英明论断:教育与生产劳动相结合,不仅是提高社会生产的一种方法,而且是造就全面发展的人的唯一方法。养成劳动教育的实验证明,劳动素质教育可以达到益德、辅智、强体、促美的目的,促进学生的全面发展。

劳动教育陶冶了学生的心灵,使他们的思想精神风貌发生了质的飞跃。大多数学生对工作认真负责。例如,1993年暑假期间四年级学生完成清除操场边沿杂草的任务,每半天4个人轮流作业,值勤老师把任务一交代,学生们就独立劳动,烈日当空,汗流浃背,毫不叫苦,要收工时经老师的再三督促才带着工具回家。遵守纪律成为全校学生的自觉行为。校园里的杏子、苹果,每年都结很多果实,学生们不但不摘一个吃,即使掉在地上的,也无一人动一动。过去,浪费粮食、乱花钱的学生不少,现在绝大多数学生养成了艰苦朴素、勤俭节约的良好品德。我校有75%的学生中午带饭在学校吃,经多次检查,无一人乱扔吃剩的饭菜,他们都是把剩下的饭菜盛在盒子里带回家。

劳动教育促进了学生身心和智能的发展。学生通过劳动实践,体会到劳动的艰辛和劳动成果的来之不易,从而促进了克服困难、持之以恒的非智力心理品质的形成,使智力因素在非智力因素的作用下得到不断提高。过去,我校各年级均有20%的学生不爱完成作业,现在,不但都能完成,而且很及时。中、高年级学生不仅学好课本上的知识,还积极开展课外阅读,一学年平均每生能阅读书报60多万字,并写下读书笔记1.7万字。由于学生们勤奋学习,学期末考试成绩不断提高。实验后(1994年)与实验前(1991)年相比,1～5年级的平均分数分别提高了1.3、2.51、2.68、3.32、3.94分。我校的教学成绩在全镇学校近5年的10个学期中有7次总评名列第一。区教委举行各学科智力竞赛,我校多次代表镇参赛,均取得好成绩。

学生的文艺、体育也有长足的发展,近三年我校连续三次代表镇参加区文艺比赛,均取得好成绩。学生的小篮球、长跑、跳绳、踢毽水平高于一般学校。在区广播操比赛中,我校连续两次荣获一等奖。

劳动的锻炼增强了学生的体质,减少了疾病。过去,学生常害红眼病、腮腺炎、乙肝病,近四年基本根绝。学生的近视率由21%下降到14.2%。

决策性建议：

通过实验研究,使我们深刻地体会到,在小学要搞好养成劳动教育,必须做到以下几点。

（1）要以《九年义务教育全日制小学劳动教学大纲》为依据建立目标体系。因为"目标"是教学过程的核心,具有较强的导向性。制定养成劳动教育的目标应分三级,即小学阶段的总目标、年级目标和课时目标。各级目标中,应包括劳动的基本知识、基本技能、思想品德和个性发展等方面,各年级的目标要循序渐进,形成序列。

（2）教学内容的确定应以统编或省编教材为主,结合当地的实际,选定好自我服务劳动、家务劳动、公益劳动和简单生产劳动的内容,要抓住最基本、最重要的内容进行教学,以提高教学目标的达成度。

（3）要从当地的实际出发,建立劳动基地,缺乏条件的学校,也应建立挂钩基地。学校还应设立"劳动操作室",配备一定的劳动工具和设备,组织学生到操作室劳动。

（4）各年级学生都要有一定的劳动实践时间,实验证明,只靠每周一节课的时间是不够的。到底需要多少时间有待进一步研究,在时间安排上,应将学生回家的自我服务和家务劳动时间考虑进去。这是养成习惯不可忽视的条件。

（5）要拓宽教育途径,坚持几个结合。

（6）在小学,班主任兼任劳动课教师优于专职教师。

（7）教育行政部门要把劳动教育列为评估学校和教师工作成绩的一项内容,充分发挥其导向和激励作用。

↙ 附录2 玉林店小学劳动教育实施情况调查问卷

劳动教育实施情况调查问卷（学校卷）

亲爱的老师：

您好,此次问卷主要是了解一下学校当前劳动教育实施的实际情况,请您依据真实情况填写。此问卷不记姓名、不公开,选项没有好、坏之分,仅供研究之用,请您不要有任何顾虑。请您在相应题目后面的括号里填上合适的选项,谢谢!

1. 您的职位是? （　　　）

A. 校长　　　　　　　　　　B. 副校长　　　　　　　　　　C. 教导主任

2. 您是否任教劳动教育? （　　　）

A. 是　　　　　　　　　　B. 否

3. 您所在学校劳动教育规划情况如何? (　　　)

A. 有整体规划　　　　　　　B. 在每学年学校工作计划中安排

C. 根据情况临时安排　　　F. 不清楚

4. 您所在学校有哪些劳动教育形式? (多选题)(　　　)

A. 开设专门的劳动教育课　B. 各学科课程渗透

C. 安排劳动周、劳动技能竞赛等实践活动

D. 举办劳动主题教育活动　E. 没有开展

5. 您所在学校每学期安排的劳动教育课时大概多长? (　　　)

A. 平均每周 1 课时　　　　B. 根据情况随机安排　　　　C. 从未安排

6. 您所在学校劳动教育师资情况如何? (多选题)(　　　)

A. 有专职教师　　　　　　　B. 由其他科任教师兼任

C. 外聘兼职教师　　　　　　D. 挖掘家长资源

7. 您所在学校的校内劳动教育场域情况如何? (　　　)

A. 有专门的劳动场域并有明确的使用安排

B. 有专门的劳动场域但不经常使用

C. 没有专门的劳动场域

8. 您所在学校是否有专门的劳动教育教材? (　　　)

A. 有　　　　　　　　　　　B. 没有　　　　　　　　　C. 不清楚

9. 您所在学校对学生进行劳动教育评价方式(多选题)(　　　)

A. 口头表扬　　　　　　　　B. 进行成果展示

C. 通过成长档案　　　　　　D. 未做评价

10. 您认为学校开展劳动教育存在哪些困难? (多选题)(　　　)

A. 学校不够重视　　　　　　B. 缺少专业教师

C. 不知道该如何开展　　　　D. 家长不理解,不支持

E. 缺少经费　　　　　　　　F. 缺少场地

G. 担心安全问题　　　　　　H. 学生学习任务紧张

I. 学校缺乏系统的劳动教育课程

11. 您认为学校教师从事劳动教育工作有哪些顾虑? (多选题)(　　　)

A. 增加工作负担　　　　　　B. 工作成果难被认可

C. 对工作内容不清晰　　　　D. 学生和家长不重视劳动

劳动教育实施情况调查问卷(教师卷)

亲爱的老师:

　　您好,非常感谢您对本次调查工作的支持! 本次调查旨在向您了解有关当前

小学生劳动教育的实际情况,请您依据真实情况填写。此问卷不记姓名、不公开,选项没有好、坏之分,仅供研究之用,请您不要有任何顾虑。请在相应的题目后面填上文字,谢谢!

1. 本学期您的任教学科是＿＿＿＿＿＿＿＿＿。（可以填写您所有的任教学科）

2. 您的教龄是＿＿＿＿年。

3. 您的最高学历及专业是＿＿＿＿＿＿＿＿＿。

4. 你们学校开设劳动教育课了吗?＿＿＿＿＿＿＿＿＿。

5. 劳动教育有专职教师任教还是兼任?＿＿＿＿＿＿＿＿＿。

6. 您认为劳动教育的重要性体现在＿＿＿＿＿＿＿＿＿＿＿＿＿＿。

7. 如果让您用自己的话说一说黄瓜的种植,您会这样介绍:＿＿＿＿＿＿＿＿

＿＿＿＿＿＿＿＿＿＿＿＿＿＿＿＿＿＿＿＿＿＿＿＿＿＿＿＿＿＿＿＿＿。

8. 您认为阻碍学校劳动教育实施的堵点在哪里?

＿＿＿＿＿＿＿＿＿＿＿＿＿＿＿＿＿＿＿＿＿＿＿＿＿＿＿＿＿＿＿＿＿。

9. 您认为对于学生来说,学习重要还是劳动重要,或者都重要?＿＿＿＿＿＿＿

＿＿＿＿＿＿＿＿＿＿＿＿＿＿＿＿＿＿＿＿＿＿＿＿＿＿＿＿＿＿＿＿＿。

10. 您认为学校开展劳动教育会不会影响您的教学成绩?＿＿＿＿＿＿＿＿＿。

劳动教育实施情况调查问卷（家长卷）

尊敬的家长:

您好,非常感谢您对本次调查工作的支持!本次调查旨在向您了解有关当前小学生劳动教育的实际情况,请您依据真实情况填写。此问卷不记姓名、不公开,选项没有好、坏之分,仅供研究之用,请您不要有任何顾虑。请在相应的题目后面的括号里填上序号,谢谢!

1. 您的孩子就读于几年级? （　　　）

A. 一、二年级　　　　　　B. 三年级　　　　　　C. 四、五年级

2. 您孩子的性别是（　　　）

A. 男　　　　　　　　　　B. 女

3. 您是否支持孩子做家务? （　　　）

A. 非常支持　　　　　　　B. 不是很支持　　　　C. 不支持

如果不支持,请简单陈述理由＿＿＿＿＿＿＿＿＿＿＿＿＿＿＿＿＿＿＿＿

4. 您觉得学习和劳动哪个重要? （　　　）

A. 学习　　　　　　　　　B. 劳动　　　　　　　C. 都重要

5. 您会帮忙代办孩子的事情吗? (　　　)

A. 经常会　　　　B. 偶尔会　　　　C. 完全不会　　　　D. 视情况而定

6. 您孩子是否在家会主动做家务? (　　　)

A. 经常会　　　　　　B. 偶尔会　　　　　　C. 完全不会

7. 您在家里会采取什么措施让孩子做家务呢? (　　　)

A. 孩子会主动做家务,不需要采取措施

B. 告诉孩子作为家庭的一分子,有责任承担一定的家务

C. 有酬劳动,进行物质奖励

D. "惩罚"孩子,告诉孩子如果不做家务就不会得到想要的东西

E. 其他

8. 您的孩子每天做家务劳动时间大约是多久? (　　　)

A. 十分钟及以内　　　　B. 十分钟到半小时

C. 半小时到一小时　　　　D. 一小时以上

9. 孩子以学习等为借口而拒绝做家务时,您怎么办? (　　　)

A. 要求孩子不得以任何借口为由而不做家务

B. 告诉孩子如果做劳动可以获得一些自己想要的礼物

C. 现身说法,向孩子讲述自己小时候的劳动经历

D. 不勉强,觉得孩子还小做不做都无所谓

10. 您的孩子比较愿意做哪些家务? (多选题)(　　　)

A. 择菜洗菜　　　　　　B. 穿衣、叠被、个人卫生

C. 擦桌子洗碗　　　　　D. 整理自己的房间和物品

E. 扫地、擦地　　　　　F. 倒垃圾

G. 洗小件衣服如袜　　　H. 都不愿意

第二节　转变办学理念

一、提高认识:坚定不移落实五育并举

　　人类的基本生存离不开劳动,劳动也是生命的高级呈现形式。劳动不但维系了人类的自身生存和发展,让人类创造财富,提升能力,增长智慧,而且劳动是一种对他人和自身产生相互影响与塑造的教育活动。劳动让人们生发情感,完善自我,生成思想。因此,劳动是集德性、智力、体力、审美于一体的综合性活动。

　　2018年9月10日,习近平总书记在全国教育大会上这样讲:"劳动可以树德、

可以增智、可以强体、可以育美。"党中央经过慎重研究,决定把劳动教育纳入社会主义建设者和接班人的要求之中,提出"德智体美劳全面发展"的总体要求。要在学生中弘扬劳动精神,教育引导学生崇尚劳动、尊重劳动,懂得劳动最光荣、劳动最崇高、劳动最伟大、劳动最美丽的道理,长大后能够辛勤劳动、诚实劳动、创造性劳动。要采取适应当前环境和条件的有效措施,加强劳动教育,组织好形式多样的劳动实践,让学生在实践中养成劳动习惯,学会劳动、懂得珍惜劳动成果。

劳动教育是落实五育并举的重要举措,作为学校,我们要紧跟党中央的步伐,坚定不移地落实党的教育方针,以劳动教育为载体,培养学生德智体美劳全面发展。

二、系统规划:丰富完善劳动教育体系

学校要想做好劳动教育,就要尽力规划完善劳动教育体系。为此,我们要重点做好以下五个方面工作。

一是完善劳动教育组织管理体系。学校成立由校长为组长,各职能部门负责人为组员的劳动教育领导小组,负责劳动教育的整体规划和统筹协同,强化顶层设计;成立劳动教育分管领导为组长、骨干教师为组员的劳动教育指导小组,负责劳动教育的具体实施和全面推进。领导小组和指导小组相互配合,相得益彰,有部署,有落实,有指导,有推进,共同形成学校劳动教育组织管理体系。

二是完善劳动课程体系。基于学校优势资源,结合教育部发布的《义务教育劳动课程标准(2022年版)》,以清洁与卫生、整理与收纳、烹饪与营养等十大任务群为结构单位,分年级、分阶段规划好劳动课程,注意各年级的梯度问题,让学生的劳动能力螺旋上升。同时,劳动课程体系的开发完善要结合学校教师资源,充分发挥骨干教师的特长,挖掘教师对劳动的体验和在劳动教学中积累的经验,最大限度地提升劳动课程资源的利用率。

三是引导教师开发好劳动校本教材。劳动校本教材的开发可以依据学校地域优势,按照内容难易,分为必修课内容和选修课内容,为学生提供丰富多彩的劳动项目。以乡村小学为例,最大的资源优势就是广阔的土地以及掌握种养殖技术的农民伯伯。随着乡村振兴战略的实施,也出现了集约化管理的种养殖基地,所以在开发校本教材的时候,乡村学校可以在种养殖方面做文章,选择适合小学生的项目内容编写校本教材。

四是"自培"和"他培"相结合,创造条件提高教师的专业能力。学校要发现并聘请有特长的教师作为校级指导老师,为劳动学科教师培训劳动技能,或是做劳动教育经验交流,充分发挥骨干教师的辐射带动作用;也可以邀请校外辅导员

走进校园做相关培训或是安排教师走出校门，利用校际联谊、参观学习等方式开阔自身的劳动教育眼界，提升劳动教育理念。只有教师具备了劳动方法和劳动技能，他们才能游刃有余地指导学生。

五是制定好相关的考核奖惩制度。学校要将劳动教育开展情况列入学期督导考核，可从教师个人劳动教育业绩和班级劳动教育过程管理等多个方面进行评价考核，做到奖罚分明，让教师充分认识到劳动教育的重要性。

第三节　转变教师思想

一、扭转观念：从追求分数走向培养人

新时代教育呼吁教师不能把工作重心只放在"教学"上，而应该放在"教育"上。老师们应该明确"为谁培养人，培养什么人，怎样培养人"这个教育的根本性问题。

如果教师只盯着分数，而忽略学生的身心成长，那势必会造成学生"高分低能"。因此，作为教师，"分数"和"能力"要两手抓，两手都要硬。这里的"能力"不单单是指学科学习的能力，更是指实践、操作、人际交往、为人处事、解决问题等各方面的能力。教师要善于从学科教学中挖掘劳动因素，在学科教学中渗透劳动教育，同时在劳动教育中融入学科教学，盘活劳动教育与学科教学之间的融合机制。

劳动是一项综合性的活动。在劳动中，学生不仅要动手更要动脑。新时代的劳动教育，绝不是让学生机械地干点活、出点力、流点汗就行了，而是要在劳动中学会动脑思考，学会总结反思，学会经验迁移，学会创新发展，学会克服困难，学会吃苦耐劳和坚韧不拔……劳动不但不会耽误学生的学习，相反，它能帮助学生形成良好的学习品质，从而对学科的学习起到促进作用。最关键的是学生在劳动中获得的非智力因素将对其步入社会后产生不可估量的影响。

二、终身学习：从一桶水走向源泉活水

"要给学生一杯水，教师自己要有一桶水"，这是一句在教育界非常流行的话。意思是说，学生要收获"一杯水"的知识，教师必须具备"一桶水"的知识。作为当代教师，"一桶水"的知识已经远远满足不了学生的需求了，我们更需要拥有"源泉活水"。

劳动教育开展过程中最需要教师进行方法指导。因此，教师在带领学生开展

劳动之前，首先自己要学会劳动。如同上课之前要备课，教师自己事先要明确劳动的步骤和方法，要预设学生在劳动过程中会出现什么问题，应该怎样帮助学生解决问题。只有这些"功课"做足了，在劳动过程中才能镇定自若地指导学生。

教师终身学习的方法有很多。首先，要多阅读，从书中或网络可以获取很多知识；其次，要多实践，用实践检验自己所学；也可以请教有经验的老教师或民间艺人及社会高人等；学校还可以为教师搭建平台，组织教师开展劳动技能大赛，让教师现场展示技能，营造"比、学、赶、帮、超"的氛围，让教师具有"一技之长"。总之，教师要树立"终身学习"的观念，正所谓"活到老学到老"。教师具备了源泉活水，就为劳动教育的扎实开展奠定了坚实的基础。

第四节　转变家长思想

一、破除旧知：树立劳动最光荣的思想

作为家长，要破除几个陈旧观念。一是"没时间"。提到劳动，有的家长说，"现在孩子没有时间做家务"。其实，不是没有时间，而是一种借口。二是"嫌麻烦"。有的孩子第一次系鞋带打了死结，家长嫌麻烦，从此不买带鞋带的鞋子；有的孩子在洗碗时打碎了一个碗，从此妈妈不再让他走近洗碗池；还有的孩子第一次整理床铺用了很长时间，妈妈就嫌他浪费时间……长此以往，家长包办越来越多，孩子就越来越不爱劳动，自理自立的生存能力越来越弱。三是"劳动可耻"。某学校一个班级，老师在颁发各类奖章时，把一枚劳动奖章颁发给了一个特别爱劳动的孩子。孩子兴高采烈地接过劳动奖章，可是第二天却愁眉苦脸地去找老师，说不要这枚劳动奖章了。原来，家长看到孩子拿了一枚劳动奖章回去，对孩子一通批评，说："你不好好学习，就知道成天干活，干脆别念书了！"这位家长把劳动当成了一种不光荣的事情。

中国教育科学研究院曾对全国 2 万个小学生家庭进行调查，结果显示，承担家务劳动的孩子比起不承担家务劳动的孩子成绩高 27 倍。哈佛大学的一项跟踪调查结果显示，20 年后，爱做家务的孩子和不爱做家务的孩子差别很大，失业率是 1∶15，犯罪率是 1∶10，收入相差 20%。而且，爱做家务的孩子产生心理问题的概率较低，结婚后离婚率也较低。这是因为动手是儿童发展思维的体操。俗话说"心灵手巧"，而对儿童来说，则是"手巧心灵"。孩子进行早期劳动训练，可以使脑细胞得到更多刺激，加快脑细胞发育生长。所以，劳动会使学生更聪明。

二、以身示范:耐心细致讲究劳动方法

一是家长要做孩子的榜样。有人说"孩子的眼睛是照相机,大脑是复印机,我们家长怎么做孩子就会怎么模仿。"想让孩子养成良好的劳动习惯,家长一定要有好习惯,孩子才会以家长为榜样。有一位父亲为孩子洗鞋时只洗了其中一只。这位父亲解释说,这样可以迫使孩子为了两只鞋一样整洁而自己动手将另外一只鞋也洗干净。同时,父亲刷的第一只鞋恰好成为孩子刷第二只鞋的标准,让孩子知道怎样刷鞋。这位父亲成功抓住了孩子的心理特点,并在教育方法上加入了幽默的色彩,不是强迫,而是积极地引导,为孩子树立劳动的标准。

二是切割目标,持之以恒。为了培养孩子的某一劳动习惯,家长可以把这件事分解成几个阶段,和孩子共同商量每个阶段应该做到什么程度,让孩子稍作努力就能完成。家长不要把目标定得太大,别说孩子,连我们大人都做不到,那这个方案就没有意义。比如,要让孩子养成自己收拾玩具的习惯,我们可以制定这样的阶段目标:第一次,能在妈妈陪同下把玩具收拾起来;第二次自己能独立把玩具收拾好;第三次能把玩具按照分类收拾整齐……把大目标切割成小目标,每次进步一点点,孩子就有了前进的方向。

我们都知道,一个习惯的养成需要 21 天。这 21 天是个平均数,养成的习惯不一样,每个人的认真程度不一样,所用的时间也不一样。有人需要 3～6 个月,有的人甚至需要更长的时间。所以对每一个劳动习惯的培养,都贵在坚持。这对家长来说是十分艰巨的任务,但为了孩子的终身幸福,家长要不怕反复,持之以恒。只要家长坚持要求,日积月累,孩子的大脑神经活动才能形成"定型",最终形成习惯。

三是在学习某一项劳动技能前,家长要做好示范。比如,我们要让孩子学会叠被子,不能只对孩子下指令:"快把被子叠起来"。到底怎么叠,家长要心平气和做好示范:第一步把被子铺平,第二步长边对折,第三步短边对折,最后整理一下四个角。大人做完了,再把被子拆开,让孩子再来做一遍。孩子第一次做不好,家长再示范一遍,让孩子再做一遍。就这样,在不断地"示范,练习,再示范,再练习"循环往复的过程中,孩子就逐渐学会了叠被子。

四是要允许孩子犯错误。一个法国化学家,在获诺贝尔奖的时候,向我们讲了如下故事。

在我五岁的时候,有一天我到厨房里去拿牛奶。那时,牛奶是用玻璃瓶子装的,放在冰箱里。当我拿玻璃瓶时,一下子没抓住,三斤装的牛奶瓶打翻在厨房的地上。妈妈听到了响声赶紧跑过来,一看,牛奶洒了一地,玻璃碎片满地都是。我

本以为妈妈会打我一顿，结果妈妈愣了一下突然笑了，说："既然牛奶已经洒了，我们看它还有什么用吗？儿子，看看有什么用？别愣在这儿，你不是叠了很多纸船吗？这不是一个海洋吗？咱俩划纸船，把你的纸船找出来。"在我去找纸船的时候，妈妈把地上的玻璃碎片收拾干净，地上剩下一个牛奶的海洋。

然后，我和妈妈拿着纸船在那个牛奶上面开始比赛。妈妈说："这是一个海洋，白色的海洋，我们俩比赛。"玩了20分钟，纸船也湿了，妈妈说："好了，玩够了，牛奶完成了它的使命，把它扫掉吧"，然后妈妈把它扫掉了。

接着，妈妈把我领到院子里，找了一个一模一样的瓶子跟我说："刚才你之所以把牛奶洒到地上，是因为不知道怎么抓。现在妈妈灌满水，你现在右手抓瓶颈，左手拖瓶底，试一下。"我在草坪上，按照妈妈教我的方法，来回走了十多次。等到我学会了拿牛奶瓶之后，她说："好了，没事了，玩去吧，以后你就不会打碎牛奶瓶了。"

这件事影响了我一生，同时也给我两点启发。第一，妈妈把洒了的牛奶变成有价值的东西，我们玩了20分钟。我后来做了很多科学实验，在每次实验失败之后，我就想起妈妈把牛奶变成有价值的东西，然后我就会思考这个失败的实验，有没有哪些有价值的东西？因此，我的很多科学发现就是这样实现的。第二，最重要的是，这件事给我最大的启发就是我从童年开始就不害怕失败，不害怕犯错误。一个人任何错误都可以犯，只要以后改了就可以，下次做对就可以了。我从小不害怕犯错误，不害怕失败，这是我成功的关键秘诀。

劳动过程中，亦是如此。孩子一旦做错了，家长不要一味地埋怨指责，而是要想办法教给孩子正确的方法。如果对孩子批评谩骂，孩子就会对这件事产生抵触情绪，后果不得而知。

第二章

顶层设计:绘制乡村小学劳动教育发展蓝图

学校要想扎实开展好劳动教育,最重要的就是构建劳动教育体系,要对劳动教育做出顶层设计,绘出学校劳动教育发展的蓝图。顶层设计做得好,老师们才会有章可循,有法可依,劳动教育才会开展得扎实有效。

第一节 理念确立

劳动教育体系不是孤立构建的,它是基于学校整体办学理念背景下而规划的,它是学校整体教育体系中的一部分。分析当下,乡村孩子普遍缺乏自信,对未来缺少目标和规划,学习行为习惯还存在很大的进步空间。教师方面,年龄老化,固守安逸,喜欢墨守成规,缺少主动求变的精神。但是无论教师还是学生,他们质朴善良,敦厚老实,为人正直。如果能对师生加以激励引领,树立他们的自信,发展他们的优势领域,他们便会拥有蓬勃向上的生长力。基于此,我们构建了立德树人为核心的"弘毅教育"办学理念,构建了学校整体教育体系。

一、高层架构:设置"弘毅教育"课程

根据"弘毅"课程"构建丰富的课程内容,为学生成才积蓄力量"的课程目标,运用"学科渗入、德育融入、传统植入、实践进入、劳动嵌入"的方式,我们设置了"4+4+X"的大课程结构,促使学生长知识、长见识、长常识。其中,第一个"4"指"远大的志向、健康的体魄、广博的学识、坚毅的品质"4个评价维度;第二个"4"指"德毅课程、能毅课程、责毅课程、恒毅课程"4大课程类型;"X"指开设的具体课程门类(表2-1)。

表2-1 "弘毅教育"具体课程门类

课程类别	学生课程	教师课程
德毅课程	学科德育课程、榜样课程（熠熠生辉的英雄人物、探访家乡名人、星光少年）、红色课程（学党史明志向、家乡抗日史）。	最美教师、育人楷模。
能毅课程	任务型课堂、学科项目化学习（语文、道德与法治、劳动）、特色社团（"玩转篮球社团"、"快乐童年"合唱团、"蓝韵"扎染社团等）、实践课活动（清谷农场研学活动、雷神庙战斗遗址参观活动、军事革命博物馆参观活动）。	"金点子"分享、玉林朗读会、学科带头人培养工程、教师论坛。
责毅课程	综合实践课程（蚕宝宝变身记、小手拉大手让家乡的水更清）、劳动教育系列课程（"爱心蒜"项目化劳动课程、"亲农劳动节"系列课程、"我是学校小主人"系列课程、"我是社会小公民"系列课程）、"我是小小传承人"节日课程（传统节日中的习俗、"争做好队员"建队日活动、"永远跟党走"系列活动）、"做阳光少年"心理健康课程（从"心"出发沙盘活动、珍爱生命系列课程）。	学科带头人培养工程、教师论坛、"做最好的自己"心理健康沙龙。
恒毅课程	"毅悦读"课程（"读的力量"经典诵读活动、"书香浸润心灵"读书系列活动）、"毅运动"课程（花样跳绳、足球小达人、篮球小健将）、"毅劳动"课程（"我是家庭小成员""我是班级小管家""环卫小帮手"）。	天天阅读工程。

二、全力推动：探索"弘毅教育"路径

路径一：德毅课程，涵养学生品行

行源于心，力源于志。为点亮学生心中的理想信念，用信仰的力量引领学生在成长成才的道路上执着攀登，收获精彩，我们全面建构"德毅少年"课程群，抓一条线，拓一个面，课堂内外接力"立德树人"的教育火炬。一是指向校本化实施的基础课程。将经典阅读融入语文学科，将趣味数学融入数学学科，将绘本故事、趣配音等融入英语学科。以道德与法治学科为统领，整合地方课程中的智慧、德性、文化、法治元素，初步构建起一体化实施的"综合思政"课程。二是指向激发学生励志的榜样课程。围绕培育高尚品格，遴选科学家、道德模范等各行各业英雄人物，编写校本教材《榜样的力量》。通过开展讲英雄故事、寻英雄足迹、观影视作品等主题教育活动，引导学生从英雄人物身上汲取精神力量，培育高尚品格。带领学生寻访年近七旬、勇救落水群众的"山东好人"姜少波以及自强不息、带动乡村振兴的清谷农场主任伟等家乡榜样人物，结合所见所闻，设计制作相应作品，将爱家乡教育落实。三是指向爱国主义的红色课程。将德育主题教育、常规教育等与实践活动深度融合。通过"红色旗帜代代传"少先队入队仪式、"革命童谣大家唱""寻访小宅村战斗遗址""我为家乡做贡献"等活动，挖掘德育资源，在有意义的活动中将红色文化和传统精神融入校园文化，让学生在实践体验中从心灵深处

感悟、领会红色精神。

路径二:能毅课程,提升学生能力

一是学校以"学力课堂"建设为载体,加强课堂教学研究,提升学生学科素养。尊重儿童身心发展特点,依托"任务单",着眼学生课前兴趣力、课中学习力、课后发展力。通过创设接近生活的情境设计问题,让学生参与课堂、主导课堂、带着问题经历知识创生的过程,把学生组织起来,获得实践机会,同时创新学生的学习方法。二是以特色社团课程,为学生搭建广阔的学习平台。每周两小时的精彩社团,打破班级固有授课形式,采用走班的方式,开通了"魅力篮球""小百灵合唱团""蓝韵扎染工作坊"等17个社团,让每个学生都拥有选择体验,实现了从"灌输式教育"向"体验式教育"转变,从"塑造人"向"因人制宜""助人成长"转变,让教育活动走近儿童心灵。

路径三:责毅课程,培养责任意识

依托实践活动课程,让学生在体验中感悟,在感悟中守责,在守责中追求人格的自我完善。一是合理构建清单式农村小学劳动课程体系。以"学校、家庭和社会"三大场域为空间横轴,以不同年级的上、下学期为时间纵轴,以"家务自理、服务家庭等日常生活劳动,学校种植、清扫整理的校内劳动和社会生产、公益服务等劳动"为项目,全面、科学制定合理规划劳动清单的内容。充分整合劳动课、实践课、班队课、校本课等多条渠道,促使劳动清单落地生根。同时,设立"星级评价表",由学生个人、学校、家长和基地工作人员联合进行差异化评价。明确每个年级劳动职责的同时,培养学生吃苦不言苦、知难不畏难的精神,做到知责、守责、尽责。二是开展丰富多彩的实践活动。"我和蚕宝宝一起成长"活动,让学生通过养蚕经历生命的历程,知道生命的宝贵,懂得要珍惜生命、实现生命的价值。"小手拉大手,让家乡的水更清"劳动实践活动,让学生走近与生活息息相关的水资源,通过采访调查和整理数据,明白守护水资源"人人都是责任人,大家都是守护者"的道理。三是建立了节日教育体系。以传承节日文化为根本,以传统节日为代表,创编校本教材《节日里的文化》,从节日起源说起,带领学生了解节日习俗、制作节日美食、感受传统文化魅力,在主动汲取文化营养的同时,自觉承担起保护、传承节日文化的职责。

路径四:恒毅课程,锤炼恒心毅力

恒毅课程包含"毅运动、毅劳动、毅悦读"三大子课程,旨在聚焦学生发展核心素养,采用"运动打卡+活动展示"的方式保证学生运动量、劳动量、阅读量,引导学生每天坚持做，不断锤炼恒心与毅力。

"毅运动"课程丰富多彩，如大课间的跑操、跳绳、足球、篮球等，每学期的阳光运动会、"运动小达人"评选等各类活动，助力学生强健体魄，愉悦身心，提升健康素养。同时，倡导各类体育运动，帮助孩子强身健体之余，培育孩子拥有坚毅的品质和毅力。

"毅劳动"是学校地域特色劳动课程，分为两大系列。一是天天系列课程。以"我是家庭小成员"和"我是班级小管家"活动开展为主，让学生在劳动的体验中获得"毅品质"——恒劲、坚持、吃苦耐劳的精神。二是阶段性系列活动课程。结合植树节、劳动节、清明节等教育活动，依托"毅家务课堂"和"毅达人评选"活动定期开展劳动打卡，评选"劳动之星"，使学生习得劳动能力并长期坚持。

"毅阅读"是学校一直坚持实施的阅读课程。课程设立"四个一"的内容，即每一天、每一月、每一学期、每一假期，精心策划，科学安排，有序开展，持之以恒。通过家庭、班级、学校三方面途径实施，让阅读成为一种习惯，使阅读成为学生学习、成长、发展的需要，让每一位孩子都能走进阅读生活，获取阅读体验，感悟阅读之乐，从而有效促进学生阅读能力的发展。

三、共同成长：凸显"弘毅教育"成效

自弘毅教育实施以来，无论是学校、教师还是学生都有了长足的进步和发展。

一是提升学生核心素养。弘毅教育始终站在儿童的立场，无论是培养目标的确立，课程体系的构建还是课程门类的设置，始终都指向儿童的未来发展。"弘毅"课程的实施，使学生逐渐拥有了远大的理想、广博的学识、坚定的意志，大批学子正在成长为有理想、有本领、有担当的"三有少年"。学校定期举办"榜样少年""我是劳动小能手""三有少年"等活动，有形、无形评价相结合，引领学生健康成长。近年来，先后有30余项学生作品获得省市级竞赛奖项。

二是加速教师成长快车道。教师在促进学生健康成长的同时，也一直保持着积极的学习状态。教育教学呈现多点开花、硕果累累的样态。全校35位教师，其中16位教师获得了副高级教师职称；近年来，30多位教师执教的课程先后获得省市、区级优质课；一半以上的教师参与市区级课题研究，均顺利结题，撰写的论文在省级期刊发表。教师队伍中呈现出向上生长的蓬勃力量。

三是推动学校特色发展。近年来，随着弘毅教育的不断实施，学校先后获得省级绿色校园、市级规范化学校、区事业单位考核 AAA 级单位、课堂转型先锋奖等荣誉称号。

第二节　课程规划

在"弘毅教育"大理念背景下，我们认为，劳动教育对实现"德、能、责、恒"四大培养目标起到了关键性作用。因此，我们将劳动教育课程从弘毅教育体系中独立出来，基于地域优势详细规划，使劳动课程内容更加精细化。

一、课程目标：坚持育人本位发展核心素养

1. 育人为本

课程以立德树人为根本，五育并举，五育融合，知行合一。实现农村小学劳动教育常态化，形成学校、社会、家庭普遍重视劳动教育的良好氛围。统筹区域多样化劳动教育资源，健全有效的教育机制，形成立体、开放的农村小学教育劳动体系，最终培养"有理想、有本领、有担当"的社会主义接班人。

2. 发展素养

逐步建立具有我校特色的劳动教育模式，培养学生理解并形成正确的劳动观，牢固树立尊重劳动、崇尚劳动的观念，热爱劳动，尊重普通劳动者，形成勤俭、奋斗、创新、奉献的劳动精神。通过劳动精神教育，增强学生职业荣誉感，树立崇高的职业理想，培育学生精益求精的工匠精神和爱岗敬业的劳动态度。

二、总体内容：涉及学校家庭社会多个场域

根据不同场域的特点，我们将劳动划分为四大类型，分别是校园劳动、家园劳动、社园劳动和多域劳动（图2-1）。其中，校园劳动包含学科劳动、责任劳动和种植劳动三大方面；家园劳动包含自理劳动、家政劳动、烹饪劳动、家电劳动、养殖劳动五大方面；社园劳动包含社区服务和社会实践两大方面；多域劳动指的是需要在多个场域进行的劳动，包含节日劳动、公益劳动和职业劳动三大方面。

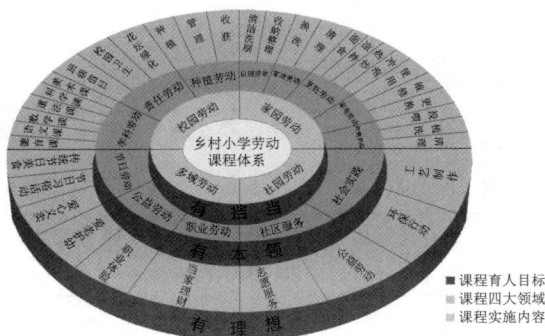

图2-1　乡村小学劳动课程体系

三、分级内容：依据年级能力大小科学划分

根据学生年龄特点、能力高低和实际情况，我们将四大领域的劳动内容科学地安排在五个年级。各年级实施内容见表2-2。

表2-2　1～5年级劳动项目内容

一年级劳动项目		
上学期前两个月	校园劳动	整理自己的桌洞，课前摆好学习用品，能够摆放整齐桌椅。
	家园劳动	自己洗手，洗脸，洗脚；学会认真地收拾自己的玩具；能在家长指导下把衣服放进衣柜；整理好要洗和要穿的衣服；自己准备好上学的物品。
	社园劳动	爱护社区（村里）环境，能擦干净社区（村里）公共场所的桌椅。
	多域劳动	在不同的场所都能做到分类投放垃圾。
上学期后两个月	校园劳动	和组员一起协作完成扫地、擦黑板、倒垃圾；能够整理自己的书包；能够养护绿萝。
	家园劳动	能坚持早晚刷牙；帮助家人一起清扫家里的地面、经常送垃圾；能够清洗常见水果，如苹果、梨等。
	社园劳动	清扫社区（村里）的公用场所地面，如老年活动室、棋牌室或健身场所等地面。
	多域劳动	见到垃圾主动捡起，对垃圾分类进行简单宣传。
下学期前两个月	校园劳动	和组员一起完成教室的窗台、窗槽、桌子等的清洁；学习简单的剪纸技巧，并独立完成一幅剪纸作品。
	家园劳动	自己穿脱衣服；睡前帮妈妈铺床，如拿枕头、被子等；每周能打扫一次自己的房间；客人来时，主动和父母一起为客人备茶；能够制作一份"时令水果拼盘"。
	社园劳动	和社区（村里）人员一起清扫公共场所。
	多域劳动	参加"我是环境小卫士"活动，能够在不同场所做到爱护环境，如做好校内值日，与家人共同清扫和维持家园清洁，公共场所不乱扔垃圾，做好垃圾分类等。
下学期后两个月	校园劳动	整理自己的学习用品；在老师的辅助下完成西红柿和辣椒等农作物的采摘。
	家园劳动	饭后自己把盘碗放到厨房水池里；喂养金鱼等小型动物。
	社园劳动	和社区人员一起擦拭公共健身设施。
	多域劳动	"五一劳动铸就中国梦"活动中，在校园、家园和社园中，每天参与环境的清理活动，如家庭打扫卫生、小区保洁等。

二年级劳动项目		
上学期 前两个月	校园劳动	快速整理桌洞,保持桌洞桌面整洁;课前快速摆好学习用品。
	家园劳动	上学前整理好穿戴和书包;自己洗袜子;饭前帮忙布置餐桌,饭后帮助整理餐桌;能够择、洗常见的蔬菜,如韭菜、芹菜等;能够养护一盆蒜苗。
	社园劳动	主动参加力所能及的社区劳动,如清理草坪垃圾等活动。
	多域劳动	在不同的就餐场所注意就餐礼仪,如餐前准备,餐中礼仪和餐后整理。
上学期 后两个月	校园劳动	独立完成扫地、拖地、擦黑板、倒垃圾等其中一项任务。
	家园劳动	正确叠衣服;自己剪指甲;能够使用小家电,如利用电饭煲煮饭、用吸尘器清扫地面,用微波炉热饭等;能够选择合适的工具削果皮、蔬菜皮。
	社园劳动	积极参加力所能及的社区(村里)劳动,如植绿护绿。
	多域劳动	能够对不同场所的绿植完成养护和保护工作,如定期为家中、班级里和校园基地里的绿植浇水、除草等。
下学期 前两个月	校园劳动	独立完成教室的窗台、窗槽、桌子等其中一项的清洁。
	家园劳动	能独立收拾房间,如自己铺床,叠被;自己准备第二天要穿的衣服;在家长的帮助下制作水果茶;能够制作一份凉拌菜,如凉拌西红柿、凉拌黄瓜等。
	社园劳动	能常去探望村里老人;能够独立制作一份水果茶,并与邻居分享。
	多域劳动	参加"我是整理小达人"活动,能够时刻做到"有序收纳,善于整理",如在校能整理好自己的桌洞和收纳柜,在家能够整理好自己的书桌,同时可以帮村里的老人整理房间。
下学期 后两个月	校园劳动	和组员一起在无老师帮助下协作完成卫生区域的清扫;能在老师的帮助下完成掰玉米、剥玉米皮等田间劳动;学习简单的编织工艺技巧,如编手链。
	家园劳动	能在家长帮助下,准备简单的早餐;学会系鞋带,系红领巾;学会刷碗筷;喂养鸡、鸭等动物。
	社园劳动	向周围人宣传传统的编制工艺;向村里老人学习编制技巧,独立完成"端午手链"并送给需要的人。
	多域劳动	参加"五一劳动铸就中国梦"活动,能在校园、家园和社园中为自己制定清理环境的任务清单,并每天完成。
三年级劳动项目		
上学期 前两个月	校园劳动	按时做好教室卫生值日,清扫彻底;主动参与校园卫生区清扫。
	家园劳动	熟练系鞋带;独立擦干净家中常见的家具,如茶几、柜子、门等;能够用蒸锅加热馒头、包子等面食。
	社园劳动	帮助社区(村里)有困难的老人做力所能及的事。
	多域劳动	积极参与校园和家园的"月饼制作"活动,与社区中的老人分享自己制作的月饼;利用表格、手账等方式记录自己的各种花费。

	校园劳动	管好教室自己分管的一角,如整理卫生工具、整理图书柜等。
上学期 后两个月	家园劳动	能写购物清单;能根据家人喜好准备菜单;自己洗头,并能够用吹风机吹干头发;能用电饼铛做简单的饭菜,如煎鸡蛋饼等。
	社园劳动	爱护公共环境和设施,做好附近河流的垃圾清理工作,主要捡拾白色垃圾、塑料袋、矿泉水瓶等。
	多域劳动	能够在不同场所完成"蒲公英护幼行动",如在校帮助低年级的学弟学妹打扫卫生、在家给弟弟妹妹辅导功课、在公共场所主动给小朋友让座等。
下学期 前两个月	校园劳动	能够初步学会用农具(如小铲子)给农作物除草。
	家园劳动	能和父母一起做出行计划;洗自己的内衣内裤;能把衣服分类放进衣柜;每天主动刷碗筷、擦桌子;能够正确使用煮蛋器等厨具完成煮鸡蛋。
	社园劳动	帮助邻居打理菜园,如种植蔬菜、除草、浇水等,并结合图片和日记记录过程和收获。
	多域劳动	参加"我是种植小能手"活动,做到"科学种植,合理养护"。在校能够做好责任田中的种植和管理工作,在家能够时常参与家中菜园护理的工作,同时能够积极通过向有经验的农民学习或参观种植基地等方式了解更多的种植技巧。
下学期 后两个月	校园劳动	能够积极参与了解"南瓜和茄子育苗"方法,并在班级责任田中完成种植活动。
	家园劳动	自己刷鞋、刷书包;收拾整理自己的房间;能帮妈妈进行大扫除;能够养护猫、兔等动物,如清理粪便、给猫换砂;能够为家人准备一份简单的早餐。
	社园劳动	能在老师的引导下了解和参与"交通服务站"的工作,并完成20分钟的"交通信号灯志愿者"的工作体验活动。
	多域劳动	参加"五一劳动铸就中国梦"活动,能在校园、家园和社园中为自己制定清理环境、养护观察绿植的任务清单,并每天完成。
四年级劳动项目		
上学期 前两个月	校园劳动	修补教室图书柜里的图书;参与校园种植基地的蔬菜种植和管理,如种植土豆等。
	家园劳动	做饭时能够主动帮厨,如清洗蔬菜等;学会擦厨灶。
	社园劳动	积极帮助邻居打扫庭院或看护幼儿。
	多域劳动	能够合理清理自己的学习与生活空间,如处置和清理用过的学习用品(如练习本)和居家用品(如衣物、玩具)。
上学期 后两个月	校园劳动	归类整理收纳自己的物品,如桌洞、储物柜等;参与厕所卫生的清扫。
	家园劳动	能够制作蒸馒头、蒸花卷等面食。
	社园劳动	借助"敬老护幼"活动,为社区或村里的老人和幼儿送爱心,如分享自己制作的饭菜,送节日祝福,主动参加社区扫雪活动等。
	多域劳动	在不同的场所了解、学习、实践中国传统的敬老文化。

下学期 前两个月	校园劳动	积极参加班级大扫除,并高质量完成自己分内的事;做好"土豆王子成长记"中的各项活动,如利用"我是测量小能手"活动记录土豆成长过程中的变化等。
	家园劳动	独立收拾自己的房间;做简单的热菜,如西红柿炒蛋。
	社园劳动	积极帮助烈属、军属、残疾人和孤寡老人打扫庭院或干一些力所能及的事情。
	多域劳动	参加"小小会计员"活动,学会合理地管理和使用自己的压岁钱。
下学期 后两个月	校园劳动	参与学校的"土豆收获"活动,如刨土豆;了解传统布艺文化,并能够制作一幅布艺贴画。
	家园劳动	能够参与家中大白菜的种植和养护过程;能够参与猪、狗等的饲养事宜。
	社园劳动	了解志愿者工作,并在老师的带领下参与"社区志愿者"活动。
	多域劳动	参加"五一劳动铸就中国梦"活动,能在校园、家园和社园中为自己制定清理环境、养护花卉、田间管理的任务清单,并每天完成。
五年级劳动项目		
上学期 前两个月	校园劳动	办黑板报;参与传统扎染工艺制作中的"扎"工作。
	家园劳动	学会钉纽扣;为家长做一道炒菜,如炒土豆丝、炒芹菜等;学会用洗衣机清洗衣物。
	社园劳动	定期到村委社区或者场馆进行志愿服务。
	多域劳动	通过"父母的一天"和"小鬼当家"等活动了解父母一天中要做的事情,体验父母的不易。
上学期 后两个月	校园劳动	自带工具,积极参加学校大扫除;通过学校的"蓝韵扎染"活动掌握两种以上扎染技术。
	家园劳动	洗换床单;购物前列出清单,独立购物。
	社园劳动	利用"我当村官"活动经常进社区,进行职业初体验。
	多域劳动	参与学校和家中制作汤圆的活动,并与家人和邻居分享;完成"爱心蒜"劳动项目化课程中的系列任务。
下学期 前两个月	校园劳动	主动帮低年级同学做些力所能及的事情;了解学习传统工艺"榫卯结构",并能够用工具拼装"出师凳"。
	家园劳动	换洗被套;利用洗衣机分类清洗衣物;网购,熟练掌握取件或退货等工作;能够参与常见家畜(如牛、羊)的饲养工作。
	社园劳动	参与"我当村官建家乡"活动,到街道办事处或村委帮助工作人员做事,了解社区部分工作。
	多域劳动	参加"我是管理小标兵"活动,学会自我管理,学会简单的理财、时间管理;学会有计划完成想要做的事;学会制定个人购书支出、策划生日邀请等事务。

下学期后两个月	校园劳动	了解"人工浇灌"技术,进而完成好学校基地中的浇灌任务。
	家园劳动	能够学习制作饺子、馄饨、包子等传统食物;学会自己去理发;每周帮家长收拾一次房间;学会清洗抽油烟机。
	社园劳动	参与公民教育实践活动,为社区发展献计献策。
	多域劳动	参加"五一劳动铸就中国梦"活动,能在校园、家园和社园中为自己制定并完成清理环境、养护花卉、田间管理和烹饪美食的任务清单;制作简易小板凳,并为社区的老人服务。

第三节 制度保障

为有效实施劳动课程,切实培养学生的劳动素养,根据《义务教育阶段劳动课程标准》的指导精神,结合我校实际,制订劳动课程实施制度。

一、课程管理:有效落实

(一)组织领导,加强管理

1.成立劳动组织领导小组

组长由校长担任,负责劳动课程内容安排、协调和管理劳动课程教师,具体工作由教导处负责。

2.遵循劳动课程实施方针

我校劳动课程的实施和具体活动的开展,遵循"个体自主开发与团体共同研究相结合"的指导方针。学校和劳动教师要针对本校学生的知识基础、兴趣爱好、居住条件确定合理的劳动活动主题或项目。

3.制定详实的劳动实施方案

每学期教导处要制订劳动实施方案,方案的内容要具体、可操作。

4.加强实时的课程指导

实施劳动课程时,学校要有专门人员负责组织和协调,学生在任何场所的活动必须有专人(教师或家长)组织和指导。

5.多方参与促进课程实施

学校和劳动教师要争取家长和社会有关方面的关心、理解和参与,为学生开展活动提供良好的条件。

(二)规范教学,提高实效

1.制定劳动教育计划

开学初,教导处拟订学期劳动教育计划,每学期开学的第一、第二周,教导处要组织教师进行本学期"劳动项目"确立研讨活动,并制定校级劳动教育计划;各年级再根据各自具体的劳动内容制定详实的年级劳动计划并及时上交,经审核后严格按照计划开展活动。

2.加强教研组管理

成立劳动教研组,定期检查组内教师研究情况,劳动教育教研组长要定期检查教师的研究、备课设计和反思以及学生资料存档情况等。同时,劳动教师要积极参加校内外各项劳动教育研究活动,完成一定的研究任务。每学期每位教师或教研组至少要有一份完整的案例研究、一篇有质量的论文或研究反思。

3.建立推门听课制

分管领导要组织相关人员随时推门听课,了解各班级的劳动进程动态,相关情况要予以公布。

4.组织优秀教师、案例评选

每学年组织进行校内优秀劳动教师、优秀劳动案例等评选活动,并将评选结果计入教师考核之中。

二、教师管理:激励促动

(一)培训学习

1.校内外相结合学习形式

学校采用"请进来走出去"和"校内集中学习"相结合的形式,对劳动教师进行培训。

2.实行每周教研制度

每周进行一次劳动教研组教研活动。由组长召集,主要任务包括但不限于相关理论学习,讨论课程进展中出现的问题,提出解决的方法,进行集体备课等,保证我校劳动课程有效开展。

3.定期举行沙龙研讨活动

这一活动由教导处负责,针对劳动课程实施过程中存在的问题或现象,精心设计,丰富形式,对劳动教育起到推进作用。

(二)奖罚标准

(1)承担劳动课程的教师工作量较大,对于积极参与研究活动的教师,每学期由学校负责发放一定的活动经费。

（2）以教师的课程开发能力以及学生参与活动的态度、能力和效果为标准，对指导教师进行奖励。

（3）凡在校级以上（包括校级）劳动活动方案设计、案例、论文撰写、展示课、资料包等评比中获奖的教师，学校给予相应的奖励。

三、成果管理：全面细致

劳动课程在探索、构建、完善和实施的过程中会形成一系列的成果材料，这些成果是经过实践检验的，同时也反映了课程的建构理念、具体过程以及育人效果。做好成果材料的管理，有利于教学参考、反思、教研和课题研究等方面工作的开展。因此，我们的成果材料在收集时要注重"全面完整"，只有广泛、全面地搜集信息，才能完整地反映劳动活动和学生发展的全貌，为劳动教育的教学研究提供科学性依据。在管理时要注重"细致入微"，仔细地整理和管理才能使成果材料形成规模，积累成册，为劳动教育的长线研究提供保障。

1. 成果的主要内容

学校：劳动领导小组、课程开发和实施、评价工作小组名单、相关制度、课程发展长远规划、学校实施方案、总结、培训资料、综合评价方案和评价措施、课程资源开发资料等。

教师：实施计划、指导方案、教案、教学论文、案例、教学反思、阶段性总结等。

学生：反思体会、日记、图片、视频、数据、文献资料、收获报告等。

2. 成果的保管整理

所有的成果资料要分类整理，并附目录，装订成册，待活动资料积累较多后，成果资料可以分专题保管。学校要有专人负责，一般安排在档案室，由档案管理员负责管理。

3. 注意的几个问题

（1）劳动教师是成果资料建立的第一责任人，必须尽职尽责，严格把关，资料积累情况作为评价学生、指导教师的重要依据之一。

（2）成果资料要全面、丰富、内容详细，不突击、不应付，突出特色。

（3）学生的活动反思、信息反馈等要作为重要的活动资料保管，体现差异性。

（4）劳动成果管理和其他档案同等重要，不能另类相待，每次活动之后要有评比展评。

📖 第三章

课程实施:指向核心素养提升的项目化学习

我们在实施劳动教育过程中发现,很多老师在活动中占据主导地位,通常是把活动设计好,把步骤安排好,牵引学生按部就班、机械地去做,学生不知为什么而做,缺失了劳动的主动性和目的性,劳动素养的提升也微乎其微。由此可见,学校劳动课程的实施迫切需要改革。

用项目化学习的方式来实施劳动课程,就能改变以往教师包办牵引、学生被动参与的劳动低效率现象。在劳动课程项目化实施过程中,学生将通过真实生活情境的体验明白最终要达到什么目的,如何才能达到目的,从而自主规划劳动进程与步骤,在驱动性问题的引领下积极地动手、动脑,运用多学科知识技能和新思维自主解决问题,培养良好的劳动品质,最终提升学生的核心素养。

第一节 内涵价值

一、项目实施:以学生为中心

项目化学习的思想源于杜威"做中学"的经验学习及克伯屈的设计法教学,坚持以儿童为中心,设计有目的的行为。劳动新课标中强调"注重引导学生从现实生活的真实需求出发,亲历情境、亲手操作、亲身体验,经历完整的劳动实践过程",这一精神与项目化学习方式不谋而合。如果在劳动课程实施的过程中,能够引入项目化学习方式,将学生置于课程中心,让学生从教师教学活动的被动跟随者转变为主动实践者和建构者,教师从课程的主导者转变为学生劳动的同行者和支持者,学生就能在解决生活问题的过程中实现知识掌握和劳动素养及德性成长的完美统一。基于此,我们提出了"农村小学劳动课程项目化实施"这一做法。

所谓的"项目化",指的是项目化学习方式,是学生在驱动性问题的引领下,进行深入地探索实践,调动所有知识、能力、品质,创造性地解决新问题。在形成公开成果中,加深对核心知识和学习历程的理解,且能在新情境中进行迁移。

"农村小学劳动课程项目化实施"是指基于农村地域、学生年龄段特点,以提升学生核心素养为导向,围绕日常生活劳动、生产劳动、服务性劳动三大类型劳动,以十大任务群为基本单元构建课程,以项目化学习方式为主要路径而开展的劳动课程实施。劳动课程项目化实施,强调以学生为中心,将学生置于课程的核心地位,通过设计精准的劳动教育目标,创建真实的驱动性问题,让学生经历具有挑战性的项目历程,在自主、合作的探究实践环境中,进行深入持续地劳动探索,从而达到课程"双线目标",即"懂劳动、会劳动、爱劳动"的课程本体目标和"有理想、有本领、有担当"的课程育人目标。

二、价值意义：回归育人本位

1. 充分发挥了劳动课程的育人功能

农村小学劳动课程项目化实施,依据各级劳动教育指导性文件纲领,坚持育人导向,充分发挥劳动课程树德、增智、强体、育美的综合育人价值。在实施中,坚持以习近平总书记新时代中国特色社会主义思想为指导,帮助学生树立正确的劳动观念、增长必备的劳动能力、培育积极的劳动精神、养成良好的劳动习惯和品质。

2. 有效提升了学生的核心素养

在素养目标上,以核心素养的形成、落实、发展为要求,以项目为抓手来推进,以环环相扣的方式来实现,体现核心素养培育的整体性、连续性。在教与做的关系上,从技术本位走向核心素养本位,从以讲说为主走向以实践为主。以学生亲历劳动为主活动、主形式、主线路,让所有教学策略和教学过程有利于引导学生主动劳动。

3. 探索了劳动课程实施新路径

劳动课程项目化实施摒弃学生被动参与的传统模式,强调学生从"坐而论道"走向"做而论道",构建项目化的课程实施方式。通过项目化学习中的任务驱动,引领学生全身心投入劳动实践,生成手脑合一、身心合一的认知活动,使学生内心的劳动感知、劳动体悟与劳动理解深度融合,实现"五育并举"的协调发展。为乡村中小学劳动课程实施提供了切实可行的经验。

4. 开辟了农村小学特色发展新道路

劳动课程项目化实施的方式使劳动教育不再局限于劳动学科,不再单单是出力流汗,更重要的是引领学生开展相关的劳动实践活动,这一过程需要调动学校多方面资源,需要发挥师生多方面智慧,需要开发学生多方面能力,所以在这一过程中,学生动起来了,老师动起来了,学校也活起来了。学校在实施劳动课程时不需要大量的资金投入,只需要就地取材,挖掘有利资源,设计好活动,利用项目化方式开展好劳动教育,最终形成自己的教育特色。

第二节　实施步骤

对学校而言,劳动课程项目化实施是让劳动教育落地的一个抓手。对教师而言,劳动课程项目化实施是一种途径,一种有章可依、有法可循的途径。对学生而言,劳动课程项目化实施可以在学习知识、增长技能的同时,增强与人合作交流的机会,锻炼自己的统筹规划能力。劳动课程项目化实施共分为七个步骤,分别是情境创设、问题驱动、规划进程、支架搭建、实践探索、成果展示和反思复盘(图3-1)。这七步层层递进、步步深入。

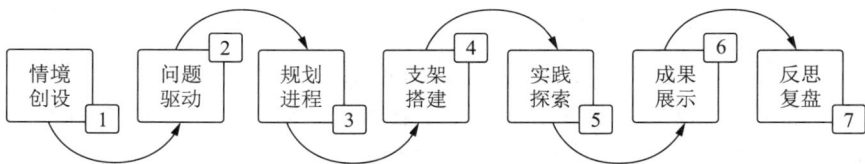

图 3-1　劳动课程项目化实施步骤

一、情境创设:对接真实生活

▎概念解析 》

情境创设是劳动课程项目化实施的第一环。它是通过教师创设一定的真实生活情境,让学生自然投入劳动教育活动之中。它与学科教学中的"导入"环节既有相似之处,也有不同之处。相同的是,两者都能够激发学生的学习与活动兴趣;不同的是,学科教学的导入环节比较浅显、简单,时间相对较短。而项目化实施劳动课程中的情境创设,时间相对较长,在这段时间中,学生会经历一个或多个丰富多彩的活动,从而产生深刻的体验和强烈的问题意识。

情境创设的方式有以下几种:一是通过让学生阅读、视听来创设,如阅读书籍报刊、观看视频影像等;二是通过语言来创设,如讲故事、演讲等;三是通过实地体验来创设,如带领学生参观博物馆、走进工厂等;四是通过实践体验来创设,如让学生动手操作、参与制作等。

▎价值意义 》

劳动课程项目化实施中的情境创设是将学生引入项目化劳动,教师为学生提供了生活化的活动背景与场景,学生与真实的情境进行互动,产生强烈的劳动兴趣。创设出的情境承载着学生的知识和体验,学生在看、听、操作、讨论等体验活动中产生问题意识,为接下来的活动奠定坚实的基础。

▌实施要点》》

综上所述,我们认为,好的情境创设应该注意以下几个要点。

(1)要让学生明白"这是我的事"。情境创设时,就要让学生产生"这件事与我息息相关"的意识。有的时候,老师可以适当放手,让学生在家动手做一做,在社会中自主体验,或者安排不同的学生做同一件事情,将结果进行对比等。有了真切的感受,学生就能更好地融入情境,融入活动。

(2)要让学生明确"我想做这件事"。不论是哪种学习方式,都要以课程标准为核心,项目化学习也不例外。好的情境创设并不是只有标新立异,只是激发兴趣,关键在于它能否有效地激发学生进行劳动实践的需求,变"老师要我做这件事"为"我要做这件事"。

(3)要让学生感到"我能做这件事"。梯子搭得高,才有爬到高处的可能。老师要有全局意识,要有长远眼光,创设的情境要有一定的探索空间,让学生感到"我能做这件事"。教师不要害怕学生学不会,恰恰相反,学生觉得难的事情,经过努力解决了,才能让知识和技能更牢固地扎根在脑海中。

▌案例呈现》》

随着生活水平的提高,人类每天产生的垃圾越来越多。如果处理不当,不仅会对环境产生污染,还会严重影响人们的生活。为了让同学们感受到身边的垃圾非常多、危害非常大,从而产生要保护环境并付诸行动的意识,老师组织同学们开展了"争做环保小卫士"项目化活动。在"情境创设"部分,组织了两个活动。

活动一:家庭每日垃圾收集统计

老师组织学生对家庭每天产生的垃圾进行收集、统计(表3-1),此项活动为期一周。

表3-1 家庭每日产生垃圾统计表

日期	垃圾种类(果皮、纸张、剩饭等)	垃圾去向	估算垃圾重量
	1.		
	2.		
	3.		
	4.		
	……		

在活动中,学生发现,每个家庭每天都会有垃圾产生,这些垃圾以果皮、纸张、塑料垃圾、厨余垃圾为主。将一周的垃圾总重量计算之后,同学们惊讶地发现,一个家庭一天产生的垃圾大约为 2 800 克,如果将全班 40 个同学家里一天产生的垃圾重量加在一起,达到了 112 000 克。由此可以推断,如果将全校、全镇、全区等家庭每天产生的垃圾汇集到一起,数量是多么惊人。看到如此惊人的数据,同学们不禁感叹:真没想到每天家里会产生这么多的垃圾!通过这个活动,同学们对身边垃圾的数量有了直观的认识,这种体验就是我们所需要的,也能为接下来同学们主动参与活动奠定基础。

活动二:调查各类垃圾自然降解时长、垃圾的危害

看到同学们的讨论热情高涨,老师又组织同学们进行了第二个活动,即调查各类垃圾自然降解时长和垃圾的危害(表 3-2)。

表 3-2　各类垃圾自然降解时间及危害

垃圾种类	降解时长	危害
纸　类		
果　皮		
铁　罐		
烟　头		
尼龙织物		
皮　革		
易拉罐		
塑　料		
玻　璃		

经过调查,同学们发现,各种垃圾的自然降解时间为:纸类 3～4 个月,果皮(橘子皮)2 年,铁罐 10 年,烟头 1～5 年,尼龙织物 30～40 年,皮革 50 年,易拉罐 80～100 年,塑料 100～200 年,玻璃 4 000 年……随着调查结果的呈现,同学们对垃圾有了新的认识:不同材质的垃圾自然降解所需的时间是不一样的。纸类垃圾的降解速度最快,也需要 3～4 个月的时间,塑料降解需要一二百年的时间,而玻璃降解需要 4 000 年的时间,甚至有一些垃圾很难自然降解。这么多的垃圾如果任其放在自然界中,就会越积累越多,地球将会不堪重负。

在此基础上,同学们对垃圾的认识进一步深入,老师进一步引导:我们查到的仅仅是垃圾的自然降解方面的知识,其实垃圾长时间堆放会对人类造成危害,请同学们搜集垃圾危害的相关材料，并进行交流展示。在交流展示环节，项目组成员的展示形式多种多样，有的学生用数据向同学们展示了垃圾的危害；有的学生制作了视频向同学们解说了垃圾腐烂后产生的有毒有害气体；有的学生采用小报等形式图文并茂地呈现了所搜集的资料⋯⋯

在一系列的情境创设活动中，同学们通过调查家庭每天产生的垃圾种类、数量，查找各种垃圾自然降解的时间，搜集垃圾的危害等活动，感受到："这件事是我身边的事，是与我息息相关的事。""垃圾分类势在必行，环境保护迫在眉睫！"也让接下来的"我是环保小卫士"劳动项目化实施有了良好的开端。

二、问题驱动：预见最终成果

▎概念解析 》

"问题驱动"是统领劳动课程项目化实施的动力源泉。这里的"问题"是基于学生在情境创设环节中得到深刻体验的前提，教师对劳动终极成果的提前预见，是一种能驱使学生进行持续劳动的内在动力。

问题驱动离不开驱动性问题的设计，驱动性问题生成的方式有五种：一是将具体问题提升为本质问题；二是将问题与学生经验相联系，生成驱动性问题；三是将事实性的问题转化为驱动性问题；四是根据学生的提问归纳总结为驱动性问题；五是将学生的认知矛盾、认知冲突转化为驱动性问题。

▎意义价值 》

"问题驱动"环节是提出统领整个活动的驱动性问题，驱动性问题在整个项目化学习中就像一个指挥棒，让学生在活动过程中始终拥有方向感、目标感。同时，好的驱动性问题具有挑战性，能给学生很大的挑战空间。

▎实施要点 》

驱动性问题的高度直接决定了项目化学习的过程和成果取得。驱动性问题不同，项目化学习的结果完全不一样。我们认为在实施过程中，应该遵循以下要点：一是问题的设计要能引领学生进行头脑风暴，为下一环节铺路；二是问题的设计要指向知识和能力，为提升素养搭桥。

▎案例呈现 》

案例1：将具体问题提升为根本问题

在"细咂端午味"项目化劳动中，老师先播放了一段关于端午节的视频，在播放完这段视频后，老师提出了问题：端午节为什么要吃粽子？这样的问题因为太具体，难以让学生迁移，所以需要对此进行一些提升，变成端午节承载着怎样的文化内涵？这样的问题，会让学生重新审视"端午节"这个词，就会跳出"端午"是一个节日这样的定势思维,从而兴趣盎然地去开展相关的项目化活动。

案例2:将问题链接学生经验,生成驱动性问题

在"黄瓜生长记"劳动项目中,老师先调查了同学们对常见蔬菜的认识情况,了解到有些同学不但认识常见蔬菜,甚至还参与自家小菜园的管理工作。特别是说到黄瓜的时候,同学们都能说出自己印象中与黄瓜相关的事。例如,有的同学介绍了自己观察到的黄瓜生长过程,有的同学介绍了黄瓜的品种,还有的同学告诉大家什么样的黄瓜最好吃。但是让同学们自己种植、管理黄瓜,却没有人尝试过。结合2022版新课程标准对学生种植能力提出的明确要求,老师决定开展"黄瓜生长记"主题劳动,让同学们自己动手,参加选种、育苗、种植、管理等劳动。如何让学生主动参与到黄瓜种植这一劳动中来,老师结合学生生活经验,提出了"如何种植出好吃又好看的黄瓜?"这一驱动性问题,引领学生主动参与到劳动中。

案例3:将事实性问题转化为驱动性问题

在学校组织的"亲农劳动节"活动中,二年级的小同学参与了"五谷画廊"主题劳动。这一劳动主要是利用各种豆子粘贴出不同的画,不仅考验同学们手眼协调能力,还考验同学们的构图、合作等能力。在作画之前,老师先带领同学们认识豆子的名称、挑选合格的豆子。二年级的小同学认真地辨认着各种豆子,仔细挑选出坏豆子,在这一过程中,有的同学就提出了这样的问题:"这些豆子是怎么长出来的?"面对这样的问题,如果老师直接告诉学生或是让学生在互联网上查找资料都很容易知道答案。如果转换角度,对于前面学生提出的问题,我们带领学生结合问题经历实践探索的过程,就是非常有意思的驱动性问题了。因为,在此过程中,学生关于豆子的知识就会发生转变和升级。因此,对驱动性问题的提出,内容胜于形式,主要看问题的目的是什么或者学生为什么要问这个问题。

案例4:根据学生的提问归纳总结为驱动性问题

"做个木家具"是我们学校四年级同学参与的一次项目化劳动,开展劳动之前,同学们就提出了大量的问题"木家具有多少年的历史?""木家具是只有中国才有的吗?""木家具最核心的工艺是什么?""怎样做出一个完整的简单木家具?"……教师可以从这些问题中进行选择,归纳总结成驱动性问题:如何做一个实用又好看的木板凳?

案例5:将学生的认知矛盾、认知冲突转化为驱动性问题

在参观了学校附近的清谷农场之后,农场里利用现代农业技术种植的水培蔬菜引起了同学们的兴趣,因为同学们一直认为蔬菜都是地里长出来的。在惊讶的同时,善于思考的学生就提出了"水培植物有营养还是土培植物有营养"这样的疑问,老师抓住时机开展了"水培植物和土培植物"劳动项目,同学们围绕"到底是水培植物有营养还是土培植物有营养"这一问题展开了活动,有的查资料,有的请教专家,有的做起了种植实验等活动,为自己的观点寻找论据。像这样具有争论性的问题,会更有利地驱使学生参与活动。

三、规划进程：运用高阶认知

▌概念解析 »

"规划进程"指的是规划整个项目活动的步骤方法。它不是简单的活动安排,而是师生共同经历如何规划指向最终目标的活动。在这个过程中,师生要经历一次次头脑风暴,规划活动实施的重要节点、子项目或子活动预期成果、成果展示形式及运用等。

▌意义价值 »

"规划进程"环节要对整个项目进行整体规划。通常来说,项目化劳动至少需要两节课以上的时间完成,提前将每一项活动规划好,既能让学生们朝着既定目标前进,防止跑偏,也能让活动的每一个环节紧凑,提升活动的效能。因此,确定进程能增强师生的目标感,增强活动的连贯性,引领学生进行活动规划的头脑风暴,从而提升学生思维品质和规划能力。

▌实施要点 »

好的进程规划需要师生共同参与,这一过程既是形成活动方案的过程,也是思维碰撞的过程,在规划时要注意:一是要确定好时间节点;二是要师生共同参与研讨,确定好活动步骤;三是认知策略的选择上,尽量采用高阶认知。认知策略分为高阶认知和低阶认知两种,高阶认知包括问题解决、创见、决策、实验、调研、系统分析六种,低阶认知包括获取和整合知识、扩展和精炼知识两种。高阶认知的获得是建立在低阶认知的基础之上的,确定进程时,教师要对学生提出合理化建议,体现师生共同的智慧。

▌案例呈现 »

在"我来当村官"项目活动中,同学们先自行设计了一份活动进程(表3-3)。

表3-3 "我来当村官"学生规划的活动进程

第一周	搜集村名的来历	
第二周	介绍家乡环境,包括居住环境、邻里关系等	个人与小组
第三周	介绍家乡特产、美食、文化、人物等	

教师认真分析了学生制定的进程中每个活动的认知策略,发现大多数活动为"信息的搜集和整理"的认知策略,属于低阶认知策略。为了培养学生的高阶思维,

老师带领同学们对进程单进行了修订和完善,给出了以下任务建议(表3-4)。

表3.2.4　"我来当村官"师生共同规划的活动进程

子项目	活动周安排	活动形式	认知策略	成果展示
绘制地图	第一周:根据村中布局,确定需要测量的内容,如居住区、休闲区、街道、河流、耕地区等; 第二周:选择科学的方法进行实地距离测量,采用步幅测量法,可采用多人多次步幅测量,最后算出平均数的方法得到相对准备数据; 第三周:收集整理数据,学习按比例进行换算绘制地图; 第四周:在班级和班级群中结合绘制的地图汇报解说家乡的地理位置。	个人与小组	问题解决 创见决策	地图视频PPT演示文稿
制定守则及宣讲	第一周:学习什么是守则,守则的组成结构、写作要领。小组讨论制定两份守则,形成初稿; 第二周:对初稿进行深加工,鼓励有能力的学生采用"三字经"或儿歌的形式,进一步加工语言,使之朗朗上口; 第三周:结合定稿,练习宣讲; 第四周:在班级宣讲展示,然后再走进乡村宣讲。			守则宣讲稿
演出	第一周:挑选演出队员,明确各自分工。学习打快板,熟悉并背诵情景剧、小品台词; 第二周:快板结合定稿进行练习,情景剧、小品排练; 第三周:演出作品基本成型,进行后期的精细化处理; 第四周:在班级中演出,然后再到村中宣传演出。			快板情景剧小品

修订后的进程规划大多采用"问题解决、创见、决策"等高阶认知策略。搜集资料、调查等低阶思维隐藏在大的任务内容中,起到支持作用。

四、支架搭建:建构知识能力

|概念解析》

"支架"又称为"脚手架",是教师助推、指导作用的体现。搭建支架的时间可以是活动前,也可以是活动中。支架的内容可以是知识方面的,也可以是能力方面的。支架的形式可以是范例、概念、建议、提示、问卷等。支架的种类可以分为情境支架、策略支架、资源支架等。

|意义价值》

"支架搭建"环节主要为学生建构劳动中的知识与能力体系,对学生提供破译劳动重难点的方法、技术等层面的指导。通过实践发现,在活动中学生难免会遇到经过思考或实践也难以解决的问题,这个时候,支架就起到助推学生前进的作用。同时,支架也是一个导向,当老师发现学生的活动偏离正常轨道时,及时以支架支撑,引导学生适时调整方向。

▌实施要点 >>

在制定和提供支架的时候,首先,老师要遵循该出手时就出手的原则。对于活动中的难点,放手让学生经历探索失败的试错过程之后,老师再提供支架,学生的收获会更加深刻。其次,对于不同水平的学生,老师可以提供不同层次的支架,让更多的学生提升能力。

▌案例呈现 >>

在"健康饮食小达人"活动中,为了更好地宣传健康饮食理念,在成果展示环节,老师希望同学们的展示形式是多样的,因此根据学生能力差异,设计了不同的成果展示形式,同时为同学们提供了相应的能力提升支架,同学们可以自由选择。

A 层次:搜集的资料 + 调查问卷 + 自制菜单展示 + 视频

资源支架:视频制作指导

同学们,如果你有一定的视频制作技巧,曾经在视频平台发布过视频,那么请采用视频制作这种方式。首先,请看看这些词语:脚本、专场、剪辑、合成,如果这些词你懂或是感兴趣,就请领取视频制作指导,结合自己的制作经验,开启你的视频制作之旅吧。

B 层次:搜集的资料集 + 调查问卷 + 自制菜单展示 +PPT 演示文稿

资源支架:PPT 制作指导

同学们,PPT 可以呈现更多的信息,文字、图片、表格、动画、音乐等可以很方便地组合,制作起来相对简单,效果也不错,如果你想采用 PPT 这种方式宣传自己的健康饮食理念,请到老师这里领取 PPT 制作教程。

C 层次:搜集的资料集 + 调查问卷 + 自制菜单展示 + 宣传海报

资源支架:海报制作指导

同学们,海报这种形式历史悠久,是一种非常常见的宣传方式,它最大的优势是在第一时间能将人们的目光吸引,并获得瞬间的刺激。如果你喜欢这种形式,那就到老师这里来,大方地说出自己的构思,老师将给予你专业的支持。

五、实践探索:强调亲历过程

▌概念解析 >>

劳动课程的实践探索强调"做与学"的不可分割性。在这一过程中既有知识的学习,又有能力的提升。需要学生随时扮演多种角色,就像真正的行家里手那样面对真实问题,调动自己以往的知识与技能,或是借助支架,进行思考、决策。同时,学生又不是孤立的,需要与其他同学合作,互相学习,取长补短,以获得前进的动力和解决问题的办法。

▌意义价值 ≫

"实践探索"环节倡导学生积极主动参与、亲历劳动过程。此环节的意义在于"探索"。活动成果是既定的,如何取得成果不是靠着老师的讲解或是别人的经验,需要学生在实践的过程中,自己摸索、体验、试错、解决,这一过程既是艰难的,又是充满快乐的,既有面对问题时的一筹莫展,又有破译难题的欢欣鼓舞。也正是因为这种体验,学生收获的知识与能力会更扎实,这也是实践探索的魅力所在。

▌实施要点 ≫

劳动课程项目化实施活动通常以小组为单位,强调组内同学既有分工又有合作。教师要大胆放手,不可包办代替,越俎代庖,对每一项新生事物,老师要有耐心,给学生更多的空间,允许学生经历从不会到会的过程。

▌案例呈现 ≫

在"石磨豆腐"项目化实践探索环节,师生共同规划了做豆腐、卖豆腐、制作其他豆腐美食等实践活动。在做豆腐这一子项目中,为了让学生经历从学习到实践的过程,老师先带领学生来到了当地农家豆腐坊,跟着农民伯伯学技术。回到学校后,同学们结合着自己的学习,以小组为单位,试着做豆腐。这一过程尽管状况频出,但老师还是坚持让学生自己做,在做的过程中积累经验。

一开始,同学们都觉得泡豆子这个环节特别简单,把豆子洗干净放点水就行了,都抢着加入泡豆子小组。可是,等到把泡好的豆子放到石磨中磨的时候,才发现推动石磨的过程有些费力,同学们轮番上阵才把豆子磨完,但是豆瓣特别多,需要多轮才能将豆浆磨好。这也让他们对泡豆子环节有了新的认识:泡豆子的时候,水和豆子要有一定的比例,泡豆子的时间要根据豆子数量来定。这样,磨豆浆的过程才会比较顺利。经过实践,泡豆子小组发现,黄豆和水的比例达到 $1:3$,正常温度下,泡 $6 \sim 8$ 小时就可以看到豆子全部鼓胀饱满。这样的豆子上磨后,不仅石磨转动得顺畅,而且磨出的豆浆特别细腻。

接下来就是煮豆浆、"点豆腐"环节了,这是技术活,如果老师简单地告诉学生煮豆浆怎么煮,什么时候该放卤水,那这个活动开展得毫无意义,学生的能力提升根本就无从说起。为了让学生真正学会做豆腐的技术,老师在接下来的环节只是起到启发、引导的作用,放手让学生自己去实践。例如,煮豆浆时,常常会出现假沸、煮不熟的情况。老师只是提醒同学们看看豆浆是不是真的煮沸了。经过实践,同学们发现,看到豆浆沸腾时,不要着急停止煮浆,应该再煮一会,保证真的煮熟。同时,还要注意搅拌,否则会出现底部煮煳的情况。

六、成果展示：关注学生成长

▍概念解析 >>

所谓"成果展示"就是将整个活动过程中形成的最有价值、最有意义的内容以某种公开的形式进行展示。成果展示的内容有两方面：一是过程性的资料；二是掌握的劳动技能。根据内容不同，展示的形式是多种多样的。过程性的资料可以采用文字、图片、小报、视频、手工制作的成品等形式来展示；掌握的劳动技能可以采用现场技能演示或是竞赛的方式来展现。

▍意义价值 >>

"成果展示"环节主要是为学生搭建梳理、分享收获的平台，它不仅是简单的资料呈现，还是一个舞台，一个学生交流、展示、分享的机会。在这个阶段，学生要调动全方位的才能，充分将自己在本次劳动项目中的收获展现出来。这个过程既能锻炼学生的语言表达、协调组织能力，还能提高学生人际交往的能力，更有利于学生自信心的提升。

▍实施要点 >>

成果展示环节是为学生设置的，要将学生放在展示的主体地位。一要引导学生将自己的劳动过程进行梳理总结，把自己最有价值的东西归纳提升出来；二是给足学生充分的展示时间。展示的过程是一个多方对话交流的过程，组织者要协调好小组分工，尽量给每一个学生创设解说、展示的机会，不要让成果展示会变成部分学生的个人专场；三是成果展示的形式尽量丰富多彩，通过各种方式展示劳动的不同阶段收获，让不同小组的学生能够充分了解其他人的活动轨迹和活动成果。

▍案例呈现 >>

在"'薯'你最精彩"项目化劳动的展示环节，我们安排了"番薯嘉年华"主题展示活动，活动分为两个阶段。

第一阶段是过程性材料展示，各小组的同学采用不同的形式进行了展示：一组同学们用小报展示了红薯的种植历史、营养价值、挑选小窍门等知识；二组同学们用视频的形式向大家介绍了他们种植、管理、收获红薯的过程；三组同学们展示了整个劳动过程中的日记。雨涵同学的日记故事引起了大家的关注。原来，在红薯收获后，学校让项目组的同学们拿一部分红薯回家与家人共同品尝。这位同学将红薯拿回家后，特意送给奶奶尝尝，本来想让奶奶尝尝自己种植的红薯，但是奶奶却告诉他，自己有糖尿病，红薯太甜，不能吃红薯。这让原本兴致勃勃的他有点失望，但又有些不甘心。于是他上网查找相关资料，发现"关于糖尿病人能不能吃红薯"这一问题，网上的说法也不一致。为了把这件事搞清楚，他发动小组成员一起来到医院,向医生求助。医生告诉他们,其实糖尿病人可以吃红薯,但是要讲究吃法。这一独特的经历,也让同学们有了不一样的收获。这真是失之东隅,收之桑榆。

第二阶段是现场展示。利用社团活动时间,同学们以小组为单位现场展示自己学到的劳动技能。一组同学们展示了现场制作红薯粉条的过程。玉如同学首先向同学们介绍了对红薯的选择,她告诉同学们一定要选表面光滑、无病虫害、大小适中的红薯。选好之后,将红薯进行清洗,并把红薯两头削掉。子涵同学采用视频的方式向大家介绍粉碎、过滤、曝晒环节。因为工厂化的生产一般是用专业的机器粉碎,学校没有相应的设备,所以同学们利用视频播放了到磨坊粉碎红薯、过滤杂质、曝晒的全过程。接下来,同学们现场展示了打浆糊的环节。最精彩的当数漏丝环节了。只见小文同学拿起粉团先试了一下,看粉团是否合适。然后就开始正式制作,只见她抓起一把粉团,趁着锅内水沸腾的时候漏丝。另一名同学看到丝条沉入锅底再次浮出之后,赶紧捞出放入冷水锅,不断摆动,直到粉条松散为止。看到这样的制作过程,围观的同学们纷纷表示制作过程很神奇,通过观看学习了新知识。二组的同学们则展示了制作红薯馒头的过程。随着同学们的操作,原本平平无奇的白面馒头,瞬间穿上了红衣,变身成漂亮的画卷、可爱的小动物。看着面前制作好的各种面食,同学们都交口称赞。三组同学们展示了红薯干的制作过程,因为时间较长,晒制过程无法现场展示,所以同学们准备了晒好的红薯干请其他同学品尝。对于农村学生来说,虽然红薯干常见,但还真没有几个同学们仔细看过长辈是如何将红薯变成薯干的过程,此次展示也让他们兴趣盎然。

通过这样的展示,同学们不但再次巩固了已经学会的劳动技能,还能将自己的劳动心得与参观者交流互动,提高了交往能力。

七、反思复盘:经验积累迁移

▎概念解析 >>

反思复盘是项目化劳动的最后一个环节,也是整个项目化劳动最有灵魂的环节。复盘的内容主要是劳动收获的盘点、劳动经验的总结及活动不足之处的梳理。反思复盘分学生和教师两个层面,分别从自身活动的参与和活动的组织两个不同的角度总结盘点收获和不足。反思复盘表现的形式主要是活动感言,口头、书面都可以。

▎意义价值 >>

反思复盘是对整个活动进行经验总结。特别是对活动中的精彩瞬间和踌躇时刻的回顾,能让参与者通过回顾总结经验,汲取不足。同时,在回顾的过程中,学生还能看到自己面对困难时所做的努力，看到自己的成长历程，从而激发学生参与下次项目化活动的热情。反思复盘最大的价值意义在于积累经验，形成相关能力，并能够迁移运用到其他劳动项目中。

实施要点 >>

反思复盘在实施的时候可以分为三种类型：一是学生回顾自己的劳动过程，分享点滴心得；二是学生总结出一定的劳动方法；三是迁移运用所学知识和技能。因为学生个体素质不同，在整个活动中的表现也不尽相同。因此，在反思复盘过程中组织者要注意关注进步、包容不同、引领提升。

案例呈现 >>

"包饺子"项目化劳动，整合了职业体验、动手实践、社会服务等多个领域的劳动项目，学生通过上网查资料了解饺子的由来；通过包饺子活动掌握劳动技能；通过到敬老院看望孤寡老人等活动，传承敬老美德。学生在活动中收获颇丰。

学生反思1：当听说学校要举行包饺子活动时，我心里不以为然："那么简单的活儿，一看我就会了，还用老师教？"大体听了听老师的讲解，我很快就动起手来，在面板上放一个切好的面团，学着老师的样子把面团压扁，拿过擀面杖压住面团，便擀了起来。可擀着擀着，面皮和擀杖就粘在一起了，我只好把面皮从擀面杖上揪下来，此时的我已经开始冒汗，看来擀饺子皮还挺有难度。

接下来我又进行了一次尝试，为了防止再粘在一起，我撒上一些面粉，可是擀出了一个一边大一边小的长条形。老师看到我这样子，拿过擀面杖教我。只见老师左手拿着面团，右手拿擀面杖，右手擀一下，左手转一下面皮，擀一下转一下，并告诉我，要压着面团的边缘擀，一会儿，一个圆圆的饺子皮儿就擀好了。饺子皮中间厚、四圈薄，老师说："只有这样，饺子在包和煮的时候才不容易破。"在老师的指导下，我慢慢学会了擀饺子皮儿，虽然没有老师擀得快、擀得好，但是已经有很大进步了。

这次活动让我知道了干什么事都不能眼高手低，都要虚心学习。

学生反思2：包饺子看着很容易，可是自己一包就感觉难啦！我先把饺子馅用筷子夹到饺子皮上，然后把饺子皮用手一点点地捏，可是饺子馅怎么也不听我指挥，故意跑出来，顿时我的手上到处都是，老师说："你放的馅太多啦！怎么能包住呢？"我又拿了个饺子皮，少放了点馅，一点点地又捏住了，这次没漏，我高兴极了，可是把饺子放到板上的时候，饺子却怎么也立不起来。同桌看到我包的饺子笑得前仰后合："你放的馅太少啦，怎么能立起来呢？"我真有点灰心。老师看到了，来到我身边，重新为我示范包饺子。只见老师把饺子皮托在手心上，然后夹一筷子饺子馅，放在饺子皮的正中间，再把饺子皮对折一下，用双手的拇指和食指熟练地一捏，一个胖乎乎的饺子就呈现在我的面前。我照着老师教的方法慢慢包，终于，第一个饺子包好了,它的样子虽然很难看,但总算包出来了。接着就是第二个、第三个,包得一个比一个好。通过这次活动,我明白了不论做什么事情,只要耐心一些,一定会做好的。

教师反思:民以食为天,饺子是北方生活中经常食用的面食,它是中华美食的代表。包饺子有一定的技术含量,有利于学生动手动脑能力的培养。此次活动,有以下几个亮点。

一是活动设计丰富完整。本次活动共分为三个阶段。第一阶段是了解饺子的由来,引导学生认识到饺子作为传统美食对中国人的特殊意义,从而激发学生学习的兴趣,为后面的动手实践奠定基础;第二阶段是包饺子,学生通过亲身实践学习包饺子技能,以小组为单位组织学习,以竞赛的方式让学生展示,既能让学生亲历过程,又有利于发挥每个学生的特长,引导学生学会合理分工的同时,又能合作,初步形成正确的劳动观念,养成良好的劳动习惯;第三阶段是开展到敬老院与孤寡老人一起包饺子的活动。这一阶段是将劳动实践的阵地转移到了敬老院,既能巩固学习到的包饺子技能,也能让学生在此过程中体会到尊老敬老的乐趣,形成良好的道德品质。

二是成果展示别具一格。此次项目化劳动,并没有像以往一样举行一个单独的成果展示会,而是将成果展示与敬老院活动融合到一起。同学们到了敬老院以后,先是将自己前期搜集到的关于饺子的传说以讲故事的形式讲给敬老院的爷爷奶奶听,然后再拿出自己准备好的面团和馅料,现场为爷爷奶奶包起了饺子。在煮饺子的过程中,同学们还主动向爷爷奶奶展示了自己学到的"顺着锅的内侧轻轻推动饺子""三煮三沸"等技巧。在品尝饺子的时候,与爷爷奶奶互动,分享自己在做饺子过程中的感受。

活动中仍存在不足之处。到了小学高年级,学生已经具备了一定的劳动技能,所以,在如何包饺子环节,老师应该尊重学生个性化发展需求,鼓励学生的创新之举。如擀饺子皮环节,班上有个男生想突出自己的与众不同,就拿了三个饺子皮一起擀,结果被小组长严厉禁止,这个时候,老师该如何做? 是假装没看见,还是支持小组长的决定? 其实,从比赛的结果来看,小组长的做法无可厚非,但是,如果从锻炼学生的技能角度看,完全可以鼓励那个男生,让他大胆创新,给学生机会,允许学生做不好,也许在慢慢练习的过程中熟能生巧,那个男生能练就一手绝技,效率就会比一个一个擀高出许多。同时,老师要有一种意识,在反复实践、试错的过程中,学生获得的体验才更加深刻,学习到的技能也更加扎实。

第四章 📖

课型探索：推进劳动项目有序进阶

劳动教育开展的效果如何，课堂教学是其中重要的一环。很多人认为，劳动教育主要是带着学生进行劳动，不必在教室里像语文、数学等学科那样正正规规地上课。其实这样的想法是不对的。劳动课程课堂教学的好坏，既能反映出教师的指导能力，又能体现劳动课程实施的效果。有效的课堂教学能够推进劳动项目有序进阶。那么，劳动课程项目化实施的七个步骤，该如何通过课堂教学来操作呢？我们探索了五个劳动课程项目化实施的课型。根据项目化实施劳动课程进行到不同的阶段，可将劳动课分为"活动入项课""方案制订课""支架搭建课""探索实践课""活动出项课"等几种课型（图4-1）。

第一节　项目实施课型操作

项目准备阶段的重点课型有"活动入项课"和"方案制订课"；项目实施阶段的重点课型有"支架搭建课"和"探索实践课"；项目总结阶段的重点课型是"活动出项课"。不同课型的课所承载的重点目标和任务不同，因此教师上课的着力点也不相同。

一、活动入项课：尊重学生意愿

活动入项课是劳动课程实施的开端。活动入项课的最大价值是激发学生的劳动兴趣。正所谓"兴趣是最好的老师"，无论做什么事情，如果能激发其兴趣，他就会积极主动地去做这件事。激发学生劳动兴趣不是单靠教师简单粗暴地布置，也不是靠教师强制性地推送，它需要教师在课堂上巧妙地设计活动，将学生带入一定的情境中，潜移默化地激发起学生的劳动兴趣，最终让学生自发地形成劳动欲望，从而想去做、愿意去做。

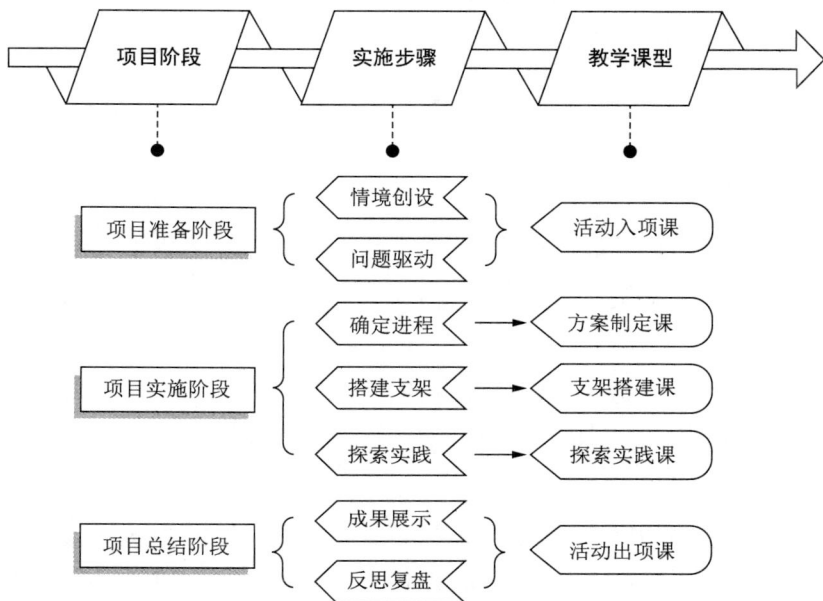

图 4-1　劳动课程项目化实施课堂教学流程

活动入项要尊重学生的意愿，教师要将学生放在活动的主体地位，课题的确定自然水到渠成。一个优秀的"活动入项课"承载了两个方面的任务，分别要完成劳动课程项目化实施七大步骤中的"情境创设"和"问题驱动"。通过情境创设激发学生的活动兴趣，提出统摄整个劳动过程的驱动性问题，从而明确劳动的主题、劳动的目标，引领学生规划好活动的内容和步骤，初步确定活动思路。下面以"走近'榫卯结构'"一课为例，向大家展示如何上好活动入项课。

走近"榫卯结构"

▍活动目标

（1）认识榫卯结构，了解榫卯结构的历史与现状。

（2）通过"走进历史""拼装板凳"等活动，探究榫卯结构的外在特点和内在特点。

（3）启动项目化学习，在入项活动中感受榫卯结构的魅力，增进民族自豪感。

▍活动重难点

探究"出师凳"的做法，感受榫卯结构的魅力。

▍活动准备

信息资料卡，"出师凳"的拼装材料四套（凳面、凳腿、横木）和工具（榫木锤、砂纸、手套若干）。

活动过程

（一）激趣导入，认识榫卯结构

1. 考考你

同学们，这里有两块断开的木头，你有什么办法让这两块木头连接在一起？有没有一种方法，不用胶水，也不用钉子，就能将两块断木接起来呢？

2. 开眼界

山东临沂的一位老爷爷就有妙招，请看视频（播放）。怎么样，佩服吗？其实你更应该佩服我国古代人，因为这是我们古人留下的智慧。

3. 识榫卯

在中国传统建筑和家具制造中，采用凹凸部位相结合，将两个以上部件联结在一起，这种结构方式就是榫卯结构。凸出来的一头叫榫，凹进去的一头叫卯。通常我们还会这样称呼："榫头""榫槽""榫眼""榫孔"。榫卯结构除了不打钉不用胶水，它还有哪些特点呢？这节课就让我们一起探秘榫卯结构，走进它的前世与今生，感受它神奇的魅力！

（二）走进历史，了解外在特点

首先让我们乘坐时光机，跟随一段视频走进榫卯结构的前世——（播放视频）看了视频，你有哪些收获？

（1）榫卯结构历史很悠久；

（2）榫卯结构的牢固性很强；

（3）榫卯结构类型多种多样。

（三）拼装板凳，探究内在特点

要想真正探秘榫卯结构，我们必须亲自动手实践。古人云，三年学徒，五年半足，七年才能称师傅。制作小板凳就是检验一个木工是否可以出师的结业证。所以这个四腿八叉的小板凳也叫做出师凳。想不想体验一下它的拼装？

1. 认识材料和工具

首先让我们先认识一下材料和工具：凳面、四条蹬腿，四根横木（两长两短），一把榫木锤，砂纸，手套。

2. 讨论拼装小板凳的步骤

方法一：把四条凳腿先安装在凳面上，再装上横木。

方法二:先把四条凳腿组合到一起,然后再往凳面上拼装。

这两种方法,哪种好呢? (第二种方法好)如果采用第一种方法,先将四条凳腿固定在凳面上的话,我们就很难控制凳腿之间的距离,距离过长,横木容易掉落,距离过短,横木又插不进去。所以,还是第二种方法较好。

3.学习小板凳拼装方法

观看拼装视频。看了视频,你能梳理一下小板凳的拼装方法吗?

先将凳腿两两组合在一起,然后再将两组凳腿组合成一个整体,最后再和凳面拼装在一起。

4.小组合作,拼装出师凳,教师巡视指导

重点关注学生的拼装顺序,横木是否装反,横木与凳腿之间的角度,以及用锤安全等。

5.展示作品,提出建议

四个作品看起来差不多,但我们还要检验一下它们是否牢固结实。预设:1号2号小板凳稳如泰山,3号4号小板凳出现了摇晃的情况,这是怎么回事呢?请两位同学来诊断一下。

(1)3号小板凳四条凳腿不平,其中有两条腿榫头没有完全钉进去。是呀,榫和卯咬合一定要紧密,这样榫卯结构才会牢固。

(2)4号作品有一条凳腿的榫眼太大,榫头太小,所以就摇晃了。

当我们遇到榫眼大,榫头小,这种情况该怎么办呢?削一个有斜面的木片塞进去,这样就紧实了。这个带斜面的木片叫"楔子",如果楔子的另一端会露出来,影响美观,我们还可以把多余的部分锯掉。最后用砂纸打磨光滑。因此,必要时邀请楔子助力。

小结:同学们,一个小小板凳的拼装,竟有这么多木工知识和原理技能,这也正是榫卯结构的奥秘所在。但是,这些只是冰山一角,因为不同的建筑或家具会用到不同的榫卯结构,自然就会有不同的奥秘。

(四)问题驱动,项目启动入项

1.了解榫卯结构的现状

随着社会的高度发展,现代化的建设严重地挤压着传统木结构建筑,榫卯结构也逐渐被人们淡忘,直至2009年,榫卯结构入选联合国人类非物质文化遗产。在2010年上海世博会上,中国国家馆的外形让人惊叹!榫卯巧妙结合,向世界展现了中国人的文化自信!

2. 欣赏宋、明、清时期的中式家具

近年来,中式家具备受青睐。看,这是宋代家具,以直线造型为主;这是明代家具,有了圆的造型;这是清代家具,相比前两者,清代家具显得更加厚重。

3. 问题驱动,启动项目化劳动

同学们如此感兴趣,我们以"榫卯结构"为主题,开展一次项目化劳动好吗?我们的驱动性问题是:如果你是家具店的老板,你会如何向顾客推荐榫卯结构的中式家具呢?以小组为单位讨论一下。

A 我们会向顾客介绍榫卯结构的历史起源,这是我国古人的智慧。如果我们也能选用榫卯结构的中式家具,那是多么自豪的一件事!

B 我们打算向顾客讲一讲榫卯结构的中式家具与西式家具相比,优势有哪些。

C 我们会邀请顾客亲自参加榫卯结构的设计,体验一下中式家具多么牢固。

D ……

教师小结:大家的想法非常好。如果保留至今的传统家具会说话的话,它们一定会说:"谢谢你,孩子们!"

4. 总结提升,情感升华

同学们,榫卯是藏在木头里的灵魂,一榫一卯,一转一合,暗藏玄机,它是中式家具的精髓,也是中式建筑的基础。作为青少年的我们,有责任、有义务将榫卯智慧传承下去,发扬光大。同学们,这节课虽然结束了,但我们的项目化劳动才刚刚起步,下节课我们将细化项目化劳动方案,将主要问题转化为具体可行的驱动性任务,期待同学们的精彩表现,下课!

板书设计

走进"榫卯结构"活动的板书设计方案如图 4-2 所示。

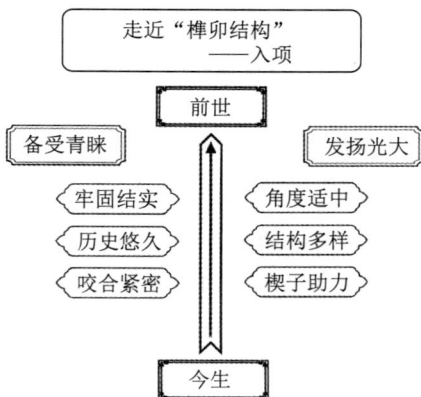

图 4-2 "走近'榫卯结构'"板书

这节活动入项课,意义非凡。它有效地完成了劳动课程项目化实施的"情境创设"和"问题驱动"两个活动步骤。有以下几点值得肯定。

1. 情境创设体验深

教师用一连串的"小活动",支撑起情境创设部分,让学生产生了深刻的体验与感受。"考考你""开眼界"和"识榫卯"三个小活动,让学生认识了什么是榫卯结构,了解了榫卯结构的历史,让学生深深感受到中国文化的博大精深。俗话说,"耳听为虚,眼见为实,亲手做一做感受会更深刻"。接下来,教师组织学生亲手拼装了"出师凳",在出师凳的拼装过程中更进一步感受到了榫卯结构的魅力。

2. 问题驱动激欲望

驱动性问题设计得非常巧妙,"如果你是中式家具店的老板,你会怎样向顾客介绍中式家具?"这样的问题,将学生置于真实的生活情境中,让学生产生了强烈的实践愿望,学生在接下来的"头脑风暴"中才能思维敏捷、畅所欲言。

二、方案制定课:预设演练修订

兵马未动,粮草先行。任何活动在开始之前都要做好充分的活动方案规划与设计,不能打无准备之仗。"方案制定课"要完成劳动课程项目化实施七大步中的第三步"确定进程"的任务。它的价值在于,让学生懂得"要想项目开展得顺利,必须事先把方案做细"这个道理,引导学生思考我们要做哪些事,该如何去做。做的过程中,可能会遇到什么困难,一旦遇到了困难我们该怎么解决……这些问题都提前预设好,接下来的劳动项目才会顺利开展。否则,活动会经常"卡壳",影响项目的进程和效率。策划项目方案时,教师不能一手包办替代,要充分尊重学生,体现学生的主体地位,师生共同规划提出劳动步骤。教师切勿自行将项目方案"拿出来",生硬地推送给学生,这样学生的活动兴趣就会大打折扣。还有的教师不开展方案制定课,只有自己心中清楚活动目标,而学生则是"一头雾水",只是在老师的牵引下机械地一步一步去做。这样开展劳动课程不利于学生核心素养的形成。

值得提出的是,学生设计的劳动项目思路大多是低阶认知策略,此时教师要善于帮助学生修正,提出合理化建议,让学生在高阶认知策略中提升核心素养。方案做出来以后不能纸上谈兵,要进行操练。通过小组、班级、学校等层层演练,在演练中不断发现问题、修正问题,不断让方案趋于完美。下面以"爱心义卖我策划"服务性劳动为例,向大家展示如何上好方案制定课。

爱心义卖我策划

活动目标

（1）引导学生小组合作,自主探究义卖现场的"布置"和"宣传"两方面内容,培养学生初步的策划意识和能力。

（2）引领学生进行义卖演练,在演练中发现问题,修改、完善策划方案,同时提高学生的活动自信心。

（3）在劳动项目实施中,进一步加强学生对抗战老兵的了解,萌生对老兵的感恩之心,从而在情感上升华对老兵的关爱之情。

活动重难点

自主探究义卖现场的"布置"和"宣传"是本节课的重点;让学生明白"策划不能纸上谈兵,通过层层演练才能使策划趋于完善"是本节课的难点。

活动准备

教学课件、策划书表格。

活动过程

（一）前情回顾,揭示主题

（课前播放《我的爷爷是老兵》歌曲）

师:同学们,在开展"情系老兵"的劳动项目中,大家分小组以不同的方式进行了第一阶段的活动"走近老兵"和第二阶段的活动"关爱老兵"。在第二阶段活动中,有的小组到老兵家里做力所能及的家务活,有的小组在中秋节给福利院的老兵送去了亲手制作的月饼,还有的小组给老人们带来了精彩的节目,可以说大家用不同的方式表达对老兵的关爱,那么除了前期我们开展的这些活动,我们还能为老兵们做些什么呢?

生:福利院里的老兵张爷爷腿脚不好,我们想给他送一根拐杖。

生:天气冷了,我们想给老兵李爷爷送一件棉衣。

……

师:这回大家都想从物质上对老兵给予关爱,你们可真是一群充满爱心的孩子。可是我们怎样才能实现这些愿望呢?

生:我在电视上看到,可以把自己不用的东西卖出去,积攒的钱就可以买那些老兵需要的物品。

师:这种将自己的东西卖出去,把所得的钱用在公益事业上的活动就是"爱心义卖"。大家同意这种做法吗?那么,就让我们的关爱老兵活动在"爱心义卖"中继续前行,好吗?

　　设计意图:上课前,教师为学生们播放了《我的爷爷是老兵》的视频,渲染活动气氛。上课伊始,教师又利用幻灯片引领学生回顾前期的活动,孩子们的感恩之情油然而生。在此基础上,他们纷纷表达了自己要向老兵献爱心的美好愿望,顺理成章地引出了本节课的活动主题。

（二）借助视频,探究步骤

　　（1）同学们,小义卖,大爱心! 有个学校的小伙伴们就开展过一次图书义卖活动,想不想看看他们是怎么开展的? 那请大家仔细看,相信你一定会从中获取很多有价值的信息。（播放视频）

　　看了他们的活动搞得热火朝天,你们想不想也来大显身手? 哦,我们可不能打无准备之仗。小到我们的义卖活动,大到央视的春晚,都要事先进行精心地构思和规划,这就是活动策划。那么,这节课老师就做总策划师,聘请你们做小小策划员,我们一起来策划一下我们的爱心义卖活动,行吗?

　　（2）根据我们刚才观看的视频,结合以往的经验,你认为要策划这次义卖活动,我们应该考虑到哪些方面的问题呢?

　　（学生交流）

　　设计意图:学生初次接触义卖,会觉得是一件高不可攀的事情。课堂上教师通过播放榜样学校的学生真实开展的义卖活动视频,激发学生们开展义卖活动的兴趣,让他们感到义卖活动并不是遥不可及。同时在观看视频的过程中,孩子们也能够自觉获取很多关于策划活动的重要信息,例如,义卖过程中需要做好义卖现场的布置和相应的宣传工作等,为接下来的活动做好铺垫。

（三）自主策划,取长补短

　　（1）师生共同商定义卖的时间、地点、物品等方面的内容。
　　（2）小组合作自主探究义卖现场的"布置"和"宣传",填好策划表（表4-1）。

表4-1　"关爱老兵"义卖活动策划书

_____组

时间		地点	
物品			
布置			
宣传			
分工			

（3）小组交流展示，评议预设如下。

① 提出一个亮点：这个方法的确不错，关于这一点，哪个组也有妙招？

② 提出问题：这个问题该怎么修改呢？

③ 他们组提出的宣传方式的确是有创意。

设计意图：这一环节强调了学生的自主参与意识，通过展示交流一个小组的方案，引导学生们集思广益，共同商量好义卖现场的布置和宣传工作。在组织评议过程中，教师再适时总结提炼出"现场布置重细节"和"宣传手段有创意"两个策划关键点。这正体现了"自主、合作、探究"的活动理念，教师不是把知识生硬地塞给学生，而是让学生自悟自得。

（4）是不是有了初步的策划，义卖活动就一定能成功呢？

让我们直击视频中学校的另外一个义卖现场，相信你会有新的思考和发现。（播放视频）你发现了什么？听听小伙伴的心里话。

（5）小组合作模拟演练并展示

（各小组展示完后，学生评价）

生：有的小组做宣传时采用的歌曲很新潮，但我觉得与"关爱老兵"关系不大。

师：是啊，我们的宣传活动一定不能离开了主题—"关爱老兵"，偏离了主题，我们的活动就失去了意义。那谁有好办法帮帮他们小组，既能用流行歌曲吸引顾客，又能紧贴活动主题？

生：我们可以保留流行歌曲的曲调，将其中的歌词换成与"关爱老兵"有关的内容。

小结：看来，没有最好，只有更好！同学们，其实当我们真正走进义卖现场的时候，面对不同年龄不同职业的人群，我们还会遇到很多很多问题，下一阶段我们将在班级、校园和社区进行反复的演练，在演练的过程中不断发现问题，以便更好地修改、完善各自的策划。

设计意图：在此环节中，引导学生观看另一组同学失败的义卖视频，让学生明白策划不能纸上谈兵，要经过实战演练，才能不断地在演练中发现问题，从而不断地修改和完善策划，真正让模拟演练成为修改策划的一种有效手段和必经途径，为真正的实地义卖打下坚实的基础。在演练的过程中，我们发现，有的孩子采用了一些流行歌曲或街头叫卖作为宣传手段，偏离了活动主题，忘记了我们的义卖活动是为"关爱老兵"而开展。此时，教师适时引导，让学生进行"改编"，从而让活动再一次回归主题，这也体现了劳动课程项目化实施中的第三步"确定进程"的价值意义。

（四）总结延伸,引起期待

同学们,这节课我们一起思考了义卖活动的内容,并对活动的开展情况提出了自己的构想,相信经过我们的周密策划,我们的爱心义卖活动一定会成功举行,同时我们的爱心也一定会化为对抗战老兵实实在在的帮助,让他们感受到来自我们一双双小手的温暖!

最后,老师预祝同学们爱心义卖活动圆满成功! 下课!

板书设计

"爱心义卖我策划"活动的板书设计方案如图 4-3 所示。

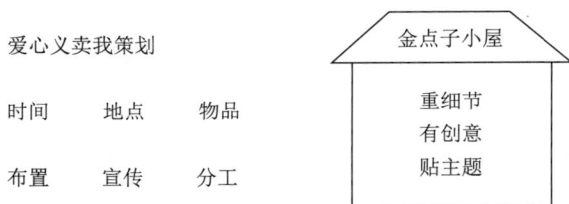

图 4-3 "爱心义卖我策划"板书

活动点评

策划能力可以说是每个人在成长过程中必须具备的基本技能,小到个人的学习生活,大到家庭的发展计划以及企业的长远规划等,生活中可以说处处需要打算和策划,否则一个人将浑浑噩噩,碌碌无为,一个企业也将停滞不前。方案制定课是培养学生策划能力的重要阵地,良好的策划能力可以对学生的学习生活产生积极而深远的影响。从这个意义上讲,选取的这个活动素材非常新颖,也非常接地气,很有探究价值。

纵观整堂课,有以下几点值得肯定。

1.课题选择紧贴时代脉搏,展现出很强的思想性和教育性

当代小学生对战火纷飞的战争年代很陌生,通过本次服务性劳动项目的全面实施,引领他们自觉自愿地为老兵们做点实实在在的事,对纯真可爱的孩子来说,非常富有正能量。我们的教育不能只培养精致的利己主义者,要从小注重小学生的社会公德和奉献精神的培养。通过本次义卖活动策划,孩子们开始尝试以未来主人翁的身份来看待社会问题,提高了学生的社会责任感和社会公德心。

2.课堂教学环节科学合理,体现了学生在劳动策划中的主体地位

"爱心义卖我策划"一课,我们能够很清晰地感受到教师是如何带领学生一步一个脚印踏踏实实地开展劳动教育的。学生由初识方案—简单设计—合作交流—模拟演练—修改完善，直到最后的实地义卖，整节课层层递进，学生在40分钟的时间内经历了一次头脑风暴，亲历了策划的全过程。如果没有教师对劳动课程理念的准确把握和身体力行，肯定不能设计出这样内涵丰富、极具张力的方案制定课。

3. 教师巧妙借力小组合作，实现了学生自主发展与教师有效指导的有机统一

本节课中分组合作完成策划书时，教师大胆放手让各小组学生群策群力，孩子们想得非常好，你一言我一语，每一个小组都有金点子诞生。例如，有的学生提议，要给购买物品的顾客发放爱心卡片，有的学生提出来要让献完爱心的顾客留下联系方式。孩子们的想法虽然幼稚，但是他们积极参与、大胆探索、锐意创新的表现令人欣喜。与此同时，教师在学生交流之时相机指导，让学生互相补充、完善，巧妙地体现了教师指导的"无痕"。

4. 因地制宜现场演练，激发了学生参与实践的热情

很多人认为劳动课必须到劳动基地上，没有场地、没有材料、没有时间等都成了劳动课难以有效落实的借口。教师通过巧妙设计，变无为有，因陋就简，将课堂演变为义卖现场，让孩子们放手去演。孩子们巧妙调用音乐课、语文课甚至美术课上的学习积累，为大家展示了一个激情飞扬的义卖现场。相信，上完这节课后，孩子们一定会继续思考，不断打磨，反复演练，最终呈现出一个超出他们年龄的优秀义卖策划方案。

5. 以德立人润物无声，德育目标在活动中完美实现

劳动教育纷繁复杂，"活动"是劳动实践的生命。但教师和学生往往会追求活动表面的热闹，忘记活动的"初衷"是什么，导致出现"为了活动而活动"的现象。当课堂上学生为了利用宣传手段吸引顾客而"跑偏"时，教师及时将他们拉了回来，指明"义卖活动的目的是关爱老兵"，让"关爱老兵"的德育目标自始至终贯穿在活动中。如此一来，学生的活动不是盲目的，立德树人的育人目标潜移默化地在活动中完美实现。

总之，本节课实现了与德育教育的完美交融。从课题的选题背景来说，"关爱老兵"本身就是一个不容小觑的德育目标。本课的开头以"关爱老兵"切入，激发学生开展爱心义卖的活动兴趣，末尾以"关爱老兵"结束，让学生从心底感受到我们的活动是为了抗战老兵而组织。在策划义卖宣传手段时，引领学生紧贴活动主题，使"关爱老兵"的德育目标潜移默化地渗透整节课的每一个环节之中，可谓春风化雨，润物无声，无私奉献、关爱他人、团结合作等美德已悄然在每一颗童心中生根发芽！

三、支架搭建课：适时巧妙提供

支架搭建课的主要任务是帮助学生建构知识网络和提升能力，它对应完成的是劳动课程项目化实施七大步骤中的"支架搭建"。"支架搭建课"在整个劳动课程项目化实施过程中并不是只进行一次，它要根据学生在劳动过程中出现的不同情况而确定时机和频次。在劳动之前，教师可以预设学生会出现的困难，为学生讲解专业知识或发展劳动能力；劳动过程中，学生还会出现障碍，教师就要根据实际情况再次给学生提供帮助。因此，教师要根据具体情况适时巧妙地为学生提供。

支架搭建的途径有很多，一是教师在课前录制方法指导的微课，上课时可以播放微课让学生观看并习得方法；二是教师在课堂上现场展开设计制作或方法演示，让学生实地观摩；三是教师在课前通过摸底了解学生有这一方面特长的，可以安排学生现场演示或事先录制微视频，来自学生的演示更能激发全体学生的学习动能。

以上三种途径各有优势，第一种利用微课指导方法，能够节省课堂时间，使课堂活动环节紧凑，同时多媒体的运用让学生从多角度观看得更清晰。但是这种方法让学生感受不到"教师的魅力"，教师如果用别人录制的微课，自己没有"两把刷子"就很难"服众"。后两种课堂现场演示方法，能让学生直观地感受到劳动实践的全过程，教师或学生榜样如果边做边讲解，还能和其他学生进行现场互动交流，这种指导方法是最有实效的。但这种方法指导的用时较长，只要时间允许就没有问题。下面以"学会实地考察"一课，向大家展示如何借助支架帮助学生建构知识和提升能力。

学会实地考察

┃活动目标

（1）通过本节课的学习，让学生了解实地考察与考察计划制定的基本步骤。

（2）以制定"艾维农场考察计划"为例，学会如何将劳动与探究性学习相结合，掌握实地考察的方法。与此同时，培养学生分析比较的能力、细致考虑问题与动手的能力。

基于四年级学生的能力考虑，确定"让学生借助已有经验了解实地考察的基本步骤，在合作交流中制定艾维农场考察计划"为本节课的教学重难点。

┃活动思路

实地考察是学生进行研学劳动必备的一项技能，但由于四年级学生开展参观游玩活动较多,对于实地考察了解得比较少,所以本节课教学的核心灵魂就是让学生在劳动过程中探究发现实地考察的细节做法。

本课是基于"无土栽培"主题活动下的一节方法指导课,共分三大环节:一是创设情境,让学生通过比较两组视频分析出实地考察的一般做法;二是借助科技苑栏目,让学生在小组合作中商讨到艾维农场的具体考察计划,通过集体交流取长补短、共同完善;三是总结迁移,鼓励学生将所学的方法在实践中加以运用,为下一步户外实地考察活动出实效保驾护航。三个环节形成三大阶梯,体现了教师"由扶到放"的指导理念,从而降低了学生学习的难度。

‖活动过程

(一)情境创设,揭示课题

第一步,中期小交流 情感大调动

(1)在开展"无土栽培"的专题劳动中,同学们确定了活动主题,进行了分组活动,谁来汇报一下你们小组的活动情况?

(2)大多数小组通过上网或看书有了很多收获,但老师听说我们班还有两个小组同学自发地来到花卉市场做研究。你们想不想知道他们都去干什么了呢?老师跟随录制了他们的活动,请大家仔细观看两段视频,看看你能有什么发现和思考。(学生看视频)

第二步,比较巧分析 初步识考察

(1)同样是一个地方,看了两组同学的不同表现,你有什么发现和思考? 预设:

生1:第一组同学走马观花看了一圈,最后什么收获都没有。而第二组的同学观察很仔细,有自己的收获。

师:是呀,他们多会观察呀! (板贴:观察)

生2:第二个小组能分工合作,这样能节省时间。

师:你真会发现,分工合作让第二组同学高效地完成了任务。(板贴:分工)

生3:我发现第一组同学空着手什么都没准备,而第二组同学带着笔、本和照相机,他们能及时把自己的收获记录下来。

师:准备工作必不可少。(板贴:准备)

生4:第一组同学在花卉市场遇到什么看什么,而第二组同学始终没有忘记自己的任务,所以最后第一组同学没有找到无土栽培,第二组同学却发现有无土栽培。

师:你既会观察还会分析,说得有理有据! (板贴:目的)

生 5：我发现第二组同学观察时能提出问题还能解决问题。比如，他们不知道花的名字就问叔叔，他们不知道水的颜色为什么不同还能想到查电脑。

师：嗯，会思考。（板贴：思考）

大家看，第二组同学正是因为做到了这些所以他们才取得了较好的活动效果。像他们这样亲自到现场直观地感受和观察，我们称之为"实地考察"。（板贴课题：实地考察）俗话说，"百闻不如一见"，实地考察让我们的劳动开展得更深入，怎么样，掌声是否应该送给自主探究的二组同学呢？

（二）自主探究，明确方法

第一步，考察步骤我规划

（1）如果我们要把这些做法按照"考察前"和"考察中"规划一下的话，你会怎样规划呢？同桌俩讨论一下。请一位同学来试试。

（2）考察后，还应该做点什么呢？（板贴：总结）

（3）看，我们不知不觉就了解了考察的基本步骤，如果把这些步骤放到表格里，就变成了一份考察计划。（出示课件）

第二步，考察计划小组定

（1）任何一次考察活动能做到这些方面就不会盲目而行了。那么怎样做才能让考察活动更有实效呢？课前，于宋同学在网上查到，我们牟平区的玉林店镇有一座艾维农场，里面全是无土栽培。大家想去看看吗？那就让我们跟随科技苑栏目一起进行一段奇妙的艾维农场之旅。（看视频）

（2）视频看完了，老师为每个小组准备了一份考察计划表，请以小组为单位共同讨论完善考察计划。（小组讨论）

第三步，取长补短大家议

（1）计划思虑周全了，考察就成功了一大半。让我们一起交流一下自己的计划吧，看哪个小组计划做得最细致，哪组先来？预设如下。

组 1：科技苑栏目中说，很多人都愿意到艾维农场买菜，所以我们小组想考察一下"为什么艾维农场的菜这么受欢迎"。我们要准备 4 开的纸、彩笔、照相机、录音笔、笔和本子。我们这样分工：刘一霖采访工作人员，我采访去买菜的叔叔阿姨，阎奕男记录，刘晓东拍照。考察中，第一步，我们先访问工作人员，第二步，访问买菜的叔叔阿姨，第三步，用彩笔画一幅宣传海报，回去贴在学校走廊上，让更多的人了解艾维农场。（板贴：访）

组 2：我们小组打算考察"鱼菜是如何共生的"。我们准备了纸、笔、录音手机。到了农场，我们先一边观察一边请讲解员给我们讲解，接下来我们会把鱼菜共生

系统用思维导图表示出来。最后,对照思维导图,我们还想比一比谁讲得最好。(板贴:画)

组3:我们小组打算考察一下艾维农场里的蔬菜与普通蔬菜有什么不一样。我们要准备一台电子秤,再从家里带几种普通蔬菜(生菜和韭菜)以及卷尺。我们打算先观察一下菜的颜色有什么不同,然后称一称一棵普通生菜和一棵艾维生菜重量差多少,再用尺子量一量它们的高度有什么不同,最后尝一尝它们的味道。(板贴:称 量 尝 ……)

(2)同学们,考察的方法其实还有很多……我们要根据自己的考察目的灵活运用。这样,我们的考察活动才会不虚此行。接下来请针对刚才我们交流出现的问题,再次修改自己小组的计划,一会儿我们继续交流。(小组修改计划)

(3)请四、五、六三个组交流计划中修改的地方。

(三)总结迁移,引起期待

同学们,这节课通过大家的自主探究,学会了实地考察的研究方法(板书题目:学会)。要想实地考察有实效,就要做到考察前明目的、做准备、细分工,考察中善观察、勤思考、会记录以及考察后及时总结。接下来就让我们定下时间,用今天所学的考察方法到艾维农场一展身手吧,期待你们回来后精彩的考察报告交流会!

板书设计

"学会实地考察"活动的板书设计方案如图4-4所示。

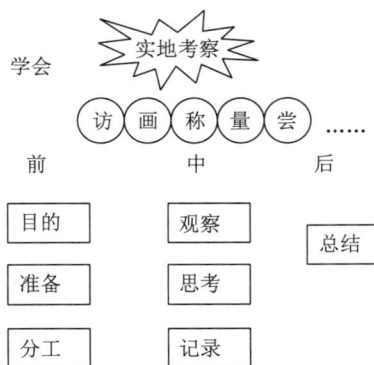

图4-4 "学会实地考察"板书

活动点评

1.尊重学生自主学习地位

本节课充分体现了学生自主探究的教学理念,教师是组织者和引领者,学生是活动的主人。作为组织者和引领者的关键是促进学生自主学习,促使学生自己去感知、观察、探究、研讨。所以在课堂上,教师要尊重学生的兴趣与选择,鼓励学生自己制定自己小组的考察计划,初步引导学生获得成功。每个小组的考察目的各不相同,在他们交流计划时,教师适时地引导、点拨,从而发现考察中的具体细节问题。在学生的积极参与下,考察计划水到渠成。

2. 支架搭建注重知识与能力建构

当学生掌握了实地考察的基本方法之后,教师适时抛出"艾维农场"的考察情境,让学生运用前面所学预设自己如何到艾维农场考察。将方法指导与具体考察活动结合起来,使本节课的支架搭建不至于陷入知识讲授的局限。

反思整堂课,大部分学生掌握了实地考察的方法,但要想做出一份详尽的考察计划却不是一件简单的事。老师的指导力度还不是很到位,加之时间有限,导致后面几个小组只能交流修改部分的计划。课后,教师还要进一步指导每个小组的考察计划,使他们的计划切实可行,为后面真正到艾维农场进行劳动打下基础。

四、探索实践课:强调自主实践

探索实践是劳动课程项目化实施落地生根的部分,对应的是劳动课程项目化实施七大步骤中的"探索实践"。它为学生插上了成长路上腾飞的翅膀。操作过程中要注意以下三点。

一是教师不要包办替代。很多老师生怕学生不会,总是喜欢替代学生去干,或是自己把认为较难的部分完成,留下简单的事情让学生做。这些想法和做法都是不对的。探索实践环节,是学生劳动实践的天地,应引导学生自主劳动实践。不要怕学生不会或出错,越是不会和出错,越能让学生快速成长。

二是发挥学生创新能力。我们反复强调,劳动课程项目化实施,绝不是简单地让学生学会一样活儿,不能让学生为了劳动而劳动。目前,很多老师认为教给学生洗衣做饭就是开展劳动教育了,其实这不是我们开展劳动的最终目的。所谓"动手又动脑"才是劳动最大的价值所在,更重要的是学生在劳动实践过程中养成了良好的劳动习惯,形成了良好的劳动品质,培养了劳动创新精神,这才是我们开展劳动实践活动最终的目的。

三是给足学生劳动时间。"探索实践课"并不是一课时就能完成,要根据项目内容的大小来确定。教师要给足学生劳动时间,让学生依据前期制定的劳动方案有条不紊地进行活动。

下面以"我的班级文化衫我做主"一课为例,向大家展示如何上好探索实践课。

我的班级文化衫我做主

▌活动目标

（1）认识文化衫，了解其文化内涵。

（2）运用恰当的图形、文字或符号、色彩以及适当方法设计文化衫。

（3）学习把生活中美的东西、美的元素变成美观的事物，培养学生的创新思维，培养自信心。

▌活动重难点

（1）重点：个性化风格的表现。

（2）难点：找出适合的元素、符号、色彩，设计出具有个性的作品，提高审美能力。

▌活动准备

多媒体课件、空白 T 恤衫、彩色卡纸等。

▌活动过程

（一）激趣导入

1.激趣导入

同学们，今天第一次和大家一起上课，老师很兴奋。为了表达我兴奋的心情，临行前，我精心挑选了一件衣服，看，怎么样？告诉你们，这可是老师亲手制作的。我给大家走个秀好吗？看了老师的表演，你有什么感受？

生：老师，我觉得你穿上了这件衣服显得很有个性。（这话我爱听。）

生：老师，从你衣服上的图案，我能看出你是一个性格很开朗的人。（谢谢你的夸奖。）

师：那你们知道老师穿的这件衣服属于哪一类型的服装吗？

生：文化衫。

师：你真是个见多识广的孩子！这是一种特殊的 T 恤，名字叫文化衫。

2.了解特点

师：看大家的兴趣这么浓厚，给你们欣赏几组文化衫的图片，看看你们能发现什么？（课件）

生 1：我发现文化衫不但简单大方，而且还很新颖特别，走在哪里都引人注目。

师：哦，构思新颖，简单大方是文化衫的一大特点。

生 2：我发现文化衫有好多的系列，比如有奥运系列的、卡通系列的、爱国系列的。

师:是呀,文化衫有不同的主题,上面的图案能向我们传达不同的信息,其实这是文化衫最独特的魅力!

3.引出课题

那大家想不想亲手为我们班设计一件富有班级特色的文化衫?这节课就让我们开动脑筋,发挥各自的想象,大显身手创意班级文化衫,好吗? (板书课题:我的班级文化衫我做主)

(二)明确步骤,设计草图

(1)其实,制作文化衫并不难,你看,(出示课件)你能根据这些图片,结合自己的生活经验,说说文化衫的制作流程吗?

生:先画草图,然后准备材料,再做样品,最后送到服装厂加工。

师:你的思维真清晰! (板书:画图、备料、做样、加工)

(2)那下面我们就以小组为单位构思自己喜欢的文化衫,在微型文化衫上画出你们的创意图案,开始!

哪个小组来交流展示一下你们的设计草图?

一组:这是我们设计的图案,我们打算在文化衫的前面写四个字:“敬静竞净”。(为什么写这四个字?)因为我们的班训是敬静竞净。希望同学们看见文化衫上的这四个字,就能够时刻提醒自己尊敬老师,静心做事,敢于竞争,讲究卫生。

(点评:你们把班训搬上了文化衫,用简洁的文字传达出了丰富的内涵,我觉得很有思想! 板书:字)

二组:大家看,这是我们小组设计的图案。我们的主题是借鉴电视节目“出彩中国人”想到的“出彩五年二”。胸前是一对可爱的大拇指,大拇指的上方是5.2。这样走到哪里都能让别人知道,我们五年二班是最棒的,并且它也时刻提醒着我们为自己加油,为班级争光。

(点评:你们的设计真有创意,图案中不但有文,还有图,做到了图文并茂! 给你们点赞! 板书:图)

师:同学们,刚才这两个小组的交流有没有给你带来启发呢? 修改一下自己的草图吧!

(三)动手制作

1.解决困难

师:富有创意的草图设计好了吗? 那把自己美好的创意落实到文化衫上会是

什么样的效果呢？下面我宣布：新牟小学五年二班最富有挑战性的班级文化衫设计大赛正式开始。

首先请打开各位的材料百宝箱：老师为大家提供了彩笔、调色盘、剪刀、彩色广告纸、钻石、彩色字母、针线包、彩色纽扣等，其中广告纸上还为各组同学特别印制了四色的班规、班训、宣传口号等，同学们可以从中选择与你们的创意相符合的语句。

提醒同学们，在设计样衫时，既要动手，更要动脑，要灵活运用剪、拼、贴、写、画等多种技法在样衫上完美快速地展现你们的创意。20分钟以后，我们将进行班级时装发布会，比比哪个小组设计的文化衫人气最旺！（随音乐活动，教师巡回指导）

中间教师指导：同学们，非常抱歉老师要打断大家一下。刚才老师发现，有的小组想用彩笔直接在衣服上画写，但是遇到了困难，我们一起交流一下好吗？

困难生1：衣服很软，写不好。

解决生1：在衣服的中间垫上硬纸板，然后把衣服压平，这样会好一点。

（出彩组）困难生2：我们发现在图纸上画图错了可以修改，但在衣服上画图我们就怕画错弄脏了白衣服。

解决生2：我们小组刚才想了一个好办法，先用硬卡纸剪一个模型，然后把模型放在衣服上，围着模型画出轮廓，这样简单就不容易出错了。

师：看来困难并不可怕，只要我们动动脑筋就会想出办法。那我们抓紧时间继续！

2.展示交流，归纳制作方法

时间到！老师发现大多数小组都初步完成了作品，个别小组可能还是半成品，不过这也没有关系。下面我们请每个小组选派代表穿上自己小组设计的文化衫到前台来秀一秀自己的作品。

掌声欢迎！老师会根据每幅作品的掌声选出最有人气的两幅作品，并邀请相应的小组长下来为我们解说他们的创意。（学生一边欣赏各组作品，一边鼓掌。）

根据大家的掌声，我们有请 X 组组长和 Y 组组长下来解说创意！

师评：（小脚丫组）这个小组采用画、贴等方法做出了这件有创意的文化衫，小脚丫研学劳动群的同学们穿上它一定会走向更广阔的天地！（板书：画、贴）

师评：（难忘师恩组）同学们，你们有没有发现这两个小布偶是怎样在文化衫上实现的？

生：是缝上去的。

师：对呀，他们还想到了缝，这样使文化衫上的图案有了立体感。其实，制作方法还有很多，只要大家勤动脑、勤动手，一定会做出更有创意的文化衫！

（四）总结，拓展延伸

同学们，请大家回去后继续用心修改图案，并早日把自己小组设计的最终样衫照片发到 QQ 群中。我们请家长和同学一起投票，选出最具人气的一个图案，然后邮到专门定制班服的网店。相信，当"六一"展演或是毕业典礼时，我们班人人都穿上富有创意的班级文化衫时，一定会引起全校轰动，我们的小学生活也会因此更加令人难以忘怀。下课！

板书设计

"我的班级文化衫我做主"活动的板书设计方案如图 4-5 所示。

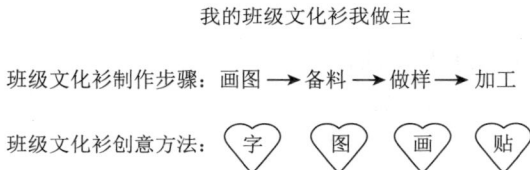

我的班级文化衫我做主

班级文化衫制作步骤：画图 ➡ 备料 ➡ 做样 ➡ 加工

班级文化衫创意方法： 字 图 画 贴

图 4-5 "我的班级文化衫我做主"板书

活动点评

这节课不但培养了学生的设计能力，还培养了学生的动手实践能力，更重要的是培养了学生的创新思维。纵观课堂，有以下几点值得肯定。

一是鼓励学生大胆创新。在课堂上，教师充分满足学生自我探索、自我动手、自我创新的需求，体现学生的成就感，感受到课堂的乐趣，真正实现让劳动课堂成为培养学生创意思维的乐园。例如，有的学生在设计文化衫图案时想到用"小脚丫"来作为班级文化元素，想留下童年的足迹；有的学生想到用爱心图案来作为班级的形象图……小孩子的天性就是需要得到足够的信任感，得到认同感，这样的课堂满足了学生的心理需求。

二是引导学生开动脑力，学会创作。劳动不是一门只专注培养学生动手能力的课程，而更注重培养学生脑力能力与动手能力二者的结合。在课堂中一定要充分发挥学生的思维能力，注重引导学生在这门课中掌握设计的方法与技巧。本节课当学生遇到困难的时候，教师善于引导学生想办法克服困难。例如，衣服软，写不好字怎么办？学生们积极动脑想办法，而不是简单地听老师讲。这样，学生就能在真实的活动中感受到劳动的真谛。

五、活动出项课：搭建展示平台

"活动出项课"是劳动课程项目化实施的最后环节，它对应完成的任务是"实施步骤六：成果展示"和"实施步骤七：反思复盘"。活动出项前期，教师和学生要做大量的准备工作，包括成果报告的撰写、劳动成果实物的准备、自己的收获反思以及自己的经验积累等。劳动成果报告的撰写是帮助我们从实践上升到理论的重要途径。那么，如何写好劳动项目成果报告呢？

（一）撰写成果报告的步骤

1.确立标题及署名

标题是对成果报告的高度概括，是劳动成果的集中体现，基本要求是确切、简洁、醒目。一般写成"关于……的劳动项目成果报告"，使人一目了然。

2.撰写项目背景

项目背景主要是阐明劳动的原因、目的，或介绍劳动背景、范围及意义，以使他人对论述内容先有个概括了解。

3.撰写正文

正文是报告的核心部分，它是劳动者表达劳动过程和劳动成果的主体部分，因此占据绝大部分篇幅。其要求详细阐述所采用的劳动方法、整个过程，说明劳动的结果。整个过程中的图像、文字资料都要择优在这部分展示出来。

（1）写好方法与过程。在劳动项目实施过程中，往往要采用多种方法。比如，实验法、问卷法、调查法、统计法、分析法等，在报告中要写明。接下来要把研究方案、方案实施的过程呈现出来。研究性学习与现有的学科教学最大的不同之处就是学生不再依靠纯粹的书本知识传授获取知识，而是在实践中学会学习和获得能力。

（2）写体会。对于小学生来说，通过一段时间的劳动取得了成果，我们把劳动过程中积攒的方法经验写出来与他人分享是必要的。我们可以从思维方式的转变、分析能力的提升等角度去写。

以上是劳动项目成果报告撰写的大致思路，但对于小学生来说，不能要求过高或死板地让学生按这些条条框框来写，学生的撰写思路可以放宽要求，只要能表达出自己的收获，形成一定的劳动经验，对劳动有正确的价值观即可。

（二）成果报告撰写时易出现的问题

1.主题不明确

借助基地进行的劳动中，很多老师认为只是带领学生到场馆里参观一下而已。没有明确自己到底要通过参观场馆干什么,任务不明确,直接导致活动走马观花,听讲解员讲解之后不知该做什么。

2. 劳动过程空洞

有的成果报告只用了几幅图片代替了劳动过程,没有将劳动的步骤梳理成纲,详细完整地写出劳动过程。

3. 劳动经验简略

当一个劳动项目结束后,一定要形成劳动经验,并能迁移运用到其他劳动项目中。很多成果报告在表述成果时寥寥几笔带过,显得龙头蛇尾。

(三)成果报告撰写建议

1. 劳动过程要与探究性学习相结合

要让学生善于从身边小事中发现问题,制定方案,再去开展劳动。比如,"长不大的葫芦"劳动项目就是孩子们在种葫芦的过程中发现葫芦长不大而产生了疑问,随之开展了研究。指导老师将孩子们分为四个组,有的小组准备种子,有的小组种植葫芦,还有的小组收获采摘。每个小组都从不同的角度开展劳动,最终不但学会了种葫芦,还发现葫芦长不大的原因与土壤有关系,在此基础上他们还找到了改良土壤的办法。这样的劳动项目,不但让孩子们学会了劳动技能,还能与考察探究相结合,收获远远大于劳动本身的价值。

2. 劳动过程详细有条理

劳动过程是成果报告的重点部分,要条理清晰,切忌眉目不清或过于简略。对于劳动过程的撰写可以从两个思路来展开。第一种思路是以班级某一个小组的名义写一份自己所在小组的劳动过程。相对应前面的劳动目标就要写这个小组的劳动目标,执笔人可以是这个小组的组长。第二种思路是各个小组合作完成一份劳动报告,那么执笔人是各个小组的组长,每个组长分别在报告里阐述自己所在小组的劳动过程和收获。前者是劳动过程中的一部分,后者呈现的是一个完整的劳动过程。

大家可以根据劳动项目的特点,适合以某一小组来写就以某一小组来写,适合组长合作就让组长合作写。例如,"我会做酵素"就是从其中某一组的角度出发来撰写,先是查阅资料了解酵素的作用和制作方法,然后亲自动手制作酵素,接下来发现自己做的酵素不但无益反倒有害,并探究了为什么有害,最终,这个小组得出了相关的结论。但无论采用哪种方式,一定要把我们研究过程中的亮点凸显出来,教师的指导作用显露出来。劳动过程梳理出小标题,使之条理清晰。

3.结果形式要多样

成果报告的最后一部分是劳动收获。劳动收获不要一掠而过,收获的多少直接能看出劳动过程是否扎实。成果的呈现形式应该丰富多彩,可以是学生的劳动感言、劳动日志,可以是劳动小报,还可以是思维导图或ppt文稿,总之不但要用文字更要有图片,做到图文并茂。如果有字数的限制,我们可以指导学生的活动感言、小报排成图片,插入到成果报告中,使报告结果丰富多彩、充实。

下面以"无土栽培"这一主题劳动的成果汇报为例,展示学生一系列的劳动成果。

成果一:

神奇的鱼菜共生

——关于"艾维农场"的考察报告

考察组:四年级一班"小脚丫实践群"二组

考察人员:温如(组长)心怡 葆利 智琳 奕男

考察目的:鱼菜是如何共生的

考察时间:4月19日(周日)上午

考察地点:艾维农场

现将此次考察活动的有关情况报告如下:

1."鱼菜共生"大揭秘

一个温暖如春的星期天,我们四年一班的"小脚丫"实践群兴高采烈地来到神往已久的艾维农场。

走进艾维农场,老师将我们六个小组划分成两大组。第一大组由前三个小组组成,第二大组由后三个小组组成。第一大组同学到会议室听讲解,第二大组同学到大棚里参观。我们二组属于第一大组,首先来到农场的接待室里接受知识充电。在会议室里,一位国字脸高鼻梁的叔叔给我们播放了军事农业频道为艾维农场录制的节目。节目向我们抛出了农场的三大玄机:一是"农场里的蔬菜长在石头上",二是"农场里养鱼不换水,种菜不施肥",三是"鱼池的边上覆盖着黑膜"。这三大玄机牢牢吸引住了同学们的心,会议室里不断发出"哇,啊"的惊叹声。

想到考察前我们二组同学制定的计划,其中我们的考察目的是"鱼和菜是如何共生的",这个考察目的和节目中第二大玄机不谋而合。看来,我们的考察活动很有挑战性,但我们充满了信心。因为我们想好了周密的方案——先自己观察,如果有不懂的地方我们就求助那位国字脸的叔叔。

想着,想着,我们竟着急起来,心早已飞到了大棚里。大约半个小时后,在叔叔的带领下,我们迫不及待地走进了大棚。推开大棚的门,耳边响起了优美的乐曲,我们的心情也随之愉悦欢快。大棚里有四条甬道,每条甬道都比较狭窄,每次只能走一个人。我们一边走一边好奇地左看看右瞧瞧,饶舌的鹦鹉、飞行的鸽子、翠绿的蔬菜,真让我们目不暇接。在一座"蔬菜楼房"前,我停下了脚步,这栋"楼房"悬在半空中,上面开着许多的"小窗户",每个小窗户上,都长出了一棵绿油油的小苗,楼房可以随意地变换方向,让小菜苗均匀地接受阳光的照射,这样它们就可以快快长大。试想一下,聆听着优美的音乐,享受着温暖的阳光,这样种出来的菜苗能不美味可口吗?旁边鱼池里的鱼成群结队地游来游去。叔叔告诉我们这些鱼有罗非鱼、鲤鱼、鲫鱼、东北鲟鱼,它们时而互相追逐,时而互相嬉戏,时而顽皮地吐出几个泡泡,这真是一幅生机盎然的画卷。

开始分组考察啦!我们二组同学立即行动起来。按照既定的计划,我们先观察,可看来看去竟没看出一点门道。只知道菜长在菜地里,鱼在菜地旁的鱼池里,它们到底是怎样共生的呢?干脆采访一下国字脸叔叔吧。智琳发问:"叔叔,您能给我们讲讲鱼菜是怎样的共生关系?"叔叔很热情,他推了推眼镜一板一眼地说了起来:"现代化的鱼菜共生系统是模仿大自然中的生态循环,将饵料喂给鱼,鱼排出粪便,在异养菌的作用下转化成氨氮,鱼池里这些混合着粪便的水利用虹吸原理,抽到填满陶砾的蔬菜种植槽中,在亚硝化菌的分解下,形成了亚硝酸盐。但亚硝酸盐是有毒的,植物还不能吸收;而在硝化菌的分解作用下,亚硝酸盐就能转变成硝酸盐,这就形成了植物可吸收的营养。而来自鱼池的废水经过种植槽中陶砾的过滤后,变成清水又回到鱼池中。如此循环往复,节约而高效地利用土地资源和水资源。"

叔叔一口气说了那么多,我们只顾得不断地点头,不过幸好我们带的录音笔,叔叔说的话全都录下来啦!葆利要再听一遍录音,看看鱼菜共生到底怎么回事。之后,我们小组决定要把鱼菜共生的思维导图画下来。

2. 虹吸实验我来做

思维导图画出来了,可我们又产生了一个新的问题:"鱼池里的水是怎样循环到菜地里的?虹吸原理又是个什么原理?"在叔叔的引导下,我们又做起了虹吸现象的实验。

我们拿来两个纸杯,在第一个纸杯的顶端挖了一个小孔,把一支橡皮管插入小孔内。将橡皮管的另一端伸进另一个纸杯里,两个纸杯一高一低地放好。奕男用手拿着下面的纸杯,智琳负责拿着上面的纸杯,葆利负责往上面的纸杯里倒水。随着上面纸杯里水位的升高,下面水杯里的橡皮管竟也流出了水。我们大呼起来:

"呀,太神奇了,水竟从水管里自己流出来啦!"叔叔笑着说:"你们再想想,上面纸杯里的水位到什么地方的时候,水管里才会流出水来?"我们决定再反复多做几次实验,看看上面纸杯里的水位与下面水管里水流出来有什么关系。就这样,反反复复做了五六次实验,我们又在"百度百科"里查询了一下,发现虹吸原理是这样的:两个容器液面高低不同,用管子将两者液体连通,不论管子什么形状,在液体自身重力作用和大气压作用下,总有保持液面相平的运动趋势,即将流动的液体所受的合力指向下方,因此液体从高处流向低处。

那也就是说上方纸杯里的水位越高,水的压力越大,才会把纸杯下面的水吸到管子里,然后水就从管子里流到下面的纸杯里了。

同学们,艾维农场就是利用虹吸原理,将水池里的水引入菜地里,菜地里的水又流到鱼池里的。那么,看了这幅虹吸示意图,你们知道哪个纸杯代表鱼池,哪个纸杯代表菜地吗?对啦,当然下面的纸杯是鱼池,上面的纸杯是菜地啦!

3. 借助蚯蚓除臭味

这次考察活动,我们还发现了一个很大的秘密,且听我们细细道来。菜地里的陶砾看似安安静静地躺在一起,其实在它们的下面还藏着一群鱼菜共生的"媒人"——蚯蚓。这是怎么回事呢?艾维农场的徐伯伯向我们道出了真相。

"我们把鱼池里的水引到陶砾中,但后来发现陶砾下面变得臭气难闻。之所以产生臭味,那是因为水中的鱼粪没有被陶砾完全分解好。但怎样才能让鱼粪更好地分解呢?我琢磨了好长时间。邻居在牛粪中养蚯蚓,我一下子从中受到了启发。我想,蚯蚓能分解牛粪,肯定就能分解鱼粪。于是,我们捉了一些蚯蚓放在陶砾中,几天后陶粒不但没有了臭味,蚯蚓还长大了不少。"

看,怎么样?蚯蚓算不算是"鱼菜共生"的一大功臣呢?不过,让我们小组来说的话,不应该是"鱼菜共生",而应该是"鱼菜蚯蚓共生"才对呀!

最后我们发出了这样的感慨:大自然真的很神奇,自然界里的很多生物是能够互相利用、共同生存的。如果我们能够发现并利用它们共生的关系,那么我们就会创造出生态化的产业,自然界将会变得多么美好!

成果二:

"艾维"考察记

——活动感言

四年级一班 温如 指导教师:崔远红

早就听说"艾维"人杰地灵、得天独厚,它让"无土栽培""鱼菜共生"扎根在了这个美丽的农庄。为了一探究竟,三十双小脚丫踏上了"艾维"的土地。

　　艾维农场里的四月，已是满目苍绿、瓜果遍地。我们无暇欣赏这儿如诗如画的风景，三十人迅速分化成六个小组，摩拳擦掌要把这里的每一寸土地都考察一遍。

　　"鱼菜如何共生？"这一问题牢牢吸引住了我们二组成员。心怡、智琳负责采集图片，为考察做依据；我摇身变为记者，手持录音笔、连珠炮般发问；两名男生奋笔疾书，负责将我们的成果颗粒归仓⋯⋯

　　密切配合的我们，迅速获得了宝贵的第一手资料："鱼菜共生"是通过"虹吸现象"来循环的。我们还亲手实验了"虹吸"的原理呢，看着水通过一根吸管在两个杯子里"串门儿"，同学们都把嘴张成了"O"形⋯⋯

　　为了让更多的人了解"鱼菜共生"，我们小组成员还手绘了一张思维导图，导图惟妙惟肖地"讲述"了鱼和菜是如何相依为命的——鱼吃饱后所排的鱼粪，被科学手段分解后，输送到了蔬菜的住所，用以营养蔬菜。而被陶砾过滤干净了的水通过虹吸装置，再度回到鱼池。周而复始，"养鱼不用换水、种菜不用施肥"就成了艾维的特色了。这一完美的技术，令艾维像颗宝珠，在胶东大地上大放异彩⋯⋯

　　其他小组成员们看上去也不虚此行。一组成员还现场为"艾维"制作了一张宣传海报，这张海报，一定会为艾维带来滚滚财源呢！

　　鸟语花香的小径间，还有一支独特的队伍，那是尾随我们而来的家长们。她们踩着十厘米的高跟鞋，婀娜地徜徉于薄荷丛中，时不时伸手采来一片薄荷的嫩叶送入口中，像头贪吃的长颈鹿。一定是薄荷清香醉了她们吧，她们摇摇摆摆边走边吃，我真怕美丽的长颈鹿阿姨们会摔倒于花丛之中⋯⋯

　　时近中午，香草的香气扑鼻而来，那是农场主人为我们特制的香草面。闻着这令人惬意的芳香，我一上午的疲惫都不翼而飞了⋯⋯

起死回生的"小芹"

——活动感言

四年级一班　艺雯　　指导教师：崔远红

　　周日从艾维农场回来之后，我更加喜欢无土栽培了。我一边盘算着什么时候查资料，一边收拾着我从艾维带回来的礼物——垃圾。嗯，有笔、本、零食袋，还有⋯⋯还有一棵从艾维农场带回来的芹菜！看着它，我高兴极了，并给它取名为"小芹"。

　　我兴奋不已地把小芹从垃圾袋里拿了出来，利用鱼菜共生的原理，我把它放进了鱼缸里专门排泄鱼粪的一个小装置，这下我便心满意足了。

　　周一一进教室，我就急不可耐地告诉大家，我有一棵艾维农场的芹菜。老师听说了，让我把芹菜带到学校养。于是第二天，我随便拿了个罐头瓶，装上水，把家里的鱼放进去，拿出小芹放进去就这么草率地走了。

果然不出我所料，芹菜来到学校后引起了一大片的轰动，我为我的"小芹"而骄傲！

可是，我仅仅高兴了一天而已。这不，今天，崔老师发现我的"小芹"蔫了。瞧它那无精打采的小脑袋，好像犯了错似的低下了头。原本神采奕奕的小身板昂首挺胸是那么"帅"，但现在它的身子倒下来了，好像睡着了似的。我不禁心痛不已。

崔老师想助我一臂之力，她在班上让同学们帮我找找"小芹"蔫了的原因。有的同学说教室里的环境、空气不好；也有的同学们说有人把手指头伸进了瓶里，致使水温升高，芹菜受不了高温所以蔫了；还有的同学们说芹菜在艾维农场里时是"气雾栽培"，但现在我把它改成了"水培"，改变了它的生长环境所以芹菜才会蔫……大家你一言我一语，七嘴八舌地讨论了起来。到底是什么原因导致"小芹"死了呢？谁也说不准。于是，我打算晚上放学后把芹菜带回家养几天，看看能不能找到方法让它"起死回生"。

到了晚上，我把"小芹"带回家放在起初它来我们家的地方，让它半边露在水外，半边浸在水里，尽量不让别的东西挡着它。做完这一系列工作后，我只有耐心等待，看看有什么效果。第二天早上，我早早地起床来到芹菜旁边，发现芹菜的根部硬朗了起来，身子虽然不是挺得太直，但明显有了精神。眼前的这一切只能说明五个字——它活过来了！

放心吧，"小芹"，我一定会让你重新走进校园，和我一起踏进班级的。

"小芹"，加油！

成果三：

"无土栽培"交流汇报精彩发言展示

四年级一班

小馨同学汇报交流：

开始参观了，叔叔首先带我们走进了4号温室大棚。一进门，我发现真是太壮观了！里面有池塘，池塘里来回游动的金鱼、鲤鱼显得那么自由自在。池塘的两侧都种着各种各样的绿叶植物。我发现有一种植物的根，像长长的绳子。还发现了紫盈盈的油菜，绿油油的菠菜，有一种植物特别奇怪，我从没见过。叔叔告诉我，那是黄金万两，能开出金灿灿的曼陀罗花，具有麻醉功能。叔叔还告诉我们，鱼可以和周围的菜互惠互利，鱼排出的粪便生成有机水，正好可以为植物提供养分。另外，每天大棚中都在上演潮起潮落，有利于鱼菜共生。

英冉同学汇报交流：

听讲解员说，艾维农场采用了"养鱼不换水，种菜不施肥"的方法，就是只投入鱼饲料，让鱼排出的粪便成为蔬菜的养料。真是太神奇了！我十分佩服徐箴言爷爷的智慧。这里种植出来的蔬菜由于吸收了丰富的营养液，所以长得非常大，也非常新鲜。我们把每种菜都尝了一遍，我发现萝卜的叶子辣辣的，薄荷的味道很刺鼻，韭菜的味道很爽口。我觉得自己真称得上是"神农尝百草"了。

这次参观我的感受颇多，我想先进的科学技术不仅可以让农业生产更方便，而且还可以省钱、赚钱，真是一举多得呀！我长大了也想做一个无土栽培的农场。

第二节　项目实施教学细节：成就魅力课堂

凡是好课，都注重细节的打磨，细节处理得越细，越给人留下深刻的印象。下面就"音乐的选用、课堂的生成和方法指导"三个方面具体谈谈如何处理好课堂中的细节。

一、巧用音乐：激活课堂

音乐，可以放松人的紧张情绪，舒缓人的精神状态。课堂上，如果能在合适的时机出示一段优美的乐曲，立即就会起到渲染课堂气氛和带动学生情感的作用。但如果一节课总是不停地播放音乐，那么，优美的乐曲也会变成扰人的噪声，效果适得其反。

在一节"走进曲阜研学之旅"的成果展示课上，老师不停地播放音乐：上课伊始，引领学生回顾研学历程时，老师播放了音乐；小组展示诵读论语，老师播放音乐以给学生的诵读配乐；展示电子相册时，随着画面出现，优美的音乐也余音绕梁；最后老师在课后展示总结时，依然播放了音乐。由于音乐的音量过大，讲课教师不得不提高嗓门，努力让自己的声音没过音乐……

一节课结束后，虽然伴着优美的音乐，但我没有丝毫的放松，反而感到身心疲惫。我不禁思考：有必要在课堂的每个环节都用音乐吗？！答案不言而喻。

音乐在劳动课上的作用，不外乎以下几个方面。

一是激发学生的学习兴趣。比如，在学习"衍纸贺卡"一课时，老师为了激发学生动手制作的兴趣，利用课件播放了许多五颜六色的衍纸作品，伴随着美妙的音乐，一幅幅生动形象的衍纸贺卡呈现在学生面前。孩子们一边观看，一边大呼："哇，太美了！"老师顺势引导："你们想不想动手来制作这样一张精美的衍纸贺卡？"全班同学异口同声："想！"于是，接下来的动手制作就顺理成章了。如果没有音乐的渲染，即使老师出示的衍纸作品再精美，学生看起来会味同嚼蜡，学习兴趣也会大大降低。因此，曼妙的音乐在激发学生学习兴趣方面起到了功不可没的作用。

二是创设良好的活动氛围。一般在劳动课上，学生会有自主活动的时间。当学生以小组为单位进行活动时，老师播放音乐，学生会随着音乐而自由创作，不仅创设了一定的活动氛围，而且避免了现场尴尬的局面。这里，老师一定要根据活动的性质来选择音乐的类型。比如，在进行手工活动时，老师可以选择节奏感比较强的音乐，学生动起手来会更有紧张感和节奏感；如果是进行方案设计类似的活动，老师就不要用旋律欢快的音乐，那样会给学生形成一种局促不安的状态。我们可以选择比较舒缓的音乐，放松学生的心情，让学生能够更深入地思考。

三是渲染气氛，升华主题。在"消防员初体验"的职业体验课上，为了让学生对消防员有深入的了解和认识，老师播放了消防员在救火现场的工作情况，这段视频配了网络红歌《我们不一样》，"我们不一样，每一个人都有不同的境遇，我们在这里等你；我们不一样，虽然会经历不同的事情，我们都希望来生还能相遇……"看着消防员舍生忘死地抢险救火，听着令人心酸震撼的歌曲，师生们都流下了感动的泪水，从而使本课的主题得到进一步升华。设想，如果这段视频配上没有歌词的歌曲，效果肯定就会大打折扣。所以，什么样的场合用带歌词的歌曲还是用没有歌词的乐曲，需要我们根据需要适切选择。

另外，音乐还可以帮教师在课堂上计时。当学生活动时，教师可以充分考虑到音乐的时长，巧妙借助音乐帮我们起到计时的作用。比如，在"学会整理"一课中，学生进行整理书包大赛，教师播放音乐，并告诉孩子们："下面我们有五分钟的时间来整理自己的书包，五分钟结束后，我们要比比谁是整理书包的小能手！开始！"老师的话音刚落，音乐随即响起，学生立即进入整理书包大比拼中。老师在音乐的选择上别具匠心，不仅考虑到了它的曲调，更考虑到了它的时长。因此，当五分钟的音乐一停止，师生顿时明白五分钟的时间到了，大家赶紧停止了手中的活动，按照前期制定的规则，开始进入展示评比环节。可见，巧妙借助音乐的时长，就能使整个活动开展得井然有序，节奏紧凑，更有利于教师对教学环节的把握，顺利完成教学任务。

二、抓住生成：点亮课堂

所谓课堂生成是指课堂上教师没有预料到意外发生的情况。因为我们的教学是一个动态的过程，学生是有思想、有灵魂的个体，他们具有独立性、自主性和发展性，而绝不是被动接受知识的容器。因此，无论教师课前如何充分地备课，课堂上总会出现一些"意想不到"。当这些"意外"发生的时候，我们该如何面对呢？

在一节"今天我当家"的职业体验课上，老师让学生分小组完成体验活动。有的小组整理药箱,有的小组择菜,有的小组叠衣物,还有的小组套被套。当分享展示的时候,老师发现叠衣物的小组里有个小女孩把袜子卷得特别好,于是就让小女孩展示给大家看如何卷袜子。女孩虽不善言辞,但每一步做得都很仔细。她小心翼翼地把两只袜子并列放好,然后从袜子的头部向袜口一圈一圈卷起来,最后将一只袜口向外一翻,让一只袜子的踝部包住了整个袜子,做得十分完美。老师对女孩的表现也十分满意,她便对全班同学说:"大家觉得这位同学做得好不好?"老师企图让全班同学都来称赞女孩的做法。

正在这时,一只胖嘟嘟的小手举了起来,老师满以为这个举手的小男孩会对刚才的女孩称赞有加,可没想到,男孩站起来后这样说:"老师,她虽然做得很好,但我有一种整理袜子的方法比她还好!"见此情景,我的心也咯噔一下,真为老师捏了把汗。因为这个男孩的"出场",破坏了老师事先安排好的"剧本"。我在心里默默为这位老师祈祷,希望她能化险为夷,顺水推舟地让男孩说说他的好方法是什么。可没想到老师却这样说:"哦,你坐下,下课以后你再和同学们分享吧!"继而老师又继续沉浸在自己的教学设计之中。老师的话音刚落,我和同去听课的老师面面相觑,心生遗憾。这是一个多么好的课堂生成啊!老师怎么能这样草率地处理这个生成资源呢?拿出一分钟,让男孩交流一下他的好方法,难道偏离了自己的教学目标?还是老师担心男孩的回答会破坏了自己的教学秩序?我思来想去,都想不明白老师为何会如此对待这个宝贵的课堂生成。

设想,如果老师让男孩继续把话说完,让他和大家交流一下他整理袜子的好方法,不但会点燃男孩的学习热情,还会让所有的同学都学会了多种整理衣物的方法。同学们掌握了更多的家务技能,不是能更好地完成"我当家"的角色体验吗?!

作为老师,在课堂上就应该善于捕捉这些生成,利用生成,让生成更好地为达成教学目标而服务。在"个人物品排排坐"一课上,执教老师就很敏锐地关注到了生成,借助生成,将细节教学进行到底。老师让每个小组将整理好的书放进小书柜的时候,发现一个问题,她没有将这个问题模糊过去,而是将问题抛出来,她对同学们说:"同学们,老师刚才发现了一个特别的情况,那就是三组同学是第一个下来摆书的,但他们却是最后一个摆完的。老师想问问,刚才在摆书的过程中,你们遇到什么困难了吗?"一个女孩说:"我们摆书的时候,书总是倒下去,刚摆好就倒了,所以我们摆得晚了。"听到这里,老师说:"哦,原来是这样啊。那你们观察一下其他小组摆放的书有什么特点,相信你们一定能找到摆书的窍门。"经过观察,一男孩说:"老师,我知道了,摆书的时候要稍微倾斜一下,这样书就不会倒了。"听了男孩的话,老师眉飞色舞地说:"孩子,你太棒了!和你的小伙伴再来重新摆一摆吧！"于是，孩子们不一会就把书重新摆好了。最后老师告诉大家，以后活动中遇到问题一定要善于向别人学习呀！

显而易见，第二位老师处理课堂生成比第一位老师要明智许多。其实，面对课堂生成的资源，老师不要把它当成绊脚石，而应该巧妙利用。如果利用好这宝贵的生成资源，那我们的教学就有了细节，就有了深度，就有了亮点。

三、深入指导：铸实课堂

手工操作课深受老师们的喜爱，因为课堂上学生能够动手操作，也深受学生们的喜爱。手工操作课的教学设计是有步骤的，一般情况下，设计制作的教学流程为：认识事物（了解要做的作品是什么）—熟悉材料（知道用什么材料和工具来制作）—学习技法（掌握基本的技能技法）—实践技法（对基本的技法进行操练）—主题创造（运用一定的技法进行主题创作）—评价展示（对作品进行评价，发现问题，再次修正）。

现实中，大部分老师都能够按照这个教学流程来组织教学，但如果只限于"按葫芦画瓢"的话，老师们的课堂就会千篇一律，毫无精彩可言。同样是"妙手剪窗花"一课，A 老师的教学思路是：① 交流窗花的历史知识，欣赏各种窗花作品；② 探究纹样的种类，讨论剪纹样的方法；③ 自己练习剪纹样；④ 欣赏有故事情节的作品；⑤ 以"新中国成立 70 周年"为主题创作作品；⑥ 评价展示。B 老师的教学思路是：① 欣赏剪纸，了解剪纸文化；② 认识团花，掌握制作团花的要点；③ 学习团花的"折法"；④ 学习团花的"剪法"；⑤ 创作一个团花；⑥ 展示评价；⑦ 展示教师作品，进一步激发学生创作兴趣。

从两位老师的教学思路上看，他们的教学步骤大致是相同的，都遵循了设计制作课的教学规律。但细细比较，你能发现她们在教授学生技法之处有什么不同吗？是的，A 老师的第 3 步，只是笼统地让学生去操作，而 B 老师将操作细化为"折法"和"剪法"两步，引领学生一步一步地去实践。

B 老师在教学生学习"折法"时，是从"四瓣花"到"三瓣花"再到"六瓣花"，让学生一点一点去尝试创作；在学习"剪法"时，又分为"月牙纹、波纹、锯齿纹、三角纹……"多种纹路，让学生举一反三，创作练习。当学生练习"折"时，教师巡视发现"学生折三瓣花，中心点很难找"，于是通过讨论交流，让学生分享合作解决了这个问题；在学生练习"剪"时，教师发现有的学生不会剪"圆点"，于是老师亲自示范"先把纸折一下，然后用剪刀插进去，戳一个小口，再剪成圆点"。B 老师采用了"教师先示范，学生再创作，教师发现学生创作过程中产生的问题，再中途干预，予以纠正，学生再次创作"的策略，让学生由易到难，逐步学会了剪窗花。

即便不在现场听课的老师,也会想象出 B 老师在课堂上是多么善于发现问题,多么善于解决问题! 纵观两节课,A 老师的课感觉是漂在水面上,学生只学到了皮毛,而 B 老师却是潜入了课堂的深水区,通过细节指导,牢牢夯实了课堂。

俗话说:"细节决定成败。"细节是一节课的灵魂,是一节课的核心,只有将细节处理好,课堂才能熠熠生辉。只有在课堂教学的细节处用心用脑,多多站在学生的立场上思考问题,注重细节,掌握细节,才能成就课堂!

第五章 📖

实施路径:依据劳动项目体量分类有序实施

对于学校来说,不论城区还是乡村,都可以采用项目化的方式来实施劳动课程。那么可以通过哪些路径来实施呢?我们认为,劳动课程项目化实施路径通常有三条:专题劳动项目化实施、学科与跨学科劳动项目化实施、清单劳动项目化实施。

专题劳动项目化实施的内容主要是依据《义务教育劳动课程标准(2022年版)》中的十大任务群里提到的,适合长期进行的劳动项目,指向生产劳动和服务性劳动,一般以主题式劳动形式呈现,采用"大链条"的方式操作实施;学科与跨学科劳动项目化实施内容并不固定,主要是由学科教学引发的与劳动相关的课程内容,强调挖掘学科教学中的劳动因素,与学科教学相融合实施;清单劳动项目化实施内容是比较简单的劳动项目,一般来说时间较短、难度系数较低,大多指向日常生活劳动(图 5-1)。

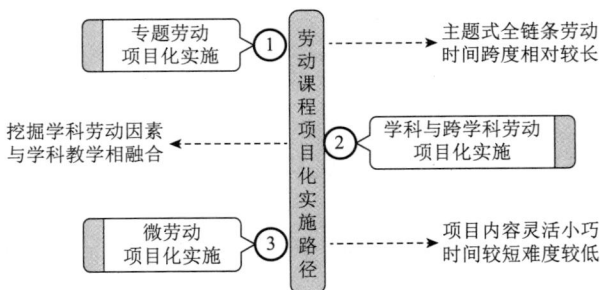

图 5-1　劳动课程项目化实施路径

第一节　专题劳动项目化实施

专题劳动项目化实施,顾名思义,是指围绕某一劳动主题,开展一系列丰富多彩的劳动项目,它聚焦劳动难度较大、时间跨度较长的大型劳动。在专题劳动项目化实施过程中,我们用深度学习培养和发展学生的思维能力,让学生在劳动中自然而然地形成劳动观念,掌握劳动技能;同时使学生在解决问题的过程中,逐步发展其核心素养,提升育人品质。

一、内容确定:注重真实性和链条性

首先强调劳动内容的真实性。专题劳动项目化实施的内容主要依托劳动课程标准中的十大任务群里的生产劳动和服务性劳动,但是劳动的内容不能呆板地照本宣科,要从学生的生活实际中发现有价值的真实生活问题,项目的主题与真实世界联系越密切,劳动就越有实用性,学生就越有劳动的欲望。如"爱心蒜"专题劳动项目内容,就源于班级花盆中意外发芽的大蒜,大家对"小蒜苗"高度关注,从而引发了学生们对大蒜生长的实践欲望。再如"土豆王子成长记"专题劳动项目化实施的内容则是老师发现学生最喜欢吃食堂里的炒土豆丝,但对土豆的了解却少之又少,于是便引导学生开启了以土豆为主题的劳动之旅。

其次强调劳动内容的链条性。专题劳动项目化实施的内容要围绕一个主题分阶段分模块"一条龙"式设计,使其环环相扣。这种劳动内容设计避免了"劳动项目单一""劳动内容碎片化"等问题,让学生在系列劳动项目中一站式体验劳动的最大价值。如"爱心蒜"专题劳动,我们设计了"爱心蒜种植""爱心蒜管理"和"爱心蒜义卖"三大模块的劳动,其中"爱心蒜管理"阶段,我们又结合大蒜的生长过程开发了"爱心蒜日常管理""爱心蒜过冬""爱心蒜抽薹"和"收获爱心蒜"四个劳动内容。每一个劳动内容都不能孤立进行,要放在整个链条式的劳动项目中,才能体会到劳动的乐趣,最终感受到爱心蒜的价值。

二、实施方式:注重探索性和多样性

一是强调项目实施的探索性。专题劳动项目化实施的起点是学生的困惑与兴趣,学生在劳动的过程中逐步从认识深入到实践探索再到经验形成,这是一个有思维含金量的过程。所以在项目实施过程中,教师不仅仅是引导学生能够理解关键概念或掌握关键技能,而是通过探索性活动以先"探"—再"学"—后"教"的模式引导学生整合知识点,从带动式低阶学习走向运用式高阶学习。如在"土豆王子成长记"劳动项目中探索土豆的药用价值阶段,学生通过采访、阅读资料和网络搜索的方式"探究"土豆在日常生活中的药用小妙方,又利用"学习"掌握这些医疗小秘方的方法使学生了解土豆的相关药用知识,最后教师再"教授"如何根据实际情况准确使用相应的"妙招",并引导学生通过"一日小校医"的活动进行实地实践。有探索的劳动才更有意义。

二是强调项目实施的多样性。专题劳动项目化实施从项目的规划到成果展示基本都以小组合作的方式进行。但项目资源的获取可以利用网络、书籍、学习资源库、实践活动等多种认知形式和工具获取，劳动过程还可以利用网络和多媒体技术、课堂教学、校本课程、实践活动等多种途径进行，同时活动设计的多层次、多角度、合作化的多样性学习也会为学生创造一个动态的、开放的、交互性的劳动空间。

案例一：爱心蒜

▍项目背景 »

去年十一月，五年级的教室里多了一名新成员——一棵小蒜苗。原是"淘气王"随手插在花盆里的大蒜，却在不经意间发了芽，于是同学们都争相照顾⋯⋯一时间"小蒜苗"成了"团宠"，同学们对"大蒜种植"产生了浓厚的兴趣。此时，恰逢学校劳动基地中有一块空地，班主任老师当即决定开展本次"爱心蒜"项目化劳动课程。通过"爱心蒜"系列活动的开展，培养了学生珍惜劳动果实、懂得与人分享的劳动品质。

▍项目结构 »

"爱心蒜"项目化劳动课程主要通过种植、管理、爱心义卖三大阶段进行（表5-1）。种植阶段，引导学生通过"时间、地点、方法"三个关键词，自主探索种植大蒜的时节、土壤要求和技巧，使学生在此过程中逐步形成认真严谨、精益求精、坚持不懈的劳动习惯；管理阶段，我们通过观察大蒜的生长过程，结合"爱心蒜日常管理""爱心蒜过冬""爱心抽蒜薹"和"收获爱心蒜"四个板块，引导学生探索、学习和掌握大蒜管理的基本劳动技能，并将其运用到具体实践中去；"爱心义卖"阶段，通过引导学生协作完成"爱心义卖"，培养其"劳动收获、奉献责任"的精神。

表5-1 "爱心蒜"项目化劳动课程阶段主题和主题子项目

阶段主题	主题子项目
"爱心蒜"种植	1. 这个时节最合适 2. 这片土壤刚刚好 3. 这样种植产量高
"爱心蒜"管理	1. 爱心蒜日常管理 2. 爱心蒜过冬 3. 爱心抽蒜薹 4. 收获爱心蒜

续表

阶段主题	主题子项目
"爱心义卖"	1. 策划"爱心义卖" (1)选择"爱心义卖"地点 (2)包装"爱心蒜" (3)安排好指挥员、宣传员、收银员、采购员等角色 (4)制作电子邀请函、绘制宣传海报 (5)商讨售卖攻略 2. "爱心义卖"PK 赛 3. "奉献爱心"活动 用"义卖"所得购买物品,帮助有困难的人

项目设计 》

种植阶段,我们引导各小组从"这个时节最合适""这片土壤刚刚好""这样种植产量高"三个研究主题中任选一个进行探索了解,并分别汇报介绍大蒜种植的时节、土壤要求和技巧。最后,各小组通过同学们的介绍,以讨论和对比等方式汇总形成自己个性化的种植方案,并根据方案内容在责任田中完成大蒜种植。

管理阶段,我们结合子项目 1"爱心蒜日常管理",首先引导学生成立"护蒜小队",每天安排队员值日,负责浇水、施肥、除草和捉虫等管理工作。然后,制作"'护蒜小队'工作日记",记录管理过程,包括搜集到的有关大蒜的"小档案"、本组的"大蒜种植方案"、生长情况的记录,如发芽时间、浇水时间、施肥情况、遇到的问题和解决方法等。同时,同学们将自己劳动的过程、劳动的体会等以文字、影像等方式形成成果。我们结合子项目 2"爱心蒜过冬",以"帮蒜苗过寒冬"为主题引导学生自己探索、实践、发现大蒜冬季管理的技巧。我们结合子项目 3"爱心抽蒜薹",以"师生'抽薹'PK 赛"为主题,激发学生的劳动热情,促使学生自己了解和掌握"抽蒜薹"的劳动技能。我们结合子项目 4"收获爱心蒜",以"爱心蒜宝宝长成了"为主题,首先引导学生在日常管理的基础上,通过观察逐步了解大蒜成熟期的时间、形态等方面的农业知识,然后通过"劳动交流会"引导学生们通过手抄报、PPT 等方式向大家分享自己的种植经历和收获。

"爱心义卖"阶段,我们结合子项目 1 策划"爱心义卖",先引导学生了解"义卖"基本流程,进而学习预备技能、科学分组,促成"爱心义卖"有序策划;结合子项目 2"爱心义卖"PK 赛,使学生在真实的"义卖"场景中,体验劳动的不易,培养解决问题的能力,收获勇气和自信。结合子项目 3"奉献爱心"活动,学生用义卖所得亲选礼物后,通过向学弟学妹赠送学习用品、探望孤寡老人等活动,体验"劳动使人快乐"的真谛。

┃项目实施》》

项目描述：同学们通过学习"爱心蒜"种植方法、探究"爱心蒜"管理技巧和开展"爱心义卖"活动，将爱心传递给更多需要帮助的人。

项目目标：

（1）劳动观念：通过"爱心蒜"种植、管理的过程，探索、学习和掌握大蒜种植的基本知识，并将其运用到具体实践中，从而体会到劳动的乐趣，懂得劳动创造美好的生活，劳动最美丽等价值观。

（2）劳动能力：通过"爱心蒜"系列活动的实践，增强团队合作意识，提升发现问题解决问题的综合实践能力，学会使用简单的劳动工具，培养学生的劳动能力。

（3）劳动习惯和品质：能够认真严谨、精益求精、坚持不懈地参与"爱心蒜"种植、管理和"爱心义卖"的过程，珍惜劳动果实，懂得与人分享。

（4）劳动精神：在"爱心蒜"系列劳动实践活动中，引导学生始终秉持"精益求精"的劳动信念；逐步领会"劳动是一切幸福的源泉"的内涵与意义，培养学生脚踏实地、勇于探索的劳动精神。

关联技能：获取、提炼、整理信息技能；有条理地介绍和汇报技能；大蒜种植、管理技能；活动组织能力；义卖活动相关技能。

材料准备：课件、资料调查记录表、录音笔、照相机、《种大蒜教程》视频。

作品结果表现方式：《种"爱心蒜"啦》小视频、《"护蒜小队"管理日记》、"爱心义卖"后的日记、作文等过程性材料。

时间：8个月。

项目步骤：

一、情境创设

1. 钟南山推荐的10种超级健康食物之一——大蒜

师：同学们，2019年5月钟南山院士在广州举办的亚洲美食节上介绍了10种超级健康的食物，其中一个就是大蒜（播放相关视频）。为什么大蒜会是最健康的食物之一呢？请大家通过网络搜索探究一下。

2. 课堂交流探究的结果

生1：我搜索了"大蒜的功效"这个关键词，我发现大蒜有强力杀菌、防止肿瘤和癌症、排毒清肠、防止心脑血管疾病、预防感冒、抗疲劳等很多作用。我还知道大蒜是常见的中药材。

生2：我搜索的是"大蒜的食用价值"，我发现大蒜有很多的吃法，可以调蒜泥、做糖醋蒜，还是日常炒菜常用的配菜和调味剂。

生3：我通过搜索"大蒜适合哪些人食用"，知道了大蒜适合大部分人常用，尤其是对于癌症、肺结核、动脉硬化、高血压等疾病患者很有好处。

设计意图:学生通过网络搜索能够快速准确地了解大蒜的作用和价值,使学生能够更加立体多元化地明白大蒜的好处,从而增加学生对大蒜的知识储备,为后续的问题驱动讨论活动打好了基础。

二、问题驱动

(1)师:通过同学们的交流,我们知道大蒜的好处多多,真是一颗充满爱心的蒜。我们学校的基地里正好有一块空地可以种"爱心蒜"。既然它有这么多的好处,你还能赋予它更多的好处,发挥它更大的价值吗?

(2)学生讨论、交流。

生1:我觉得可以把"爱心蒜"种好,质量好的大蒜营养价值会更高,就更能发挥它的价值。

生2:我觉得他说得很对,我还认为大蒜想要质量好,不仅种的时候要注意,后面的管理也很重要。

生3:质量好的大蒜,只有我们吃太可惜了,要让更多需要它的人品尝到,更多的人感受到它的好处,用"爱心蒜"向他们奉献我们的爱心。

师:"爱心蒜"能直接奉献我们的爱心吗?并不是所有人都需要大蒜,那我们还可以怎么做呢?

生4:我们可以把"爱心蒜"卖掉来换钱,买一些东西,去帮助有困难的人。

师:同学们,你们的想法太好了,那我们怎么做才能让"爱心蒜"奉献我们的爱心呢?

设计意图:利用"种植大蒜""管理大蒜"和"帮助他人"等贴近于学生生活且感兴趣的事物,激发学生的参与积极性,教师又结合学生的讨论顺势提出驱动问题,从而激发学生的探索欲望。

三、确定进程

(1)师:想要让"爱心蒜"奉献我们的爱心,我们需要具体做哪些事呢?请大家分组讨论一下。

(2)学生汇报。

一组:我们认为要先种好"爱心蒜",种植时我们要注意时节、土壤和播种技巧等几个方面。

二组:我们是从"爱心蒜"的管理和养护进行讨论的,主要包括:日常浇水、施肥、冬季养护、抽蒜薹和收获整理。

三组:我们组讨论的"怎样才能让更多人品尝到'爱心蒜'?",我们觉得可以把"爱心蒜"卖出去,这样就会有更多需要的人得到它,另外可以用我们的收入买一些物品去帮助有困难的人，让更多的人感受到大蒜和我们的"爱"。

设计意图：引导学生围绕驱动问题开展高效率的讨论，从而明确了项目的活动方向和具体内容，为确定项目进程做好了准备，也引发了学生后续持续性的思考与探索。

师：经过同学们的交流，我们明确了怎样做才能让"爱心蒜"奉献我们的爱心，接下来一是要学习"爱心蒜"的种植技巧，二是要掌握管理方法，三是要进行一次"爱心义卖"让更多的人获得大蒜，义卖所得还可以帮助有困难的人。同时，大家也分享了自己的计划。下面，我们就汇总这些计划，形成我们这次活动的时间计划表（表5-2）。

表5-2 "爱心蒜"系列活动安排

子项目		活动周安排	活动形式	认知策略	成果展示
种植"爱心蒜"	1. 这个时节最合适	第一周：各组选择不同的子主题，探索整理大蒜的种植技巧； 第二周：各小组代表汇报调查成果； 第三周：各小组根据大家的调查结果，自主、科学地选择适合自己组员情况的种植技巧，并最终形成个性化的种植方案； 第四周：各小组根据种植方案，分工完成大蒜种植和《种"爱心蒜"啦》小视频制作。	个人与小组	问题解决创见决策	《种"爱心蒜"啦》小视频
	2. 这片土壤刚刚好				
	3. 这样种植产量高				
管理"爱心蒜"	1. "爱心蒜"日常管理	成立"护蒜"小队，负责"爱心蒜"日常的管理，如浇水、松土、施肥、除草等，并利用《"护蒜"小队管理日记》记录这一过程。			《"护蒜小队"管理日记》
	2. "爱心蒜"过冬	各组调查了解爱心蒜过冬的方法，帮助其度过寒冬。			
	3. "爱心蒜"抽薹	开展师生"抽薹"PK赛；用"爱心蒜薹"为家人制作一道"爱心餐"。			
	4. "爱心蒜"收获	第一周：了解"爱心蒜"成熟期的外形特点； 第二周：有序收获"爱心蒜"； 第三周：开展"劳动交流会"汇报自己的劳动收获。			
"爱心义卖"	1. 策划"爱心义卖"	第一周：学习预备技能，如贩卖技巧、摊位选择、广告宣传等； 第二周：分组策划"爱心义卖"。			"爱心义卖"后的日记、作文、照片等过程性材料。
	2. "爱心义卖"PK赛	进行"爱心义卖"PK赛，结算"义卖"所得，评选"爱心义卖"优胜小组。			
	3. "奉献爱心"活动	用"义卖"所得购买学习用品赠与有困难的学弟学妹；购买生活用品探望孤寡老人。			

四、支架搭建

师:首先为了帮助大家更好地完成种植活动,老师这里有一些资料分享给你们。

播放大蒜种植教学视频,使学生了解大蒜种植的大体流程和方法技巧。

(1)时间:9～11月份。

(2)选种:选择优质、健康的大蒜作为种子。

(3)土壤:选择土质疏松、土层深厚、透气性好、肥沃的土壤,种植前将土壤进行深翻,增加土壤的疏松性。

(4)种植:把蒜种外面的皮扒掉,把蒜瓣剥开,依次种在土中,一定要记得把蒜尖头朝上,并且露在土外面,之后浇适量的水即可。种植的时候注意植株密度,播种深度在3～4厘米,植株间距为15厘米左右,行间距在20厘米左右。

设计意图:五年级学生虽然具有一定的劳动经验,但想要独自完成大蒜种植的活动还有一定的困难。通过视频介绍的方式,可以直观地帮助学生了解大蒜种植的大体步骤和相关细节,为学生探索大蒜种植提供了依据,也为有序地开展大蒜种植活动提供了帮助。

五、实践探索

第一阶段:种植"爱心蒜"

1. 种植前

(1)选择研究主题,制定活动计划。

首先,各小组从"这个时节最合适""这片土壤刚刚好""这样种植产量高"三个研究主题中任选一个进行探索了解;确定主题后,小组成员根据教师提供的范例学习如何制定活动计划,如何根据小组成员特点进行分工;利用PPT学习制作调查表、采访技巧、资料汇总整理技巧等;最后各小组利用表5-3讨论形成具体的活动计划。

表5-3　小组活动计划表

活动时间		小组负责人	
组内成员及分工			
活动方式			
材料准备			
活动过程			
活动结果			

设计意图：通过"活动计划表"的范例学习，能够引导学生了解"做好计划"的重要性，而且学生提前做好相关活动计划和组内分工，也为后续活动顺利开展做好了准备工作。

（2）学生进行探索研究。

引导学生通过请教有经验的长辈、去田间实地考察、咨询科学老师、去图书室、在网络上查找相关资料等方式了解种植大蒜的时节、土壤要求和种植技巧。

第一组：这个时节最合适。

在北方种植大蒜的时候，因为品种的差异，所以种植的时间也是不同的。有的在春季的3～4月份较合适，有的在秋季的8～9月份比较合适。同学们通过网络搜索关键词"大蒜的种植时间"和采访身边有经验的农民，了解大蒜不同的种植时间对选种、管理和收获等方面的不同要求，详见表5-4。

表5-4　大蒜不同种植时间的相关管理

		春天种植	秋天种植
选种		选择生长期短、品质优良的紫皮蒜，紫皮蒜的成活率高，种植后能够快速长出芽苗。	选择饱满，外皮没有损伤的蒜种，种植前要将外层的老皮和茎盘给去掉，再放在水里浸泡3～5分钟，取出之后晾干备用。
管理方法	施肥	种植前要在田地中加入肥料，然后将其和土壤混合均匀，为大蒜提供肥沃的生长环境。	1. 在幼苗长出2～3片叶时要进行一次施肥。 2. 当长出6片蒜苗时，要进行一次追肥。
	浇水	1. 播种下后要浇一次透水，使种子吸收充足的水分； 2. 天气炎热时，要增加浇水频率，需要每隔一个星期浇一次水，防止大蒜干枯； 3. 采薹后要浇水1次，以隔3～5天浇小水1次，保持土壤湿润； 4. 在收蒜前5～7天停止浇水，以便收获。	1. 播种后立即进行浇水，浇小水即可。 2. 播种1周后，若田土较干，可灌水1次，促苗生长。 3. 幼苗期要控制灌水。 4. 在越冬前，浇灌一次封冻水。 5. 采薹后立即浇水。 6. 收获蒜头前5天停止浇水。
	其他		一般在寒露前后，需要给大蒜覆盖地膜或铺上一层厚草，帮助大蒜度过寒冬。
收获时间		当年6月上旬，一般在采薹后4～5周即可收获。	第二年6月上旬，一般在采薹后2～3周即可收获。

第二组：这片土壤刚刚好。

首先，同学们通过到大蒜丰收户的田间实地考察，又向科学老师咨询了解到适合种植大蒜的土壤要求（表5-5）。

表 5-5　土壤要求明细表

田地特点	土壤类型	土壤 PH 酸碱度	水分要求	砂壤土的判定方法
地势平坦,土层深厚(45～60 厘米或以上)	砂壤土	6～7	具备灌溉和排水,保水、保肥性的水浇地。	打湿时握成团后,轻拿轻放不会散开。

之后,同学们在劳动老师那里知道了种植大蒜前需要将土壤整理平坦细碎,这样才有利于大蒜根部深入土壤;耕翻深度需要在 20 厘米左右,做到没有明显的泥土块,达到"齐、松、碎、净"的目标。

第三组:这样种植产量高。

同学们先是确定了采访内容和问题清单,通过采访身边有经验的农民和网络搜索等方式了解到播种大蒜时的小技巧。例如,种大蒜时,要将蒜尖朝上徒手插进土壤,播种的深度为 4 厘米左右,蒜种间距是 15 厘米左右,同时需要栽直、栽稳,每颗蒜种腹面和背面要保持一致,这样,出苗后展开的叶子能够合理分布,从而增大叶片的光合作用。

设计意图:为了让每位学生都能够根据自己的特点有序地参与到活动中来,采取了自选主题和分工行动的方式,同时开展三个子项目。这样既保证了学生的参与率,又提高了活动的效率。

（3）资料整理、提炼、汇总。

小组成员有序分工,将相关信息（文字、图片、视频等）分类整理,并将资料提炼、汇总,最终形成 PPT 等介绍成果。

汇报调查结果,形成小组个性化种植方案。首先,小组代表汇报各自的调查成果,要求表达内容有重点、条理清晰、语言表达流利。然后,小组成员根据大家介绍的内容,自主、科学地选择适合自己组员情况的种植技巧,并最终形成个性化的种植方案。

2. 种植大蒜

小组成员根据种植方案分工完成大蒜种植,并注意过程性影像素材的留存。

3. 种植后

一是先将整个种植过程的收获和体会进行小组内总结。

二是学生根据教师提供的视频学习如何处理和下载网络上的文字、图片和视频,如何使用视频编辑软件。

三是各小组结合整个种植过程积累的素材,完成《种"爱心蒜"啦》小视频,并通过班级群、朋友圈、校园公众号等方式进行展评,最后根据投票结果选出"最佳种植小组"。

设计意图：五年级学生具有一定的活动实践能力，但在小组协作、网络资源整理和视频制作等方面还需要进一步的学习。通过范例、PPT讲解和视频介绍等方式，引导学生多感官参与，从各个角度了解和掌握视频材料的制作技能，从而帮助学生有序地开展活动。

第二阶段：管理"爱心蒜"

1. "爱心蒜"日常管理

设置"蒜王"评选机制，引导学生更好地照顾自己的"爱心蒜"，进而促使学生积极查阅、汇总大蒜的生长特点和日常管理技巧；同学们自发组成了"护蒜"小队，做好分工，精心地给蒜苗浇水、松土、施肥、除草，同时在统一下发的《"护蒜"小队管理日记》中记录每天的做法、发现、遇到的问题及采取的措施等。

设计意图：通过"蒜王"评选机制激励学生积极参与"爱心蒜"的管理，《"护蒜"小队管理日记》的设计引导学生注意记录观察过程中的点滴，最终形成良好的做事习惯。

2. "爱心蒜"过冬

随着寒冬的来临，气温逐渐降低。在"'蒜苗过冬'金点子征集令"活动中，各小组分头行动，通过不同的渠道寻找良计良策，有的从网络上看到要为蒜苗盖地膜，有的则从家长那里得知可以盖一层厚草。为了验证哪种方法最好，同学们决定将责任田里的"爱心蒜"一分为二进行对比试验，一组和二组给"爱心蒜"盖地膜，三组和四组给"爱心蒜"盖厚草。第二年春天，气温回升，同学们通过查看蒜苗的成活率、测量蒜苗的高度、统计耗材经费等方面，综合对比两种方法的优缺点，最终得出了如下结论："盖地膜"的方式能使大蒜的抽薹期和成熟期提早，可以提前收获大蒜，还可以有效避免病虫害，更有利于调节下茬作物的栽培，但是耗材费用较高，所以更适合大蒜种植专业户使用；"盖厚草"的方式耗材经费低，且同样可以达到给蒜苗保湿保温的作用，但是也有少量蒜苗冻伤、冻坏的现象，所以更适合普通人家种植大蒜使用。

设计意图：同学们通过实际行动、观察和真实的结果对比"盖地膜"和"盖厚草"两种方法的优缺点，远远比通过咨询和查阅得来的结果更让人记忆深刻。

3. "爱心蒜"抽薹

（1）开展师生"抽薹"PK赛。

设置师生"抽薹"PK赛，学生接到比赛邀请后，积极探索"抽薹"的方法和技巧，整体步骤掌握后，为了便于记忆和操作，学生在练习时又配上自编的口诀：一插针、二划开、三慢抽。比赛当天，同学们按照掌握的抽薹技能，与老师展开了激烈的比拼，最后更是有多名同学都取得了较好的成绩。

(2)用"爱心蒜薹"为家人制作一道"爱心餐"。

蒜薹收获后,同学们围绕"为家人做一道爱心餐"这个主题,纷纷大展厨艺。首先通过网络搜集有关"蒜薹"的菜肴制作教学视频,然后再根据菜肴制作方法和流程进行实践,制成"爱心菜"与家长一起分享品尝。最后,学生利用"我为家人做道爱心餐手账"记录了自己的活动过程、收获和感想(表5-6)。

表5-6 "我为家人做道爱心菜"记录手账

学生姓名:_____	班级:_____
我为_____做道_____菜	相关照片
准备食材:	
做菜过程:	
品菜时刻:	

4. "爱心蒜"收获

(1)了解"爱心蒜"成熟期的外形特点。

"六一"前,组织学生到田间地头,认真观察"爱心蒜"。引导学生通过观察了解大蒜成熟时的形态特点。细心的同学发现此时的大蒜叶片发黄、蒜瓣突出,有的还从土里冒了出来,这个时候"爱心蒜"就可以收获了。

(2)有序收获"爱心蒜"。

同学们分组收获爱心蒜(图5-2)。挖蒜的时候要注意准和精。铲尖距离大蒜4厘米,深度5厘米。这个距离要把握好。大蒜挖深了会带很多泥,处理起来比较麻烦。浅的话会直接铲蒜,影响产量。另外,刨蒜时要注意沿大蒜根部外缘,保持距离。收割时要小心处理,不要让大蒜被碰伤。然后把大蒜捡起来,用锄头轻轻把上面的泥去掉,注意不要用力过猛,否则会伤到大蒜,然后放在地面通风良好的地方,均匀地铺在地上晾干。

回到教室后,同学们结合科学课上学习的知识,认识"爱心蒜"的主要组成部分,观察根、茎、叶、果实的特点。

图5-2 收获"爱心蒜"

（3）开展"劳动交流会"汇报自己的劳动收获。

教师组织"劳动交流会"引导学生们通过手抄报、PPT等方式向大家分享了自己的种植经历和收获。

第三阶段：爱心义卖

1. 策划"爱心义卖"

（1）了解义卖流程，学习预备技能。

为了让同学们更加详细地了解义卖活动，带领学生走进志愿者服务站。首先，通过志愿者的讲解，同学们明确了爱心义卖是社会爱心的一种体现，是社会文明的集中表现，所获收益将捐赠给社会公益事业或需要帮助的人和单位。然后，同学们利用提前准备好的问题清单，对志愿者进行了采访，进一步了解了爱心义卖活动的注意事项和相关细节。

由于本次爱心义卖活动的地点设置在镇上大集，所以同学们又到大集上学习贩卖技巧。通过观察，他们发现摊位的选择很重要，要选择人流量多且醒目的位置，而且人们喜欢去宣传板色彩鲜艳、吆喝声响亮、内容有趣的摊位，另外，成交率比较高的几个摊位物品摆放整齐、卫生整洁。

在这个过程中，同学们体会到了售卖物品远比看上去需要更多的技巧，也要求更高的财商知识。回到学校后，学生将了解到的义卖活动和贩卖技巧等信息汇总整理以便于本次爱心义卖活动的顺利开展。

（2）分组策划"爱心义卖"。

首先同学们自发组成"爱心义卖组"，根据活动流程和细节，安排好指挥员、宣传员、收银员、采购员等角色，一起讨论"义卖"活动的细节。

确定"爱心义卖"摊位。综合考虑后同学们都认为镇政府门口旁边的空地位置醒目、人流量大，非常合适。于是，在学校老师的帮助下，与政府的叔叔阿姨沟通后，大家都纷纷表示很愿意提供场所，让同学们进行这么有意义的爱心义卖活动。

包装"爱心蒜"。为了能吸引更多的顾客，在确定如何包装"爱心蒜"的时候，同学们受到"蔬菜花束"的启发，在花店里挑选了花束包装纸，并与老师们一起将大蒜包装成了一束束精美的"蒜花"。

做好宣传工作。首先"宣传组"的同学们与美术老师一起绘制了精美的宣传海报，介绍了"爱心义卖"活动内容、"爱心蒜"价格等细节。同时，为了能让更多的人知道本次"爱心义卖"活动，同学们又向信息技术老师请教，设计制作了电子邀请函，邀请函中同学们利用图片和文字展示了自己种植大蒜、管理大蒜和收获大蒜的过程，介绍了本次"爱心义卖"的时间、地点、活动宗旨及流程，并通过转发到班级群、校园网和老师、家长的朋友圈达到广而告之的效果。

2. "爱心义卖" PK 赛

义卖活动当天，"爱心义卖"以 PK 赛的形式进行。同学们早早地来到大集，仔细地码放好"爱心蒜"，架起了"爱心义卖榜"，做到实时公开"义卖"进程和账务。于是，"爱心小摊"刚布置好，同学们就热情地吆喝了起来："快来看！快来瞧！这都是我们亲手种出来的呢。绿色、新鲜、无污染，价格公平又合理，大家快来买呀""走过路过，不要错过。爱心大蒜，值得您拥有！"不少家长和各界朋友纷纷参与进来，让"爱心义卖"小摊汇成了一片爱的海洋（图5-3）……不多时，"爱心蒜"就卖完了，同学们结算了"义卖"所得，评选出了"爱心义卖"优胜小组，最终一组的同学以 0.5 元的优势赢得了 PK 赛。

图 5-3 玉林店大集"爱心蒜"义卖

3. "奉献爱心"活动

义卖结束后，老师和同学们一方面组织了总结会，将活动的得与失进行了梳理；另一方面将义卖所得购买了学习用品，赠与了需要帮助的学弟学妹，鼓励他们好好学习，并将"劳动收获、奉献责任"的精神传承下去。同时还购买了生活用品，探望了村里的孤寡老人，将自己的爱心从校内延展到社会。

六、成果展示

借助"成果展评会"活动，引导学生结合本次"爱心蒜"项目化劳动课程，将自己的收获和感想通过文字、视频、照片等形式进行展示。有的同学利用《种"爱心蒜"啦》小视频展示了前期通过"种植大蒜"掌握的种植技术；有的同学通过《"护蒜小队"管理日记》，向大家介绍了自己所在的"护蒜"小队八个多月的大蒜种植和管理过程；还有的同学朗读了自己的日记，将"义卖"过程中的艰辛、乐趣和成功的喜悦向大家款款道来。最后，同学们纷纷表示，这次项目化课程后，大家比以往都更加注意观察，愿意动脑筋，善于总结经验技巧，同时感受到通过自己的努力来帮助身边的一些人是一件很有意义的事情。

设计意图：利用成果展评会，引导学生回顾整个劳动项目，并鼓励学生利用自己喜欢的方式将自己个性化的收获进行展示。在这个过程中学生能通过个人展示意识到自己的成长和进步，通过别人的展示学习到他人的长处。

七、反思复盘

（一）学生层面

学生反思1：回想这次"爱心蒜"项目化劳动课程的整个过程，我收获颇多。前期我们通过"种植大蒜"掌握了种植技术，学会了举一反三，学以致用。八个多月的大蒜种植和管理，我和同学们充分利用身边的资源，亲身经历劳动的全过程，学习到了科学种植和管理的劳动技能，锻炼了观察、思考、探索的能力，充分将所学知识运用到解决实际问题中去。

学生反思2："义卖"活动的过程，虽然艰辛，但也充满乐趣和成功的喜悦。即使遇到了种种难题，但是我们均能群策群力成功解决，如在"义卖"的过程中有的顾客想要扫二维码付款，但是我们却没有；还有的同学害羞不敢推销等等，但是我们都克服了，在克服的过程当中我们收获了勇气和自信。通过本次活动，我更加明白了做任何事情都要注意观察，多动脑筋，总结经验技巧。也让我感受到通过自己的努力，来帮助身边的一些人是一件很有意义的事情。以后，我会常怀感恩之心，感恩祖国和党，感恩父母和老师。社会上还有许多需要帮助的人，我会好好学习，不断努力，争取成长为优秀的人才，发挥力量，建设祖国，去帮助更多的人。

（二）教师层面

"爱心蒜"系列活动选择了贴近于学生生活，且学生感兴趣的事物。活动能根据学生的认知特点和学生的创造性思维，给予学生真实的生活体验。通过各项活动的开展，逐渐将"种植大蒜"从体验式劳动还原为直接经验，让学生在真实的情景脉络中多感官的学习，调动了学生学习的积极性、主动性，使学生真正成了活动的主体。

1. 活动亮点

（1）掌握种植技术，学会学以致用。通过八个多月的种植和管理实践，整个项目活动充分融合学生身边可利用的资源。学生亲历劳动过程，进行了种植体验，学习到了科学种植和管理的劳动技能，锻炼了观察、思考、探索的能力，充分将所学知识运用到解决实际问题中去。

（2）践行劳动育人，提升综合素养。活动中，学生遇到的种种难题均能群策群力成功解决。整个过程虽然艰辛，但也充满乐趣和成功的喜悦。同时，在活动推进过程中，学生的团队合作、综合运用等素养也得到提升。

（3）汇编成果，弘扬传统农耕文化。在"爱心蒜"种植实践过程中，学生积累了很多的实践经验和活动照片。教研组老师以此主题进行整理,把学生活动成果与思考汇编起来,使项目化劳动教育成为一个体系,为学生、老师们和家长们提供参考,为传承中国的农耕文化提供校园版可实施的模板。我们的活动得到了烟台综合实践教育公众号、大小新闻、山东教育频道、央视频等多家媒体的报道,也让我校的劳动教育特色更加鲜明。

2. 存在的问题

(1)活动中没能够很好地对待学生的差异性,欠缺根据学生们不同的特点进行差异化的活动目标设定,从而真正调动全体学生的参与积极性,树立学生的自信心。

(2)在劳动成果展示活动中,给学生的准备时间不足,所以学生展示时不够深入,没有达到预期的效果。

案例二:土豆王子成长记

┃项目背景≫

要问学校食堂里哪道菜最受欢迎,那一定是土豆了。但是通过平时课上、课下的观察来看,即使是地处农村,也鲜少有孩子了解土豆的种植方法和成长变化。这年春天,正值土豆种植时节,我校的劳动基地经过前几年的种植,土质逐渐肥沃,十分适合种植土豆。学校借此机会开展"土豆王子成长记"项目化劳动课程,引导学生一起参与土豆种植,观察作物生长过程,体验劳动中"苦"与"乐"。

┃项目结构≫

"土豆王子成长记"项目化劳动课程主要通过种植、管理、小土豆大作用三大阶段进行(表5-7)。种植阶段,学生通过观看教师现场演示和向家长请教两种方式学习土豆"育种""切块"和"种植"的技巧,并走进学校和家里的菜园分别完成土豆种植;管理阶段,学生要全程参与浇水、施肥、收获的全部劳动,同时利用"土豆王子成长日记"记录小土豆的出土、开花、结果、收获过程;"小土豆大作用"阶段,学生探索土豆的食用、药用等价值,并能将其汇总整理成册,在校园及社区中进行宣讲活动。

表5-7　"土豆王子成长记"项目化劳动课程阶段主题和主题子项目

阶段主题	主题子项目
种植"土豆王子"	1. 这样培育"土豆种"很正确 2. 这样种植土豆产量高
管理"土豆王子"	1. 管理"土豆王子"的日常 2. "土豆王子"长成了

阶段主题	主题子项目
小土豆大作用	1. 小土豆"耍杂技"：与小土豆一起探秘科技奥秘 2. 小土豆变美食 （1）炒土豆丝 （2）土豆香饼 3. 小土豆的药用价值 （1）小土豆能治跌打损伤 （2）小土豆能治感冒发烧 4."了不起的土豆"宣讲活动

▌项目设计 »

种植阶段，我们引导各小组从"这样培育'土豆种'很正确""这样种植土豆产量高"两个研究主题中任选一个进行探索了解，并分别汇报介绍土豆种植的育种和种植技巧。最后，各小组形成种植方案，并根据方案内容在学校基地和家中菜园中分别完成土豆种植。

管理阶段，我们结合子项目1"管理'土豆王子'的日常"，首先引导各小组每天安排组员值日，负责浇水、除草等土豆的日常管理工作。然后，利用"土豆王子成长日记"记录管理过程，包括搜集到的有关土豆的"小知识"、本组的"种植方案"、生长情况的记录等。同时，同学们将自己劳动的过程、劳动的体会等以文字、影像等方式形成成果。我们结合子项目2"'土豆王子'长成了"，首先引导学生在日常管理的基础上，通过观察逐步了解土豆成熟的大体时节、外形形态和收获技巧等方面的农业知识；然后通过"劳动交流会"引导学生们通过文字、视频等方式向大家分享自己的种植经历和收获。

"小土豆大作用"阶段，我们结合子项目1策划"会跳舞的土豆"科技探秘活动，引导学生利用土豆进行科学小实验，了解"重力作用"和"杠杆原理"等知识；结合子项目2"小土豆变美食"，使学生在体验美食制作的过程中，了解土豆的营养价值，知晓相关制作工序，促使学生初步掌握烹饪土豆的劳动能力；结合子项目3"小土豆的药用价值"，首先引导学生搜集与土豆相关的日常医疗小妙招，再借助原理的探索，使学生了解土豆的药用功效和作用。

▌项目实施 »

项目描述：通过学习"土豆王子"的育种和种植方法、探究"土豆王子"管理技巧和探索"小土豆大作用"系列活动，使学生全面地了解"土豆王子"。

项目目标：

（1）劳动观念：通过"土豆王子"种植、管理的过程，探索、学习和掌握土豆种植的基本知识，使学生在种植土豆的过程中体验劳作的快乐和艰辛，从而形成尊重劳动、尊重劳动者的观念。

（2）劳动能力:通过"小土豆大作用"系列活动的实践,使学生了解"重力作用""杠杆原理"等知识,知晓与土豆相关的烹饪工序,掌握与土豆相关的医疗小妙招。

（3）劳动习惯和品质:学生在土豆种植和管理过程中具有安全劳动、规范劳动、有始有终的劳动习惯;养成自觉自愿、认真负责、吃苦耐劳、团结合作、珍惜劳动成果的劳动品质。

（4）劳动精神:通过"土豆王子成长记"项目化劳动课程,学生能领会"劳动是一切幸福的源泉"的内涵与意义;培育学生百折不挠、精益求精的劳动精神。

关联技能:获取、提炼、整理信息技能;有条理地介绍和汇报技能;土豆种植、管理技能;活动组织能力;义卖活动相关技能。

材料准备:课件、资料调查记录表、录音笔、照相机、《种土豆教程》视频。

作品结果表现方式:《"土豆王子成长"日记》《"摇摆的土豆"实验记录》《"土豆"菜谱》《"土豆"医疗小妙招》《了不起的"土豆"》宣讲材料。

时间:4个月。

项目步骤:

一、情境创设

1. 联合国粮农组织称土豆是"埋在地下的宝物"

师:同学们,土豆被联合国粮农组织称作是"埋在地下的宝物"。土豆都有哪些特点会被称作"宝物"呢?请大家通过网络搜索探究一下。

2. 课堂交流探究结果

生1:我搜索了"土豆的营养价值"这个关键词,我发现土豆的营养成分丰富而齐全,其丰富的维生素C含量远远超过粮食作物;其较高的蛋白质、糖类含量又大大超过一般蔬菜,尤其是蛋白质分子结构与人体的基本一致,极易被人体吸收利用,其吸收利用率几乎高达100%。有营养学家研究指出:"每餐只吃土豆和全脂牛奶就可获得人体所需要的全部营养元素",可以说,土豆是接近全价的营养食物。

生2:我搜索的是"土豆的药用及保健价值",我发现有较广泛的药用价值。中医认为,土豆有和胃、健脾、益气的功效,可以预防和治疗多种疾病,如预防中风、降血压、解毒、消炎等。

生3:我通过搜索"工业价值",知道了土豆具有较高的开发利用价值,土豆深加工产品,如淀粉等,为食品、医药、化工、农业等行业提供了大量丰富的原材料,而且由于土豆自身具有促进食欲、提高免疫力和增强体质等特殊性能,其应用是其他类淀粉制品所无法替代的。

师：通过大家搜索到的信息，我们知道了土豆的作用和价值多多，真是配得上"埋在地下的宝物"这个殊荣。

设计意图：利用"埋在地下的宝物"这一关键词，引发学生对土豆的好奇。使学生带着好奇通过网络搜索了解自己最感兴趣的关于土豆方面的知识，交流之后就能达到初步了解土豆的目的。

二、问题驱动

（1）师：同学们在搜索土豆的特点过程中还有没有其他的疑问呢？

（2）学生讨论、交流。

生1：土豆的营养价值这么多，我们怎么烹饪才能让土豆既美味又能保留它的营养呢？

生2：土豆的医疗价值，在我们日常生活中都是怎么运用的？比如说都有什么小偏方是跟土豆有关的？

生3：我觉得土豆肯定还有更多的知识是我们没有发现的。

师：我们怎么做才能知道更多关于土豆的知识呢？

生4：我们可以种土豆，然后好好观察土豆，这样就可以从不同阶段了解土豆，知道土豆更多的知识了。

师：看来，同学们对土豆都很感兴趣，那怎样做才能更好地了解不同阶段的土豆呢？

设计意图：教师结合学生的调查结果，引发学生"其他疑问"的进阶交流，并在学生讨论内容的基础上，引出"怎样做才能了解不同阶段土豆"的驱动问题。

三、确定进程

（1）师：想要更好地了解不同阶段的土豆，我们需要具体做哪些事呢？请大家分组讨论一下。

（2）学生汇报。

一组：我们认为要先种好土豆。种植时，我们可以了解土豆育种和播种技巧等方面的知识；管理和养护时，我们就可以知道土豆的管理知识，还可以知道土豆生长过程中的变化。

二组：我们可以通过学习土豆的日常吃法，掌握其中的烹饪技巧，来了解更多土豆的营养价值。

三组：我们组认为可以搜集日常生活中的"医疗小妙招"，并将其真正地运用起来，这样就可以了解常见的土豆药用价值。

四组：我们觉得可以向科学老师请教，说不定可以知道土豆在科学领域里的作用。

设计意图：在项目问题的驱动下，引发学生的个性化思考，并通过"种植土豆"

"烹饪土豆""医疗小妙招"和"科学探究"等几个方面的讨论,最终形成了多角度且内容丰富的活动方向。

　　师:经过同学们的交流,我们明确了怎样做才能更好地了解不同阶段的土豆,接下来一是要学习土豆的种植技巧,二是要掌握管理方法,三是要进行"小土豆大作用"的搜集活动,我们将从食用、药用和科学实验方面了解土豆不同的作用和价值。

　　生5:老师,土豆有这么多好处,只有我们自己知道太可惜了,我们可以通过演讲让更多的人知道。

　　师:好的,最后我们可以将搜集和发现的土豆价值及作用进行汇总,然后通过"小土豆大作用"的宣讲活动让更多的人了解土豆。下面,我们将这些计划进行汇总,形成我们这次活动的时间计划表(表5-8)。

表5-8 "土豆王子成长记"系列活动安排

子主题		活动周安排	活动形式	认知策略	成果展示
种植"土豆王子"	1. 这样培育"土豆种"很正确	第一周:各组选择不同的子主题,探索整理土豆的种植技巧; 第二周:各小组代表汇报调查成果; 第三周:形成各自的种植方案; 第四周:根据种植方案,分工完成土豆种植,并在《"土豆王子"成长日记》中完成"种植篇知识"记录。	个人与小组	问题解决创见决策	《"土豆王子"成长日记》中"种植篇知识"记录。
	2. 这样种植土豆产量高				
管理"土豆王子"	1. "土豆王子"日常管理	各小组分配好值日,负责"土豆王子"日常的管理,如浇水、松土、施肥、除草等,并逐步完成《"土豆王子"成长日记》中"管理篇知识"的记录。			《"土豆王子"成长日记》中"管理篇知识"的记录。
	2. "土豆王子"长成了	第一周:了解"土豆王子"成熟时的时节、外形特点以及收获技巧等农耕知识; 第二周:有序收获"土豆王子"; 第三周:开展"劳动交流会"汇报自己的劳动收获。			PPT演示文稿,种植和管理过程中的照片、日记、作文等
小土豆大作用	1. 小土豆"耍杂技"	利用科学实验"会跳舞的土豆"与小土豆一起探秘科技奥秘,了解"重力作用"和"杠杆原理"等知识。			实验视频,《"摇摆的土豆"实验记录》
	2. 小土豆变美食	第一周:通过学习、了解和掌握炒土豆丝和土豆香饼的烹饪方法,进一步了解"土豆王子"的营养特点; 第二周:各小组制作个性化的"土豆美食菜谱"。			《"土豆"菜谱》
	3. 小土豆的药用价值	第一周:通过探索"小土豆能治跌打损伤"和"小土豆能治感冒发烧"等医疗小妙招,进一步了解"土豆王子"的药用价值; 第二周:进行"一日小校医"活动,学生利用探索的土豆药用价值帮助同学解决遇到"跌打损伤"和"感冒发烧"等日常医疗问题。			《"土豆"医疗小妙招》
	4. "了不起的土豆"宣讲活动	第一周:学习必备技能,如宣讲流程、宣讲技巧等; 第二周:分组、分工策划"了不起的土豆"宣讲活动; 第三周:进行"了不起的土豆"宣讲活动,根据观众投票,评选"宣讲活动"优胜小组。			《了不起的"土豆"》宣讲稿,宣讲照片、视频,宣讲后日记、作文等。

四、支架搭建

师：首先为了能帮助大家更好地完成种植活动，老师这里有一些资料分享给你们。

播放土豆种植教学视频，使学生了解土豆种植的大体流程和方法技巧。

（1）时间：3月份。

（2）选种：第一，选个头中等的土豆；第二，要选择光滑、皮薄、没有任何损伤的土豆；第三，要选择没有出现畸形、形状比较正常的土豆；第四，要选择芽眼比较多的土豆种；第五，要确认土豆切开后，里面没有变色和腐烂的情况出现；第六，选择的土豆不能被阳光直接照射过，那样的土豆是绿色的，会影响口感味道。

（3）育种：首先，把土豆用刀两分或四分切开（看土豆的大小确定分切数量，如果是小土豆就不用切），要当中切，刀子不能带油，如有残油请洗净擦干；然后，在切好土豆的切口处涂上一层草木灰，主要是让切开的伤口不受风不发炎；最后，把撒上灰的土豆放在屋里干燥的地方，进行晾晒。

（4）土壤：土豆的生长对土壤的要求特别高，需要松软透气的土壤。首先，把准备种植土豆的地块翻整一遍，需要稍微翻耕深一些，大概40厘米，根据土壤的肥沃程度，施入适量的农家肥，搅拌均匀，然后起垄，增加种植层的土壤厚度。

（5）种植：种植土豆之前，先在地块中按照一定的间距挖出若干个种坑，坑深20厘米左右，然后把土豆块种植下去，芽眼朝上，最后盖上1.5厘米左右的土。

阅读菜谱，了解菜谱制作需要的内容和注意事项。

（1）菜肴的图片。图片选用高清质量的图片，图片的背景、菜品的摆盘和拍摄都是需要注意的。要做到看上去一目了然，能勾起顾客的食欲，吸引顾客的眼球。

（2）相关文字。一是菜名；二是主食材的营养价值；三是菜肴制作的食材、调味品、厨具等的准备；四是菜肴制作的流程，如食材清洗和加工的方式、放入的顺序、烹饪的程度等。

（3）合理的排版。字体、字号、间距适当，如菜品介绍字号一般要比菜名小，不要喧宾夺主。菜肴名字要与其他文字有所区分，第一眼就能看见。

通过视频了解做校医一天工作的内容，如准备工作、治疗过程和必备技能等。

（1）校医的日常准备工作：诊疗室消杀通风、个人防护、诊疗器具准备。

（2）师生应急门诊处置流程：一是了解患者的基本情况，如症状、受伤原因等；二是根据症状进行正确的诊疗；三是根据治疗效果嘱咐患者后续疗养的注意事项。

播放宣讲活动视频,了解宣讲活动大体流程(表 5-9)。

表 5-9 "宣讲活动"基本流程

阶段	工作内容
准备阶段工作	1. 确定宣讲对象
	2. 确定并申请宣讲地点
	3. 确定宣讲时间
	4. 确定宣讲人
	5. 确定宣讲内容
	6. 宣讲物资准备
宣讲会当日工作	1. 物资清点
	2. 现场布置
	3. 现场宣讲与互动沟通
	4. 宣讲满意度调查表填写
宣讲会后续工作	1. 汇总满意度调查表内容
	2. 根据调查结果进一步更新宣讲内容

设计意图:"土豆种植""校医一天的工作"和"宣讲"这三个内容对于学生来说在日常生活中接触是比较少的,所以我们采取通过视频介绍的方式,帮助学生进行了解。而通过真实地阅读菜谱,可以帮助学生更直观地了解"菜谱的制作"的相关内容,并能结合菜谱进行相关细节的讨论。

六、实践探索

第一阶段:种植"土豆王子"

1. 种植前

(1)选择研究主题,制定活动计划。

首先,各小组从"这样培育'土豆种'很正确""这样种植土豆产量高"两个研究主题中任选一个分别进行了解;确定主题后,各小组先根据小组成员特点进行分工,再确定活动计划;然后学习调查方式和资料汇总整理技巧等;最后各小组利用表 5-10 讨论形成具体的活动计划。

表5-10 "土豆王子"种植技巧探究计划表

活动时间		小组负责人		探究主题	
组内成员及分工					
探究方式					
材料准备					
探究过程					
探究结果					

设计意图：劳动源于兴趣，通过设置不同的主题，引导更多的学生参与活动。高效源于周详的计划，利用"计划表"的设计，引导学生提前做好活动计划和组内分工，为后续活动的顺利开展做好准备。

（2）学生进行探索研究。

学生通过咨询身边的家长、有经验的农民，通过网络搜索、书籍查找等方式了解土豆育种和土豆的种植技巧。

第一组：这样培育"土豆种"很正确。

土豆可以在十二月份或者一月份、二月份提前育芽种植，还可以在二月份的时候去市场买发芽土豆。同学们通过采访身边有经验的家长和农民，了解培育土豆种的方法和挑选优质发芽土豆的技巧。

一是培育土豆种

育芽。十二月底、一月的时候可以把将要育芽苗的土豆放在温暖光亮的地方进行催芽，这样二月份就可以种植了。土豆的旮旯眼儿里就会冒出小小的嫩嫩的小芽苗，好好保护它们，它们可都是未来的小土豆。

切土豆。因为一个土豆种子上面会有很多个芽眼，如果将整个土豆种子种植的话，一个种坑中会出很多苗，既浪费又会让苗过密，影响土豆的产量，因此，土豆种子基本都需要切块。首先切土豆的刀子需要进行消毒，可以用酒精浸泡或者在火上烤两种方式。然后将发芽的土豆切块儿，大土豆可以多切几块，每块上面保证有两到三个芽眼。

晾晒。将切块的土豆伤口进行杀菌，方式有两种。一是放在太阳底下晾晒，二是在切口处抹上草木灰。

二是挑选优质发芽土豆的技巧

外皮：土豆的外皮可以有效保护土豆的营养和口感，所以要选择外皮完整的发芽土豆。

外形：选择无虫口、无病斑、无腐烂、无冻伤、个头大、圆润饱满的完整土豆，同时外形饱满的土豆内部营养保存较完整,有利于后续土豆苗的生长。

芽孢:要选择芽眼粗、幼芽隐约呈现绿色的芽孢,这样的土豆种芽孢在耕种时不易被碰断,并且耕种后出苗快,幼苗壮。

第二组:这样种植土豆产量高。

同学们先是围绕"土地准备"和"播种技巧"两方面确定了问题清单,通过采访身边有经验的家人、农民和网络搜索等方式了解到种植土豆的方法和注意事项。

土地准备

土豆喜光、怕涝,且不适合连续种植。所以土豆种植的地方最好是近2～3年没有种过土豆、土壤疏松通透、土层深厚肥沃、光照充足、地势较高或者排灌方便的地块。

翻土:土豆的生长需要松软透气的土壤,因此土地翻耕时需要深翻一些,大概40厘米。

施肥:根据土壤的肥沃程度,决定是否需要提前施入肥料,如果需要肥料一定要是腐熟好的,不然容易长虫和滋生病菌,而且需要将土壤和肥料搅拌均匀。

刨沟:最后刨沟起垄,增加土壤厚度,刨沟深度大概是7～8厘米为宜。

播种技巧

当土豆块出芽之后,我们就可以开始种植土豆了,也可以在切块好之后直接种植。

挖种坑:种植土豆之前,先在地块中挖出若干个种坑,坑深20厘米左右,间距15～20厘米。

种植:把种芽向上,均匀点播,然后用5～10厘米左右的细薄土覆盖土豆种,最后浇水保湿。

（3）各组汇报调查结果、形成种植方案。

① 小组成员将搜集到的资料进行分类整理,并提炼出有效信息,最终形成汇报结果,如 PPT 等。

② 小组代表汇报调查成果,要求表达内容有重点、条理清晰、语言表达流利。

③ 各小组结合汇报内容和自己了解到的土豆种植技巧,形成各自的种植方案。

2. 种植土豆

小组成员根据种植方案,完成土豆种植,并利用拍照、录像等方式留存过程性细节和注意事项,方便后续完成《"土豆王子成长"日记》中"种植篇知识"的记录。

3. 种植后

一是先结合整个种植过程的照片、录像和个人收获、体会进行小组内交流和总结,并形成各小组《"土豆王子成长"日记》"种植篇知识"的内容;二是各小组结合整个种植过程的知识积累,并借鉴教师分享的手账设计范例,完成《"土豆王子成长"日记》"种植篇知识"的记录,包括板块设计、内容书写、美工装饰等。

设计意图:通过手账制作范例的分享,使学生了解制作纸质材料的多元化方法,在制作的过程中不仅可以提高学生设计、布局等美育方面的能力,也可以发展学生的动手能力,进而激发学生更多的创造力来进行活动。

第二阶段:管理"土豆王子"

1. "土豆王子"日常管理

教师播放《如何管理好土豆》等相关视频,使学生明白需要在"土地和水分的管理""土豆的施肥方法""关于病害的防治"等三大方面管理、养护"土豆王子"。设置"最佳土豆王子护卫队"的评选机制,引导各小组积极了解、掌握土豆的生长特点和日常管理技巧,悉心照顾自己的"土豆王子",如浇水、施肥、除草等,同时利用《"土豆王子"成长日记》记录管理过程中的发现、遇到的问题及采取的措施等。

设计意图:通过"最佳土豆王子护卫队"评选机制激励学生积极参与到"土豆王子"的管理中来,《"土豆王子"成长日记》的设计引导学生注意观察、记录过程中的点滴,最终形成良好的做事习惯。

2. "土豆王子"长成了

(1)了解"土豆王子"成熟期的外形特点。

组织学生到田间地头认真观察"土豆王子"。引导学生通过观察了解土豆成熟时的形态特点,当土豆的叶子发黄、掉落非常严重的时候,即可进行土豆的收获工作了。

(2)有序收获"土豆王子"。

组织学生有序收获、储存土豆(图5-4)。

收获前准备:收获土豆最好选择一个好天气,挖出土豆的时候在太阳下晒一晒,这样土豆不容易坏掉;另外还可以先整理发黄的茎叶、清除田间残留的枝叶,以免病菌传播。

收获时注意:先在要挖取土豆的地面上倒水,浸湿土壤。如果下过雨,就不用浸湿土壤。用手轻轻刨开土壤,这样

图5-4 土豆大丰收

土豆才不会被挖烂。如果必须用锄头挖,锄头要离窝边稍远,要挖深,可以减少被挖烂的概率。装运土豆应采用条筐或塑料筐,不用麻袋或草袋,以免新收的块茎表皮擦伤,同时注意轻拿轻放,挑除病薯烂薯。

收获后注意:土豆需要储存在干燥、通风且避光的地方。

(3)开展"劳动交流会"汇报自己的劳动收获。

教师组织"劳动交流会"引导学生们通过手抄报、PPT等方式向大家分享了自己的种植经历和收获。

第三阶段:小土豆大作用

"小土豆大作用"阶段,学生主要结合与土豆相关的科学实验、美食料理、医疗妙招来探索发现土豆的各方面价值和作用。并将搜集和整理的信息进行汇总、提炼,通过"小土豆大作用"的宣讲活动,向更多的人介绍、普及关于"土豆王子"的知识。

(一)小土豆"耍杂技"

利用"会跳舞的土豆"实验,引导学生和"土豆王子"一起探索神奇的科学世界,从而引导学生在进一步了解土豆的同时,了解相应的科学知识。

实验材料:一个土豆、4根牙签、一把水果刀。

实验步骤:

(1)将土豆一切二,一半土豆中间插上牙签备用;另一半土豆取其中的一部分切成3个大小相同的正方体小块,边长大概2厘米。

(2)用3根牙签分别插入切好的土豆块中,再将它们连成"Y"字形(图5-5)。

(3)将插好的土豆块中间部分的牙签和基座上的牙签对齐轻轻摆放,轻轻拨动让小土豆翩翩起舞(图5-6)。

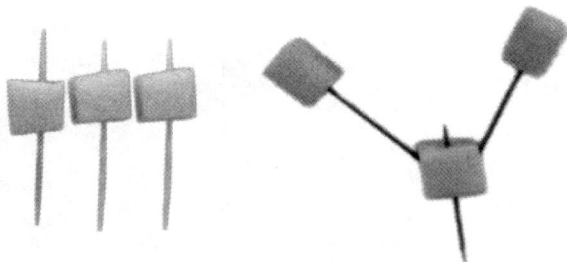

图5-5　土豆块连成"Y"形　　　　图5-6　土豆块摆放在底座上

实验原理:

我们把牙签之间接触的地方当做支撑点,由于呈"Y"字的小土豆和支撑点距离十分接近，牙签顶部的支撑力便可以完全支持重力和杠杆作用力，这样轻轻晃动土豆，土豆便和不倒翁一样轻轻摇晃不掉落。

（二）小土豆变美食

（1）小组成员选择自己喜欢的土豆日常菜肴（炒土豆丝和土豆香饼），自制问题表格（表5-11），通过向家长请教学习、了解和掌握相应的烹饪方式（图5-7）。

表5-11 "土豆美食"烹饪技巧调查表

土豆营养介绍	土豆营养丰富，粮菜兼用，含有丰富的维生素及钙、钾等微量元素，且易于消化吸收，老少皆宜，功能齐全，颇受人们称赞。	
菜肴名称	炒土豆丝	土豆香饼
材料准备	中等大小土豆2个，葱、姜、蒜适量，酱油、食盐、醋。	土豆1个，胡萝卜1根，鸡蛋1个，面粉适量，葱末，五香粉，食盐。
制作时长	10～15分钟	20分钟
制作过程	1. 土豆洗干净，去皮，擦成丝。 2. 去掉多余淀粉。 方法一：土豆丝放在凉水中浸泡10分钟，去掉多余淀粉。 方法二：土豆丝放在凉水中，把水加热，让土豆丝断生。判断土豆丝是否断生的方法是，选择一根土豆丝，可轻松掐断，且没有生脆的感觉即可。 3. 土豆丝盛出，空水备用。 4. 热锅放油，加入葱姜蒜，炒出香味。 5. 放入控好水的土豆丝，大火不停地翻炒，调入适量酱油调色，最后放入盐和醋，轻微翻炒后出锅。	1. 土豆和胡萝卜干净，去皮，擦成丝。 2. 大盆中放入土豆丝、胡萝卜丝和米面粉。 3. 鸡蛋洗净，打散，均匀撒到大盆中。 4. 加入适量五香粉和盐进行调味。 5. 加入葱花，搅拌均匀。 6. 电饼铛插电，加热后放油。 7. 取适量土豆丝放在电饼铛上，整理成圆形饼状。 8. 等两面金黄的时候就可以装盘了。

（2）小组成员将自己掌握的土豆日常菜肴做法制成菜谱，并最终形成《"土豆王子"成长日记》中的"土豆美食菜谱"篇。

（三）小土豆的药用价值

（1）小组成员通过网络搜索、采访家人等方式汇集日常生活中与土豆有关的医疗小妙招。

（2）各小组汇总获得的小妙招，形成《"土豆王子"成长日记》中的"日常医疗小妙招"篇（表5-12）。

图5-7 土豆厨艺大比拼

表 5-12　"土豆"医疗小妙招汇总表

日常病痛	治疗方式	治疗原理
早期轻微的跌打损伤引起的肿胀	土豆切薄片，敷在肿胀处，每 15 分钟换一次土豆片，重复几次即可。	土豆片可以促进局部血液循环，而且土豆含有丰富的钾离子，可以使肿胀处的液体被吸收到体外，从而达到肿胀消退的效果。但对严重的或超过 48 小时的肿胀效果不佳。
发烧	土豆切成薄薄的片，放在额头上，15 分钟或者觉得有点热了，就翻另外一面，或者更换土豆片。	薄薄的土豆片有冰凉之感，可以缓解发烧带来的灼热感。
夏日被晒伤、晒黑	土豆榨成汁液，直接涂敷于晒伤、晒黑的皮肤处，15 分钟之后清水洗掉。每日一次即可有效缓解晒伤和晒黑的问题。	土豆有清除色素、缓解镇痛的效果，同时增白作用十分显著。
体质虚弱、记忆力不佳	利用家里常用的烹饪方法，将土豆制作成美味菜肴。常吃以上土豆料理即可。	土豆含有丰富的蛋白质和维生素 B 群可以增强体质，同时还具有提高记忆力和让思维清晰等作用。

（3）进行"一日小校医"活动。学生利用探索的"土豆"医疗小妙招帮助同学解决在遇到的"跌打损伤"和"感冒发烧"等日常病痛问题。

（四）"了不起的土豆"宣讲活动

1. 宣讲会准备

通过探索学习，同学们了解到"土豆王子"的种种好处，为了能让自己的老师、同学和身边的人都知道"土豆王子"的价值和用处，同学们决定在校园和社区里面分别进行一次宣讲活动。为了能够让宣讲活动顺利举行，同学们通过小组讨论和邀请老师指点等方式进行了"小土豆大作用"宣讲会的准备工作。

（1）宣讲内容的确定。

通过讨论，同学们决定将分组选取逐题进行宣讲内容的撰写。"土豆的小档案"板块将介绍土豆有趣的别名、历史起源、在粮食界的地位、主要产地等方面；"美味的土豆"板块，一是通过对比的方式介绍土豆所具备的营养，如 1 个土豆的维生素 A 含量相当于 2 个胡萝卜，钾含量相当于 4 个香蕉，花青素含量相当于 4 个草莓，维 C 含量竟相当于 10 个苹果。二是通过介绍土豆的不同做法使大家了解食用土豆的好处，如带皮蒸食土豆可以更大程度地保存土豆的营养，有利于人体吸收，同时还有减肥的功效；"土豆的医疗妙用"板块将通过介绍与土豆相关的日常医疗妙招，使大家了解土豆的药用价值，如土豆含有丰富的钾元素，钾不仅能帮助身体排出滞留在体内的钠，还能促进身体排出多余的水分，所以敷土豆具有消肿的功效。通过以上方面进行宣讲，从而使宣讲观众能从土豆的基本知识、土豆的营养价值和土豆的医用价值三个方面更全面地了解"土豆王子"。

（2）学习宣讲技巧。

宣讲内容准备好后，大家纷纷向老师请教宣讲需要具备的能力和技巧，从而方便选拔宣讲人。通过了解，同学们意识到宣讲人不仅仅是"照本宣科"，宣讲的同时还要具备一定的演讲素养，在宣讲过程中要时刻注意听众的反应，和听众之间进行眼神交流。另外，宣讲人不能自说自话，不考虑听众感受，要能根据现场的情况与观众产生及时的互动。最后，最好能够把宣讲的内容做成幻灯片，一方面会让听众感觉到宣讲人是用心的，另一方面是能让观众直观看到宣讲内容，更容易了解宣讲的细节。

（3）分组准备宣讲活动。

同学们分组进行宣讲物资的准备。"宣讲组"的同学为了能让宣讲更有感染力，不仅向语文老师学习了演讲技巧，还设计了互动环节的内容。"技术组"的同学与信息技术老师一起为宣讲活动准备了幻灯片。"后勤组"的同学根据宣讲场所和参加人员的特点布置了宣讲现场，如宣讲台的位置、观众席位的多少、各种装饰物的摆放等。"音响组"的同学跟音乐老师学习了音响的调控，为宣讲当天准备了舒适的背景音乐和活跃气氛的特效音乐。"宣传组"的同学还绘制了宣讲当天的宣传海报，包括活动的主要内容、宣讲同学的简介、宣讲现场平面图等内容。

2. 宣讲会当日

宣讲活动当天，同学们早早地来到宣讲地点，布置宣讲现场、调试现场音响、反复确定宣讲稿件……忙得不亦乐乎。宣讲活动分为集中宣讲和现场交流两个环节。通过集中宣讲，观众们对土豆的营养价值和药用价值等方面的情况有了比较全面的认识和了解。宣讲同学们幽默轻松的介绍使得宣讲的气氛非常活跃，引发了大家对土豆各方面特点的强烈兴趣。

宣讲同学1：土豆小档案

土豆，是我们生活中常见的食物，是中国五大主食之一，其营养价值高、适应力强、产量大，是全球第三大重要的粮食作物，仅次于小麦和玉米。

土豆适应沙土种植，基本生长在温带，中国土豆产区主要在内蒙古和东北三省，河北、山东、河南等也有种植。那人们是从什么时候开始种植土豆的？土豆又是什么时候传入我国的？其实，土豆的老家是南美洲安第斯山区，公元前8000年到5000年，在秘鲁有一群勤劳的人民开始尝试种植土豆。后来，一个西班牙殖民者把土豆从南美洲带到了欧洲，那时人们还没有开始吃土豆，只是把它当作装饰品欣赏它的花朵。直到一位法国农学家的出现，安·奥巴曼奇在长期观察和亲身实践，发现土豆不仅能吃，还可以做面包，从此法国农民便开始大面积种植马铃薯。

而土豆是具体什么时间传播到中国的暂时没有具体的记载,但是可以确定的是在1628年以前,土豆就已经传入中国,并且广为人知、普遍栽种。因为在《农政全书》卷二十八记载有下述一段话:"土芋,一名土豆,一名黄独。蔓生叶如豆,根圆如鸡卵,内白皮黄……煮食、亦可蒸食。又煮芋汁,洗腻衣,洁白如玉。"而《农政全书》出版的大致时间就是1628年。

其实"土豆"只是别名,它真正的名字是马铃薯。由于外形酷似马铃而得名。不同地区的人对土豆的叫法也不一样,如东北、河北称土豆,华北称山药蛋,西北和两湖地区称洋芋,江浙一带称洋番芋或洋山芋,广东称之为薯仔,粤东一带称荷兰薯,闽东地区则称之为番仔薯。虽然叫法不一样,但是大家对土豆的喜爱都是一样的。因为价值和用途繁多,土豆被联合国粮农组织称作是"埋在地下的宝物";又因为其营养丰富,被营养学家们称为"十全十美的食品";在法国,土豆被称作"地下苹果";土豆招牌营养素齐全,而且易为人体消化吸收,在欧美享有"第二面包"的称号。那土豆到底具体有哪些好处呢? 我们一起来看看。

宣讲同学 2:美味的土豆

土豆所含的维生素是胡萝卜的 2 倍、大白菜的 3 倍、西红柿的 4 倍,维生素C 的含量为蔬菜之最。除了维生素含量丰富之外,土豆还含有丰富的碳水化合物、钙、磷、铁、钾等矿物质和微量元素、氨基酸、蛋白质、脂肪、优质淀粉等营养元素。专家们发现,在苏联、保加利亚、厄瓜多尔等国著名的长寿之乡里,人们的主食就是土豆。那我们该怎样吃土豆才更有营养呢? 下面分享几个有关土豆的美味菜肴。

一般来说,吃马铃薯的家常方法是炒丝,油炸或配牛肉、猪肉烧熟吃。烧肉片时;可先将肉片烧成八成熟,再把薯片放入锅内用中火煮烧,慢慢翻动,切忌用大火猛烧。

土豆深色的外皮富含维生素和钾,削皮吃会损失营养。研究显示,紧贴土豆皮下层部分所含的维生素高达 80%,远远高于土豆内部,所以带皮蒸着吃能够最大程度地保存这些营养元素。

做法 1:蒸土豆

材料:土豆若干个。

步骤:

(1)土豆洗干净。

(2)蒸锅加入适量水。

(3)土豆带皮放入蒸锅。

(4)开火蒸 20 分钟即可。

做法 2：酸辣土豆丝

材料：土豆 300 克，红辣椒 15 克，辣椒（青、尖）15 克，花椒 2 克，大葱 5 克，盐 3 克，味精 2 克，香醋 5 克，花生油 10 克，蒜 5 克。

步骤：

（1）将土豆削皮，切细丝，泡在水中洗去淀粉，既能避免其变黑，又能使其在炒烧时保持白嫩、爽脆。

（2）青、红辣椒去籽、蒂，切成细丝，干辣椒切丝。

（3）炒锅上火，加入油烧热，放葱丝爆锅，加入干辣椒炒香，再加入青红椒丝、土豆丝，炒至八成熟时加入精盐、味精调味，再淋上香油和香醋，炒熟即可。

做法 3：土豆红烧肉

材料：五花肉 500 克，土豆 3 个，酱油 1 茶匙，冰糖 1 把，姜 1 片，八角 2 个，花椒 6 颗，桂皮 1 小段，料酒 1 茶匙，香叶 1 片，植物油适量。

步骤：

（1）五花肉洗净，焯水，取出洗净浮沫，切块备用。

（2）高压锅内加入冰糖、料酒、酱油；加入桂皮 1 小段、八角 2 个、花椒 6 颗、香叶 1 片、姜 3 片。

（3）放入切好的五花肉块；加水没过肉块。

（4）高压锅上汽后压半个小时。

（5）高压锅烧肉的期间准备土豆：去皮切滚刀块，慢慢炒熟至表面发黏后取出备用。

（6）高压锅放气后将肉取出转移到炒锅内收汁，香料弃置不用；汤汁收浓后放入土豆块翻炒至汤汁几乎收干即可。

宣讲同学 3：日常医疗小妙招

土豆不但营养价值高，而且还有较广泛的药用价值。我国中医学认为，土豆有和胃、健脾、益气的功效，可以预防和治疗多种疾病，还有解毒、消炎的功效。下面就分享几个跟土豆有关的日常医疗小妙招。

妙招 1. 治胃及十二指肠溃疡疼痛

原料：未发芽的新鲜土豆。

做法：洗净切碎后，加开水捣烂，用纱布包绞汁，每天早晨空腹的情况下，加蜂蜜一起服用一两匙，连续半月至二十天。服药期间忌用刺激性食物，治胃及十二指肠溃疡疼痛和习惯性便秘，疼痛治愈后还须继续服用一个月。

妙招 2. 治皮肤湿疹

原料：洗净的土豆。

做法:切碎捣烂,敷在患处,用纱布包扎,每天更换 4～6 次,两三天后便能治愈。

妙招 3. 治贫血所引起的头晕目眩、四肢乏力、手足冰冷等症

原料:土豆 150 克、苹果 50 克、樱桃 50 克

做法:土豆洗净去皮切成小块,再加入樱桃、苹果各 50 克打成汁液,早晚各一杯,有明显的改善效果。

虽然吃土豆的好处不少,但是由于吃了变质土豆对身体有害处,因此大家吃土豆要注意,只要土豆出现腐烂或生芽较多的现象就不可以吃了,因为此时的土豆含有过量的龙葵素,极易引起中毒。

听了这么多,大家肯定对土豆有了新的认识,希望我们的宣讲内容能够帮助到大家,谢谢大家的聆听。

在现场交流环节,场面热烈而有序,宣讲同学邀请现场观众将自己知道的土豆不同的价值和用途进行分享,从而能使大家更全面、深入地了解土豆,其中一位同学就提到看到过妈妈用土豆片敷眼袋,说是可以去黑眼圈,大家听到后觉得既神奇又有趣。

3. 宣讲会后续

宣讲结束后,同学们向现场观众发放了"满意度调查表",从而了解观众对宣讲内容、环境设计等方面的建议。最后同学们汇总了调查过程中的建议,并根据调查结果进一步充实了宣讲内容,调整了宣讲活动中的做法,弥补了其中的不足。同学们也将自己在宣讲过程中的所见和所得通过不同的方式记录下来,并通过总结会一起梳理了得与失。

六、成果展示

开展"'土豆王子'成果展示会"活动,引导学生展示自己的收获和感想。有的小组利用《"土豆王子成长"日记》中的"种植篇知识"向大家展示了种植土豆的技巧。

通过前期的土豆种植阶段,我们整理了好多关于种植土豆的技巧。

【种植时节】土豆最好在每年的春季 3 月进行栽培,此时的气温开始回暖,而且土豆还处于休眠状态,其中的养分流失较少,有利于提高种块的发芽率,而且春季为生长季节,芽苗生长速度会加快。

【种块挑选】栽培土豆时要挑选无磕碰、无虫害的健康土豆作为种块,通过实践我们发现,如果将土豆提前进行催芽,那么土豆后期的长势就会很好。催芽的方式是,首先将土豆放入生根水中浸泡,浸泡时间为 5 小时,之后放入阴凉的地方进行催芽,直到土壤上的嫩芽出现后即可进行栽种。

【浇水秘诀】将土豆种块栽种到疏松透气且排水性好的砂质土壤中，然后使用雨水或者静置 1 天后的自来水将土壤浇透，有利于土豆种块和土壤的结合，后期养护时应该遵循不干不浇的原则。

有的小组通过自制的《"土豆王子"成长记》小视频，向大家展示了土豆的成长过程和管理心得。

土豆在生长过程中好的管理是少不了的，我们小组通过借鉴网络上的妙招和身边的种植户建议，再结合自己平时管理过程中的实践，总结出管理土豆的三大法宝。

首先是定期修剪。这一方面在前期探索土豆种植技巧时大家都没有提到，但是定期修剪对于土豆的生长是很重要的。土豆生长期间，容易出现黄叶、枯叶、病叶的现象，要及时将生长不良的枝叶剪掉，避免植株感染病菌，而且土豆开花后根茎即将生长成熟，此时要将开放的花苞剪除，让养分集中供给根茎。

然后是科学地浇水和施肥。浇水和施肥都是有讲究的，并不是多就好，要根据土豆不同的生长阶段有序、科学合理地进行。土豆处于幼苗期时不宜浇水，遇到干旱天气后可以浇灌一次小水，保持土壤湿润，花开初期要增加供水量，让土壤保持湿润。关于施肥，土豆在生长期和茎块形成期要补充氮肥、磷肥，膨大期可以增施钾肥。

最后是病害防治。这一方面是大家在管理土豆的时候最容易忽视的。土豆的常见病虫害是环腐病、蚜虫，患病后会导致产量下降，养殖期间如果发现土豆叶片干枯发蔫，要及时剪除，然后向土豆植株喷洒除菌剂预防环腐病，而发现蚜虫后要喷施敌百虫或辛硫磷药剂灭虫。

还有的小组分享了自己多种方式记录下的收获：有的同学把自己的劳动过程制作了电子相册；有的同学在日记中写道"期望我的土豆王子快快长大……"；还有的同学绘制了精美的劳动小报……最后，同学们都觉得通过本次"土豆王子成长记"项目化劳动课程，自己不仅在体验中掌握了劳动技术，体验了劳动百味，还在劳动中健体，在劳动中增智，他们觉得不仅见证了"土豆王子"的成长，也见证了自己和同学们的成长。

设计意图：成果展评会的设计宗旨，一是引导学生回顾整个劳动项目过程，整理自己在其中的各种收获，从而使学生意识到劳动过后自己的成长。二是结合其他同学的交流内容和方式，学习更多的知识和技能，达到"查漏补缺"和"丰富自我"的目的。

七、反思复盘

(一)学生层面

学生反思1：在宣讲活动中,让我明白团队合作的重要性。一个人的能力是有限的,想要很好地完成宣讲活动,我和同学们必须有序分工、团结合作。在以后的学习、劳动和生活中,我既要积极做好自己的事,也要充分发挥团队的作用,做到事半功倍。我还明白了在团队合作中,如果偷懒,不仅会影响自己,也会影响整个团队的进度和工作效果。所以,在以后的劳动创造中不能逞能,以为自己多能干,也不能因自己的个人原因拖集体的后腿。

学生反思2：这一次土豆种植对于我而言是非常重要的体验。在探索种植土豆的过程当中,我参加了"这样种植产量高"的技巧探索,我和小组成员一起去采访了我的爷爷,爷爷是村里有名的"种地能手",所以爷爷知道很多农作物种植方面的技巧。在跟爷爷讨教"怎么种土豆产量高"的时候,爷爷给我们支了一招,先育苗再种土豆,这样成活率高而且土豆长得也会很"旺"。在之后的课堂交流中,大家知道这个方法是我爷爷提供的之后,纷纷采用这个方法种土豆,果然学校基地里的土豆都长得"旺旺"的。以后我要多跟爷爷学习种地的技巧,我也要像爷爷一样成为"种地大王"。

(二)教师层面

历时4个月的劳动课程中,以项目化学习活动为主要课程实施方式的研究对学生和教师的成长以及在校本课程建设的核心路径上均实现了梯度进步。

1. 学生课程主体地位的凸显

从单纯的以"土豆种植"为中心的活动转变为学生发现、探索的项目化劳动,使课程关注从植物生长转向学生发展,课程成效从植物成果转为学生身心成长。"土豆王子"是否成熟、是否有价值并不是本次项目化劳动课程的唯一重点,与之相关的土豆生长管理和探索土豆价值过程中生发的多元内容更值得关注。收获是显性成果,体会到的探索乐趣和成功喜悦则是更为重要的隐性成果。

2. 教师学生观的重建

劳动项目化学习活动的开展,促使教师在课程建设中不断学习和成长,将生命教育与学生自主发展融而合一,发现学生的发现、惊喜学生的惊喜,追随学生的脚步。

3. 家长成为课程助力者

在本次项目化劳动教育课程的诸多学习活动中,多元化的评价范式、探索的过程及成果的展示,让家长看到了学生的学习情况和学习结果,学生的劳动意识、观察能力和动手能力明显增强,变得爱表达、爱思考,懂得感恩。

第二节　学科劳动项目化实施

《大中小学劳动教育指导纲要（试行）》明确提出，在学科教学中加强体现劳动教育，将学科教学与劳动教育有机融合，深入挖掘各学科中的劳动元素，要将劳动课程体系纳入全面发展的教育体系中。基于此，我们以学科和跨学科主题劳动项目为载体，探索劳动课程与综合实践、语文、数学、科学、美术等学科进行融合教学，加强劳动课程的一体化设计，实现劳动素养和学科素养的双提升。

一、内容确定：注重思想性和实践性

在学科教学中，挖掘哪些劳动元素开展劳动教育，是摆在我们面前的首要问题。我们认为，挖掘劳动元素时，不要生硬搞一刀切，否则就会造成"物极必反"的现象，造成学科本体价值的缺失，而要根据不同学科的性质和特点，适切开展相关劳动教育。

一是注重思想性。有的学科，在内容上有明显的劳动教育思想性和教育性，教师要具有敏锐的观察力和洞察力，在教学中有机渗透。比如，数学学科的情境创设环节中很多情境和素材都与劳动相关，"植树问题""大扫除""郊游""运动会"……数学老师在教数学知识的同时，更要渗透生产劳动、服务性劳动等劳动精神，让学生在学习知识的过程中涵养劳动品性；再如语文学科，在学习《四时田园杂兴》这首古诗时，老师不但引导学生感受古诗的韵律美、韵味美，更是让学生体验诗中的劳动趣味，树立从小热爱劳动的人生观和价值观。

二是注重实践性。俗话说："实践出真知。"有的学科，其中蕴含的劳动元素，本身就需要学生动手实践，因为学生动手实践之后的结果更容易让其理解吸收。劳动与知识理解，两者相辅相成，相得益彰。比如，三年级科学中有个"动物的一生"单元，里面的内容涉及养蚕。如果科学老师能带领学生开展项目化学习，在真实问题的驱动下，和学生一起规划活动步骤，根据蚕宝宝的生长变化，用心观察，做好记录，那么学生就会在采摘桑叶、喂养蚕宝宝、清理蚕沙、观察蚕吐丝结茧和破茧而出的一系列劳动过程中，了解蚕的一生，感受到生命的神奇。如此一来，学生自然而然地就完成了本单元的学习目标，同时也亲历了劳动过程，培养了良好的劳动习惯。

二、实施方式：注重科学性和系统性

一是注重科学性。在学科与跨学科劳动课程项目化实施过程中，要依据学生的年段特点和学科的性质特点，科学系统地开展劳动教育。不同年段的学生，开展项目化劳动的方式也不相同，我们要科学实施学科与跨学科劳动项目。低年段的学生主要以劳动启蒙为主，通过培养学生自理劳动这一方面，让学生懂得自己的事情自己做，养成良好的劳动习惯，对劳动有极大的热情；高年段的学生重点开展服务性劳动，通过"家里的事情帮着做""学校的事情主动做""社区的事情积极做"等活动，让学生懂得自己是家庭的小主人，是学校的小主人，也是社区的小主人，提高主人翁意识和公民意识，培养良好的劳动品质和劳动精神。

二是注重系统性。学科性质不同，它们所涵盖的内容不同，但它们又有相互关联的地方。即便是同一学科，课程目标又呈现由低到高、由浅入深的顺序，因此，教师在实施学科与跨学科项目化劳动课程时，要注意设计劳动课程的系统性。根据课程内容与课程目标的跨度，学科与跨学科劳动项目又分为"大项目"和"小项目"两个不同的劳动课程项目。所谓的"大项目"，是指该劳动课程项目横跨年级多、学科多，既有课程"大目标"，又有年级"支目标"，实施时需要多个学科教师和多个年级学生共同合作完成；所谓的"小项目"，是指该劳动课程项目实施年级相对单一固定，即便横跨不同学科，涉及范围也是在同一年级的不同学科中，由一位教师和该年级学生完成即可。

科学系统地实施学科与跨学科项目化劳动课程，能让劳动课程更具完整性和灵活性。教师实施时要巧妙设计，合理实施，最大限度地挖掘学科教学中的劳动因子，发挥学科劳动育人的特殊价值。

案例一　我的美丽家乡——学科劳动课程大项目

▎项目背景 »

家乡是什么？家乡，是生我养我的地方，是门前的小河，是袅袅的炊烟，是山中的野果，是林中的飞鸟，还有清晨公鸡的啼鸣声。有一天，我长大了，离开了它，家乡就变成我的乡愁。越来越多的人选择逃离家乡，去自己向往的大城市，可是，也有越来越多的人选择学成后回乡，用自己的智慧和双手，让家乡变得更加美好。如果是你，你愿意选择背井离乡还是愿意选择建设家乡？不要着急告诉我答案！让我们一起走进"我的美丽家乡"项目化学习，探寻你眼中习以为常的家乡风采。也许在探寻的过程中，答案不言而喻。

"我的美丽家乡"劳动项目以人民教育出版社义务教育教科书小学二年级到五年级《道德与法治》中的"家乡"学习内容为主题，根据学生年级水平的不同，遵循由简单到复杂，由知识到能力，由探究到实践的螺旋上升的设计理念，对不同的任务设置不同的活动，引领学生逐步从课堂走向社会。

▎项目结构 »

人民教育出版社小学《道德与法治》教材中，二年级、三年级、五年级都有关于家乡的主题。但不同的年级对于家乡这一主题的研究内容和方向是不同的，按照学生能力水平的高低，教学内容也是由浅入深。二年级的主题是"我们生活的地方"，三年级的主题是"我在这里长大"，五年级的主题是"感受家乡文化，关心家乡发展"。为了实现项目化学习的螺旋上升，我们创造性地使用教材，在四年级也设计了关于家乡的项目化学习，主题是"我来写村志"（表5-13）。

二年级学生识字量较少，读写能力较差，通过"我来做'美丽家乡'主持人"的项目化学习，让学生从环境美、物美、人美三个角度，经历家乡环境的信息搜集、整理和语言组织、表达过程，收集、整理、制作、介绍家乡物产的过程及采访家乡名人的过程。三年级学生开始接触写作，通过"我来当村官"项目化学习，让学生学习绘制家乡平面地图、制作一份邻里守则及公共环境守则，并能将成果在社区内进行推广，带领家乡走向文明、和谐、进步。四年级学生经过一年的学习，读写能力有了显著的提升，通过"我来写村志之村名村史"项目化学习，带领学生了解本村村名的由来、传说和历史故事，形成村志的部分内容。五年级学生已经形成了一定的学习态度，做事有自己的主见，"家乡文旅产品推介会"带领同学们感受家乡风俗、文化，参与种植、管理、收获以及制作与之相关的文化产品，并能将文化与产品一起推荐给他人，形成产业价值，感受劳动带来的经济价值对家乡发展的重大意义。

表5-13 "我的美丽家乡"年级主题及其子项目

年级	主题	主题子项目
二年级	我来做"美丽家乡"主持人	1. 我爱家乡的山和水 2. 家乡物产养育我 3. 可亲可敬的家乡人
三年级	我来当村官	1. 我的家在这里 2. 我家的好邻居 3. 请到我的家乡来
四年级	我来写村志之村名村史	1. 姓氏与村庄 2. 村志知多少 3. 我来讲村志
五年级	家乡文旅产品推介会	1. 我们当地的风俗 2. 多姿多彩的民间艺术 3. 家乡的喜与忧

▎项目设计 »

二年级"我来做美丽家乡主持人"，我们将从主题子项目1提炼第一个内容：

环境美——"走进昆嵛山",介绍家乡著名的景点昆嵛山,搜集关于昆嵛山的历史传说、文化知识、地理位置、动植物物种等,学会使用网上搜索、采访、调查等方式获取信息;从主题子项目2提炼出第二个内容:物美——"家乡物产我知道",了解家乡的著名物产苹果、饽饽等,了解其相关的管理、收获、制作过程,并能参与劳动过程,学会苹果管理中的摘袋、套袋劳动技能,学会制作饽饽中的揉面技巧;从主题子项目3提炼第三个内容:人美——"我做小记者",采访家乡名人之牟平好人姜少波。学会提前准备好提问的问题、提问的技巧、与人交流的技巧以及采访记录技巧。

三年级"我来当村官",我们从子项目1提炼第一个内容:绘制家乡地图,学会使用步幅测量的方法,绘制简单的家乡地图,在后期的活动中能够结合家乡地图进行家乡地理位置、环境布局等信息;从子项目2、3中提炼第二个内容:制作一份邻里守则和一份公共环境守则,在此基础上,教师根据学生能力差异,组织成立宣讲团和演出团队,到村中进行邻里守则和公共环境守则的宣讲,并用表演、情景剧、小品等形式进一步强化宣讲效果,为家乡文明、和谐、进步贡献自己的力量。

四年级"我来写村志之村名村史"也包含三个子项目。我们从第一个子项目"姓氏与村庄"设计了以调查、访谈为主的"村碑背后的故事",了解村名的由来、村中重要大事、历史故事等;从第二个子项目"村志知多少"设计了了解村志、学习撰写村志的活动,尝试将自己村的村名、姓氏、历史故事、抗战故事等内容以村志的形式收集、编写;从第三个子项目"我来讲村志"设计了"村志故事会"活动,将写好的村志内容以故事的形式在班级和班级群中进行讲述。

五年级"家乡文旅产品推介会",从子项目1、2中,我们设计了"非遗果模""非遗胶东大饽饽"两个项目,通过采访、实地考察、展览、制作品尝等形式,了解家乡的非物质文化遗产及其蕴含的文化、美学,了解与其息息相关的当地风俗,从深层次了解家乡的文化、历史等知识。从"家乡的喜与忧"中,我们设计了制作旅游手册,重点介绍九龙池、烟霞洞两个著名景点,学会向他人推介自己的家乡,让家乡走进更多人的视野,为家乡旅游业发展贡献自己一份力量。

项目实施 》》

我来做"美丽家乡"主持人

——二年级实施案例

项目描述:学习采用央视《我的美丽乡村》纪录片的形式,从环境美、物美、人美三个方面来记录家乡的美,制作我们自己的家乡纪录片。

项目目标：

（1）劳动观念：建立对主持人的基本认识，了解主持人的工作素养、工作特点、工作内容等，理解"三百六十行，行行出状元"的道理。

（2）劳动能力：学会使用上网搜索、调查、采访等方法获取关于昆嵛山的相关信息，并对获取的信息进行整理加工，达到流利输出的程度；学会管理苹果和制作大饽饽的部分劳动技能，学会由面到点介绍家乡物产的主持技巧；学会制作访谈计划、问题清单，并掌握一定的访谈技巧，完成对人物的采访工作。

（3）劳动习惯和品质：养成做事之前先做规划的劳动习惯，在解决问题的过程中能与他人共同合作，安全劳动、规范劳动。

（4）劳动精神：在劳动中形成不怕苦、不怕难和积极主动想办法解决问题的精神。

关联技能：获取、整理信息、语言输出；农业生产技能、传统工艺制作技能；访谈技能。

关联学科：语文，地理，科学，信息技术。

材料准备：PPT、微课、录音笔、摄像机、摄影机、苹果袋、海棠果、面团等。

作品结果表现方式："《我的美丽家乡》——玉林店"纪录片。

时间：4 周。

项目步骤：

一、情境创设

1. 播放央视《我的美丽乡村》视频（时长 24 分钟）

师：同学们，今天这节课我们来观看一个纪录片，名字叫《我的美丽乡村》，观看视频的时候，请大家参照小任务单（表 5-14），带着问题来观看。

表 5-14 《我的美丽乡村》小任务单

问题一：视频中的美丽乡村是哪个村？＿＿＿＿＿＿＿＿
问题二：视频中的美丽乡村都向我们介绍哪些方面的内容？请用"√"选一选。 A. 张氏宗祠 B. 制作青团美食 C. 竹艺工具制作师 D. 熏豆茶 E. 昆曲木偶戏 F. 乡村美景
问题三：与小组同学讨论一下，这个纪录片主要围绕哪几方面的内容进行拍摄的？

2. 课堂交流三个问题的答案

生 1：老师，这个纪录片拍摄的是江南的一个乡村，它的名字叫群幸村。从视频中，我可以看到，江南多水乡，这里的水资源很丰富。

生 2：老师，问题二里面的选项，在这个纪录片中都有介绍，这些不同方面的介绍，让我们从不同角度认识了这个乡村。

生3：经过我们的讨论，我们认为这个纪录片介绍了乡村的历史，展现了乡村的美景美食，还有传统手艺人对传统工艺的传承、对非遗文化昆曲木偶戏的传承以及带领乡亲们共同致富的领头人的事迹。

设计意图：秉承"以终为始"的理念，通过观看视频，让学生明白，我们此次项目化学习的最终成果就是制作一期这样的纪录片来展现家乡的美。通过小组讨论，探究视频内容结构，为后续工作开展定好方向。

二、问题驱动

师：同学们观看得很仔细，讨论得也很深入，可以说，它从环境美、物美、人美三个方面进行了很好地介绍，让我们认识了一个美丽的乡村。同学们，你们想不想自己制作一期《我的美丽家乡》视频，将制作好的栏目推荐给央视、让更多的人认识我们的家乡？今天就让我们一起来做主持人，将我们的家乡介绍给大家认识。

设计意图：看别人做主持是我们司空见惯的，让我们自己来当主持人，对孩子们来说还是有难度的，问题驱动就是利用有难度、有挑战性的问题来激发学生的好奇心、好胜心。

三、确定进程

（1）师：做任何事情之情，我们都要做好精心的构思和规划，不打无准备之战。接下来请大家分组讨论：我们怎样做才能把制作好的栏目推荐给央视，让更多的人认识我们的家乡？

（2）分组汇报。

一组：我们组准备从家乡的"环境美"进行介绍，我们这里的昆嵛山是国家森林公园，我们让想更多的人看到它的美。

二组：我们组想从"物美"这个角度来介绍我们的家乡，家乡的苹果闻名天下，胶东大饽饽好吃又好看。

三组：我们组想从"人美"这个方面来进行介绍，家乡人朴实、勤劳、勇敢，"牟平好人"姜少波见义勇为，这样的行为和精神值得我们学习。

（3）师：同学们确立的这几个点真好！为你们点赞。请同学们再来讨论一下，我们要采用什么方法才能将这几个方面详细、准确地介绍出来？这些活动应该怎样推进呢？

（4）学生交流汇报，并形成项目推进行程安排方案（表5-15）。

设计意图：在项目问题的驱动下，明确项目化实践活动的方向，引发学生持续的思考与探索。

表5-15 "我的美丽家乡"项目推进行程安排方案

主题子项目	活动周安排	活动形式	认知策略	成果展示
走进昆嵛山	第一周:学习上网搜索文字、图片、视频的技巧和方法,并能分类整理。 第二周:按小组成员分工,各自搜集整理相关内容的文字、图片、视频。 第三周:加工整理文字,并与图片、视频等配合,练习介绍昆嵛山,做到口齿清楚、条理清晰、完整详细。 第四周:在班级和班级群中进行成果展示,熟练、流利、图文并茂地描述昆嵛山的风采,对自己在活动中的表现进行自评、他评。	个人与小组	问题解决创见	文稿、视频、PPT宣讲
家乡物产我知道	第一周:搜集与苹果的田间管理知识及胶东大馃馃的制作流程知识相关的文字、图片、视频。 第二周:学习使用手机、摄影摄像机进行拍摄的技巧。 第三周:组织苹果套袋摘袋活动及揉面活动,小组根据分工做好实践、拍摄等工作。 第四周:将搜集整理的资料及自己拍摄的活动资料进行整理、加工,在班级和班级群内进行成果展示。	个人与小组	问题解决创见	文稿、视频展示
我做小记者	第一周:制定采访计划,包括时间、人员安排、采访内容、采访顺序等。 第二周:了解记者这一职业应具备的职业素养,学习采访应注意的礼仪礼貌、提问技巧、相处技巧、记录技巧、拍摄技巧等。 第三周:联系被采访人,按组内成员分工实地采访。 第四周:将采访过程以视频的形式在班级、进行成果展示。			

四、支架搭建

师:老师这里有一些好的资源,能为大家的活动提供很多帮助。

播放微课学会如何上网快速地搜索信息,包括文字、图片、视频;学习如何制定采访计划、如何选择与采访内容相关的问题并列出清单、如何快速拉近与被采访者的距离;播放PPT学习如何制作调查表、如何将调查表信息整理汇总、获取有用的信息。

设计意图:对于二年级的学生来说,上网搜索信息、调查、制作采访计划、完成采访任务等活动都是存在困难的,对他们来说都是"具有挑战性的",教师通过微课讲解、PPT图片视频讲解、调查表模板的提供等支架,帮助学生厘清活动的先后顺序、开展方法,为后续的活动提供理论支撑。

五、实践探索（一组：走进昆嵛山；二组：家乡物产我知道；三组：我做小记者）

将全班分成三组，制定小组活动计划（表5-16）。

表5-16　小组活动计划表

活动时间		小组负责人	
组内成员及分工			
活动方式			
材料准备			
活动过程			
活动结果			

设计意图：兵马未动，粮草先行。做好活动计划、组内分工安排，精细的规划能使活动顺利开展。

第一组："环境美"——走进昆嵛山。

上网搜索关于昆嵛山的传说、地理位置、著名景点、动植物物种等相关知识，学会下载图片和视频，在图片与视频的提示下，按照一定的顺序来介绍昆嵛山。

第二组："物美"——家乡物产我知道。

（1）搜集家乡物产苹果图片、视频，先从整体介绍苹果对家乡经济发展的重大贡献，再按照一年四季的时间顺序梳理苹果的田间管理，然后与小组进行套苹果袋、摘苹果袋的活动，安排好摄像师，详细讲解套袋与摘袋的劳动技巧，形成影像资料。

（2）搜集胶东大饽饽图片、制作视频，从整体了解胶东大饽饽的历史起源、制作流程，再与同学们一起学习使用准备好的面团进行揉面，能够使用准确的动词进行描述，边揉面边讲解。

第三组："人美"——我做小记者。

（1）按照活动计划表的时间安排，带好笔本、录音笔、摄像机、摄影机等，准时到达被采访者家中，注意文明礼貌，举止得体。

（2）快速拉近与被采访者之间的距离，按照时间、地点、人物、事情的起因、经过、结果以及被采访者的所感所想等内容与被采访者进行沟通。

(3)整理加工采访过程,学会使用自述与他述的形式完整展现事件经过、塑造人物形象。

设计意图:为了让每一位学生都能参与到活动中来,我们采取分头行动、组合成片的方式,同时开展三个子项目的活动,教师在活动中要起到提示和指导的作用。

六、成果展示

(1)将每个小组搜索的图片、视频或是自己拍摄出来的图片、视频在班级内进行展示,并做主持人大方、流利地进行介绍。班级采用自评、他评、师评的形式互相取长补短。

(2)由教师负责后期制作,将三个组的作品进行整合,形成最终的纪录片作品,发到班级群中请家长共同品鉴,同时也发到其他班级群中,让同学们体会成功的喜悦。

设计意图:考虑到二年级同学的能力,后期的制作是由教师帮助完成的。我们将形成的最终作品在班级群和其他班级中进行播放,让同学们有一个展示的舞台。

七、反思复盘

(一)学生层面

学生日记:今天,我们在老师的带领下,学习了怎么上网下载图片和视频。我参加的是"走进昆嵛山"小组,我们的主要工作是搜集关于昆嵛山的资料。虽然昆嵛山离我们很近,可我从来没有去过,也不了解它。网上有很多资料,我们看得眼花缭乱。老师教给我们选择清晰度高、没有水印的照片进行下载,然后分类保存,我学得很认真,很快就掌握了方法。昆嵛山真漂亮,四季都有不同的景色,这么美丽的昆嵛山,我一定要好好结合图片,把它的美展现给大家。

(二)教师层面

二年级的学生年龄较小,此次项目化劳动成果以语言输出为主,在活动过程中注重趣味性,从成果展示来看,孩子们的表现还是非常好的,从最初的不好意思、不自信,到逐渐放开、大胆展示自己,让我们也看到了孩子们的潜力。在采访活动中,孩子们很有礼貌,初生牛犊不怕虎,大胆提问,大胆说出自己的想法,与被采访者进行了很好的互动,姜少波先生也被孩子们逗得哈哈大笑。有了舞台,有了展示的空间,相信我们的孩子会越来越精彩。

我来当村官

——三年级实施案例

项目描述:推荐《大学生村官》视频和相关的《大学生村官事迹》给同学们观

看、阅读,了解大学生村官的工作内容、意义,尝试做一名大学生村官;学会绘制家乡地图,向别人介绍自己的家乡;制定一份邻里守则,倡导文明、和谐的新农村邻里关系;制定一份公共环境守则,创造卫生、健康的居住环境;成立"大学生村官宣讲团",采用表演、情景剧、小品等形式在自己的家乡宣讲制定的成果,为家乡的文明、和谐、进步贡献自己的力量。

项目目标:

(1)劳动观念:通过当村官的一系列活动,树立爱家乡、为家乡发展出谋划策的责任意识,体验当村官的不易,从而更加努力学习的意识。

(2)劳动能力:学会绘制简单的家乡地图;制定邻里守则和公共环境守则;成立宣讲团,以表演、情景剧、小品等形式宣讲制定的成果。

(3)劳动习惯和品质:亲身参与、亲身实践,在实践中体会每一项工作的具体操作过程,形成严谨、科学地做事、说话、写作风格。

(4)劳动精神:形成精益求精的写作、演出和宣讲风格。

关联技能:绘制能力、写作能力、表演能力、演讲能力。

关联学科:地理、数学、美术、语文写作、音乐。

材料准备:PPT、微课。

作品结果表现方式:制定好邻里守则、公共环境守则,表演、情景剧、演讲作品。

时间:4周。

项目步骤:

一、情境创设

(1)教师播放《大学生村官》视频,让学生了解大学生村官的工作现状、工作内容、真实感受。

(2)提供《大学生村官》感人事迹文字材料,让学生阅读。

(3)学生交流。

生1:这些大学生不怕艰苦,到村里帮助大家共同致富,他们的故事让人感动。

生2:老师,我有个疑问,我想知道大学生村官是做什么工作的?他们有经验吗?能做好农村的工作吗?

生3:什么样的人能当村官?

……

设计意图:即使生在农村、长在农村,学生对大学生村官还是不了解的,对他们每天从事什么工作、工作意义又是什么,学生是不清楚的。视频和文字材料的提供,可以让学生真实地感受到当代大学生村官的真实状态,了解他们的内心世界。三年级的学生已经具备了基础的读写能力,对视频材料、文字材料,能够很好地进行领会。

二、问题驱动

师：同学们的问题很好，反映了大家的真实想法，假如你是今年毕业的大学生，被分配到了自己村当村官，你想怎么来做"村官"？

设计意图：学生提出的真实问题也是项目化学习的源泉，教师顺势而为，在学生这些问题的基础上提出你来当村官的驱动性问题，与学生直接联系，让学生产生责任意识，主动参与到村官的活动中。

三、确定进程

（1）头脑风暴：小组讨论，如果你来做"村官"，你想从哪几个方面入手开展工作？

（2）每个小组派一名代表进行汇报。

生1：我会开个网店，把我们家乡的特产卖给其他地方的人，帮助家乡人挣到更多的钱。

生2：我会教给大家垃圾分类的方法，让我们的家乡不再有垃圾，环境更优美。

生3：我想给家乡开个礼堂，有桌子、有椅子，还有图书，既可以在里面读书，还可以开展演出活动。

（3）师小结：同学们的想法真多，从中可以看出大家都有一颗热爱家乡的心。接下来，请大家讨论一下：身为村官的我们现在可以做些什么工作来帮助我们的家乡变得更好？

（4）每个小组派一名代表发言。

生1：我们可以学习绘制家乡地图，向家乡人介绍我们的地理位置、耕地分布、经济作物分布及物产等基础信息。

生2：制定一份邻里守则、公共环境守则，成立宣讲团到村中进行宣传、演讲，让家乡的人们和睦相处。

生3：成立演出队，用表演、小品、情景剧的形式，将共同建设文明、和谐、进步的新农村理念深入到家乡人民心中，让我们的家乡更加文明、美好！

设计意图：采用思维导图的形式帮助学生梳理大学生村官的日常工作，以我们现在的能力为起点，尝试做一次"村官"，明确做"村官"具体要进行的工作，为后续工作做好准备。

（5）小组讨论，确定活动具体实施方案（表5-17）。

表5-17 "我来当村官"项目推进行程安排

主题子项目	活动周安排	活动形式	认知策略	成果展示
绘制地图	第一周：根据村中布局，确定需要测量的内容，如居住区、休闲区、街道、河流、耕地区等。 第二周：选择科学的方法进行实地距离测量，采用步幅测量法，可采用多人多次步幅测量，最后算出平均数的方法得到相对准确的数据。 第三周：收集、整理数据，学习按比例进行换算绘制地图。 第四周：在班级和班级群中结合绘制的地图汇报解说家乡的地理位置。	个人与小组	问题解决创见决策	地图视频PPT演示文稿
制定守则及宣讲	第一周：学习什么是守则，守则的组成结构、写作要领。小组讨论制定两份守则，形成初稿。 第二周：对初稿进行深加工，鼓励有能力的同学采用"三字经"或儿歌的形式，进一步加工语言，使之朗朗上口。 第三周：结合定稿，练习宣讲。 第四周：在班级宣讲展示，然后走进乡村宣讲。			守则宣讲稿
演出	第一周：挑选演出队员，明确各自分工。学习打快板，熟悉并背诵情景剧、小品台词。 第二周：快板结合定稿进行练习，情景剧、小品排练。 第三周：演出作品基本成型，进行后期的精细化处理。 第四周：在班级中演出，然后再到村中宣传演出。			快板情景剧小品

四、支架搭建

（1）PPT与实地测量相结合，学习绘制家乡地图的方法。

教师出示PPT，讲解绘制地图的组成要素（包括居住区、公共休闲娱乐区、道路、河流、耕地区、经济作物区等）。学习如何使用步幅测量法进行测量，首先学习如何测量自己的步幅，得到自己步幅数据，用走路的方式测量某一段路程的步数，步幅乘以步数得出总长度，可反复多次测量，最后得出平均数，也可以多人多次测量，最后得出平均数。

（2）阅读文字材料，了解什么是守则，其作用是什么，学习制作邻里守则、公共环境守则的行文规范。教师提供如何制作守则的文字材料，由学生阅读，总结守则的组成结构、写作要领、注意问题等。

（3）根据学生特点，全班进行分工，组建宣讲团、演出团队，明确宣讲形式、演出形式，进行排练。

设计意图：虽然在课本中接触到了地图，但对于如何制作地图，地图中应包含哪些要素，使用什么方法进行测量，学生是不清楚的，需要教师对他们进行高屋建瓴地指导。三年级学生虽然学习了写作，但对于守则的行文要求，他们也是不清楚的，方法的指引、语言的精炼都需要教师的指导。成果的呈现需要教师从整体出发根据学生的差异进行调控、分配,因此,好的支架搭建是活动成功的保障。

五、实践探索

（1）绘制地图。

制定好绘制地图的计划表,引导小组初步完善组成要素中的部分要素。然后采用小组讨论的方式,明确小组分工及需要测量的数据。三人一组采用步幅测量法进行实地测量,然后交流所得数据,根据绘图纸的比例将所测得的数据进行换算。根据结果个人进行地图绘制,纸张大小限定 A4 纸。

（2）制定守则。

制定好守则撰写的行文模板,小组讨论邻里之间如何相处、公共环境中应遵守的基本行为准则,简单记录,然后个人进行撰写,小组讨论修改,使行文更加流畅、语言简洁易懂、富有节奏性、容易记忆。

（3）广泛宣传。

成立宣讲团,结合绘制的家乡地图,讲解家乡地理位置、环境布局等知识,宣讲邻里之间和睦相处守则、对公共环境的爱护维护守则。成立演出团队,选择适当的节目形式及内容,如快板说守则、情景剧《六尺巷》、小品《社区欢乐多》等。

设计意图:从知识走向能力,让学生尝试用自己的能力去做一件事情,并用自己的行动去影响别人,这对孩子们来说,本身就是一种挑战。在实践中,我们做好充分的准备,带领学生去实践、去尝试,同时在实践中产生的问题也是最能激发孩子们学习兴趣的问题,如在绘制地图的过程中孩子没有学过比例尺的知识,为了能绘制成功,孩子们主动去请教数学老师,这种自己解决问题的能力是从课本上学不到的。

六、成果展示

结合绘制好的家乡地图以及制作好的邻里守则、公共环境守则,到自己的家乡进行宣讲,将与宣讲主题相关的节目进行展示,将文明、和谐、进步,还有欢乐,一起带到自己的家乡。

设计意图:虽然孩子们年龄小、能力小,但是都有一颗热爱家乡的心。为了让家乡人民走向文明、和谐、进步,我们将制定的成果进行宣讲和演出,用自己的力量为家乡发展助力,同时也增强了孩子们的责任意识,家国情怀在活动中油然而生。

七、反思复盘

（一）学生层面

学生反思:今天,学校组织我们到村里进行宣讲和演出。我又高兴又紧张,高兴的是我们辛辛苦苦排练的节目,今天可以发挥它的作用了;紧张的是,这么多人来观看,我还是有点不好意思和难为情。我看看其他同学,他们都和我一样,又兴奋又紧张。在人群中，我看到了爸爸妈妈，顿时觉得放松了下来。宣讲开始了，我们向大家宣讲了邻里守则，呼吁大家和睦相处，演出队的同学还采用打快板的形式，明快的节奏、铿锵有力的话语，深深感染着大家。我们的节目是关于邻里和睦相处的情景剧《六尺巷》，同学们表演得都很认真、很投入，叔叔阿姨、爷爷奶奶们一直给我们鼓掌。今天的活动很有意义，我是村中的一员，虽然年龄小，但是能以我微薄的力量让家乡人们向着文明、和谐迈进，我非常开心。

（二）教师层面

实践出真知，实践也是检验真理的唯一标准。我们在用地图的时候，从来没有想过地图是怎样制作的，通过真实的测量，学生们才发现，原来制作地图真的不是一件容易的事情，只有亲身参与了，才能真正了解其中的奥秘，这种经历是学生在课本中学不到的。平时在数学中遇到头疼的问题，可能有的学生就放弃了，在此次活动中，不知道比例换算就没法绘制地图，因此不能放弃，学生主动找到数学老师解决问题，这种主动解决问题的意识和能力，才是学生最大的收获。在守则的制作过程中，我们从初稿到定稿，再到语言精练的快板剧本，学生在反复修改中感受到语言的魅力，再一次体会到好的作品是修改出来的，将自己的作品变成成果演出，让学生体会到了成功的喜悦。

<h2 style="text-align:center">我来写村志之村名村史</h2>

——四年级实施案例

项目描述：讲解本镇最具代表性的西柳庄村名由来、小屯圈村村民的姓氏故事及小宅村的抗战故事，激发学生探索本村村名及村史的兴趣。为学生提供某一个村庄的村志模板，提供阅读资料，同学们学习编写村志，并将写好的村志向村委推荐，争取纳入村志。班级中召开"村志故事会"，讲述村名村史故事。

项目目标：

（1）劳动观念：树立发掘地方资源、传承乡土文化的理念，用自己的能力保留乡土文化资源。

（2）劳动能力：阅读相关文字材料，了解村志的意义、社会动能、篇目排列、编撰体例体裁、编撰行文。通过调查、采访等方法，了解村名的来历、村中人员主要姓氏及来源、村中的历史传说等。学习村志编撰的行文格式、语言特点、用词措辞、行文结构，完成对村名村史的编撰。

（3）劳动习惯和品质：有善于发现乡土文化魅力的敏感性，尊重乡土文化中传达的审美观念。

（4）劳动精神：尊重历史、尊重文化，严谨细致。

关联技能：调查、采访、写作、拍摄、文稿整理加工。

关联学科：语文、美术。

材料准备：阅读材料、PPT。

作品结果表现方式：村名村史成稿，"村名村史"故事会。

时间：3周。

项目步骤：

一、情境创设

（1）师：同学们，进行今天的这个项目化劳动之前，老师已经聘请了几位同学做了先期的调查，下面请这几位同学来给我们做一下关于村名村史的调查汇报。

生1：同学们，我的家乡是西柳庄村，你来猜一猜，它为什么起这个名字呢？……对了，你们猜得真准确，在这个村子里，家家户户房前屋后都栽着大柳树。大柳树一年三季常绿，春天，我们吹柳叶；夏天，我们编柳叶帽子戴头上，大柳树给我们带来了很多欢乐。

生2：同学们，我们小屯圈村有个"生李死吴"的奇异风俗，你知道是为什么吗？相传，李姓族人是明朝吴三桂的后人，当年吴三桂投降了清军，吴家的子孙为了避祸，逃到我们李家庄园落脚，随了李姓，但是死后他们就恢复了吴姓。

生3：还有我们这里的小宅村，抗日战争时期，东海军分区司令员于得水得到情报，日伪军要向咱们这里的尺坎村增派部分兵力，便亲率一个连，准备打一场漂亮的伏击战，谁知作战计划泄密，他们与日军在小宅村西山进行了一场惨烈的遭遇战，有40多名队员英勇牺牲……

（2）师：同学们，这些故事也是我们乡村文化的一部分，有的离我们很远，有的就近在身边，老师了解到，这些故事是同学们采用调查、采访、上网搜索的方式找到的，那么有没有一种方法，可以使这种乡村文化流传下来呢？

（3）小组讨论交流：采用什么方法来保留乡村文化？

设计意图：选用我们身边村庄村名的来历、姓氏故事、历史故事来激发劳动兴趣，更有说服力，使学生有亲近感、有探究的欲望。

二、问题驱动

师：是的，我们可以采用文字、图片、音频、视频、口口相传的形式来保留文化。村志就是其中一种很好的保留乡村文化的方式，这次活动就让我们一起编写村志吧！

设计意图：故事、传说、村史是乡村文化的一部分，其中包含的质朴情感需要被记载、被流传，而编写村志就是一种很好的方法。

三、确定进程

（1）小组讨论：村志是什么？村志写什么？怎样写？我们怎样获取关于乡村

的有关知识? 怎么进行这项工作?

(2)课堂交流,确定进程,形成项目推进行程安排方案(表5-18)。

设计意图:对于未知的领域,敢于放手让学生大胆想象、自由探索,对于进程的安排,也是从学生的需要出发,充分尊重学习规律。

表5-18　"我来写村志之村名村史"项目推进行程安排方案

时间	主题子项目	活动安排	活动形式	认知策略	成果展示
第一周	村碑背后的故事	采用调查、访谈、上网等方式,搜集整理村碑背后关于村名、姓氏由来的故事,做好记录。	个人	问题解决创见	文稿
第二周	我来写村志	了解什么是村志、村志的意义、社会功能、篇目排列、编撰体例体裁,学习村志编撰行文,尝试自己写村志之村名村史部分。初稿完成后再小组交流,相互修改,形成定稿,并向村委推荐自己的定稿。	个人与小组	问题解决创见决策系统分析	文稿
第三周	村志故事会	在班级内召开"村志故事会",并录制视频发送到家长群。			文稿视频

四、支架搭建

(1)PPT讲解村志概念、历史发展、社会意义、社会功能、篇目排列、编撰体例体裁。

村志和乡镇志是地方志书的重要组成部分,是省、市、县三级书的延伸和补充。它以基层行政单位为记述对象,全面盘点乡村地理、历史、经济、风俗、文化、教育、物产、人物等方面的状况,是十分珍贵的历史遗产,有着特殊的历史价值、文化价值和学术价值,具有其他书籍不可替代的功能。

自古以来,随着县志、府志、省志的编修,各地也编写了不少乡村志。只是由于历史变迁,留存下来的甚少。近年来,随着社会的稳定、人们生活水平的提高以及现代乡村的迅速变化,乡村志的作用日益显现,加上全国第二轮修志工作的开展,各地村志、乡志编修情况也在逐步开展中。

村志、乡村、镇志和县志一样,都有着地方志的基本功能:存史、资治、育人。

村志、乡志虽小,但谋篇布局与县志大体相当。在篇目排列上,村志一般设建制沿革、自然环境、人口变化、党基层组织、社会团体、民兵兵役、村民委员会、农业、副业、工商业、教育卫生、精神文明建设、人物、村民生活、习俗、方言谚语等;从编纂体例的规定方面,要求明确志书的断限时间、篇目结构、行文格式、历史纪年、地理名称、数字书写、话语角度等;从体裁来说,包括记、述、志、传、录、表、图、照等多种方式；从编纂行文来看，要注意以下基本原则：语言要凝练、明白、通畅，用语措辞要准确规范，记述要全面，行文结构要严谨。

（2）提供一份编撰好的村志，由学生自己阅读、自由交流。

设计意图：教师提供充分的资源支架，必要的知识补充为后面的探索活动做好了准备。

五、实践探索

（1）设计好调查表，在本村中进行发放、填写、回收、整理数据的前期工作，调查本村主要的姓氏人口等信息（表5-19）。

表5-19 本村人口信息

项目	姓名	性别	与本人关系
户主			
共同居住人1			
共同居住人2			
共同居住人3			
对本人姓氏在本村起源的了解			

（2）小组讨论，做好访谈方案。列出访谈问题清单，采访本村村民或年长者，了解村名来历、村中流传下来的历史大事等信息。主要访谈问题有：我们村为什么是这个村名？有什么意义？我们村在什么年代建村？大概有多少年了？村中有什么历史大事、风俗习惯或者重大战争？在访谈的过程中，将本村村碑、有重大意义的建筑（如祠堂、学校、村委等）进行拍摄记录。

（3）整理本村村名、村史相关材料信息，按照村志的编撰要求进行创作。

（4）小组内交流完成的初稿，互相修改，包括错别字、行文规范、语言规范等，根据组内修改意见，再整理加工，形成二稿。

（5）将整理好的二稿阅读给父母、本村村委、年长者倾听，征求他们的意见，进一步修改二稿，最终形成定稿，并向村委推荐自己的村名村史稿。

设计意图：乡村文化的传承者就是这些孩子们，他们肩负着祖国未来的发展，也肩负着乡村未来的发展，如果他们不了解自己从哪里来，可能就不知道自己要到哪里去，乡村的发展需要他们来记录、传承，在活动的过程中，对家乡的责任感、对国家的责任感会油然而生。

六、成果展示

在班级内召开"村志故事会"，以讲故事的形式，讲述本村村名来历、姓氏起源、村子历史、重大事件等内容,组内成员做好拍摄、摄影等工作,将视频发送到班级群中,让家长参与和感受孩子的劳动成果。

设计意图:通过交流,感受村与村之间不同的起源历史,相同的质朴情感,从情感上认同乡村文化,树立家国情怀。

七、反思复盘

（一）学生层面

学生日记:我的家乡是玉林店九龙畚,我在这里出生,在这里成长,在学校组织"村碑背后的故事"活动之前,我从来没有想过我们的村子为什么叫这个名字。经过调查,原来,我们村子的村名是大有来历的。据说,古时候的九龙畚是九龙聚会的风水宝地,曾经诞生过一个非凡的人物叫严富宫,他立志澄清天下,为民造福,得到了许多人的拥护,其中有个叫迟家红的人被他任命为保驾将军。严富宫的事情被官府知道了,于是派兵来围剿。官兵攻下了村西山头,凭高视下,对严富宫造成了致命的打击。严富宫逃跑,他的妻妾儿女为避免受辱,纷纷跳井自杀,因此出现了九女投井的故事。因为严富宫平素乐善好施,群众对他十分感念,就把九女投井改编成九女投井变成龙的故事。我的村子位于山畚之内,自古水多树多,地势险要。听村民说,抗战时期,日本兵想入村扫荡,但是害怕遇到埋伏,就跑到村边的山上朝村里射击一番离去,始终不敢进村。听村子里的老人讲这些故事给我听,真让我大开眼界,我要把这些故事记录下来,讲给我的同学、老师听一听,让他们也知道我们村村名的故事。

（二）教师层面

每个村庄都是一部历史,都有着自己的独特文化和品格,每一个村庄的变迁,都印证着一个时代社会、历史发展的轨迹。在这个乡村快速变化的时代,编修村志,全方位记录乡村状况以及乡村变化,已成为一种挽救村落文明的一大方式。四年级学生组织这次村志编写,让孩子们有机会全方位了解自己家乡村名来历、历史传说等知识,让孩子从课堂走向自己身边的乡村,引导对家乡的关注、对社会的关注,从小树立孩子的主人翁意识。试想一个连自己家乡都不了解、不热爱的人,怎么可能会去热爱自己的祖国、从小立志为祖国奋斗呢? 孩子们在此次活动中收集、整理、加工、讲述,将自己融入村庄的历史、文化,这是对村庄文化的继承,将乡村的基因深深印在骨子里。

家乡文旅产品推介会

——五年级实施案例

项目描述:通过家乡文旅产品推介会的形式,将家乡的著名旅游景点做成旅游手册,向学校老师、同学及家乡进行推荐;通过采访的形式,真实感受非遗果模的制作过程,收集家中果模在推介会上进行品鉴、介绍;通过实地考察菜根香生产基地,感受非遗文化,学习胶东大饽饽的制作,并与父母一起完成大饽饽的制作,在推介会上一起品尝、分享。

项目目标:

(1)劳动观念:懂得劳动创造美,劳动创造价值,懂得利用劳动追求更美、更好的生活。

(2)劳动能力:学会制作旅游手册,会设计封面、封底,并能结合手册介绍景点。了解果模的制作过程,学会在展览中品鉴传统果模的艺术美,感受劳动人民的智慧。学会制作大饽饽,学会简单的面食艺术手法,感受胶东传统大饽饽的艺术魅力。

(3)劳动习惯和品质:注重乡土文化的收集与积累,珍惜优秀乡土文化艺术与文化遗产,形成一定的审美体验。

(4)劳动精神:欣赏美、传承美、创造美。

关联技能:信息搜索、采访、实地考察、设计制作等。

关联学科:语文、美术、信息。

材料准备:阅读材料、微课、手机、摄影机等。

作品结果表现方式:文旅产品推介会。

时间:4周。

项目步骤:

一、情境创设

播放视频,观看牟平山海文旅集团、非遗展销中心揭牌仪式视频,了解我区山海文化旅游集团、牟平区非物质文化遗产展示的相关情况。

看完视频后,请学生交流一下自己的感想。

生1:看过视频之后,我觉得咱们区政府做这个活动,是为了让更多的人了解我们牟平,来牟平旅游,买我们的产品,从而促进我们牟平的经济发展。

生2:我们牟平有山、海、岛、泉、河,昆嵛山享誉国内外,养马岛被称为"小马尔代夫",我们还有很多美食,值得推荐的东西太多了。

生3:我们小学生也可以为家乡的发展贡献自己的力量,将这些旅游景点、山海美食介绍给大家。

设计意图:了解家乡文化旅游、非物质文化遗产等知识,关心家乡发展,树立小主人翁意识。

二、问题驱动

师:同学们讨论得真热烈,可以看出大家都想为家乡做点什么,你有什么问题想问老师吗?

生自由交流:什么是文旅产品?我们牟平有哪些文旅产品?牟平有非物质文化遗产吗?都是什么?

师:同学们有这么多问题,就让我们来召开一次文旅产品推介会吧。

设计意图:从同学们的问题当中,找到项目化劳动的驱动问题。

三、确定进程

(1)出示阅读资料,了解文旅产品等相关知识。

什么是文旅产品?

文化旅游产品是指以文化旅游资源为支撑,旅游者以获取文化印象、增智为目的的旅游产品,旅游者在旅游期间进行历史、文化或自然科学的考察与交流、学习等活动。旅游是一种文化现象,是社会文化发展的必然产物。文化旅游的实质就是文化交流的一种形式,由于文化表现形式多种多样,因此旅游活动的内容和形式也大不相同。但是,进行任何文化旅游活动的旅游者都是为了追求一种文化享受,获得精神与智力的满足,是一种较高层次的旅游活动。

文旅产品有什么特点?

① 非物质性。

旅行社卖给旅游者的文化旅游产品不是看得见、摸得着的物质产品,而是一种非物质的东西,这种非物质东西的实质是一种服务。

② 不可转移性。

文化旅游产品的不可转移性主要表现在旅游服务所凭借的吸引物和旅游设施无法从旅游目的地运输到客源所在地供游客消费,且只能以文化旅游产品的信息传递引起旅游者的流动来实现。

③ 信息性。

文化旅游产品的消费目的是获得信息。在旅游者出游前,从不同渠道获得的各种信息会直接诱导或压抑其决策;在旅游者购买过程中,由旅游资源和旅游设施所营造的意境本身就是一个不停地向外辐射的信息源。

④ 服务性。

服务性产品是能为顾客创造价值的实体或过程,服务仅是一种行为、一种活动、一种可以被用以交换的无形产品。

⑤ 稳定性和创新性相结合。

旅游产品一经出现,就会形成市场,有的旅游产品会给游客留下深刻印象,形成旅游界所说的老产品或成熟产品,是城市旅游业和旅行社业务的主要来源。

(2)小组讨论:你理解的文旅产品是什么?我们牟平有哪些文旅产品?文旅

产品推介会是做什么的？我们应该怎么做？从哪里入手？

生1：我觉得我们家乡的九龙池、烟霞洞都是文旅产品，他们不是看得见、摸得着的物质产品，在我们的产品推介会上，我们可以做一个昆嵛山著名旅游景点的说明书，向人们介绍这些著名景点，吸引更多的游客来旅游。

生2：我们的胶东大饽饽是非物质文化遗产，在推介会上，我们可以自己做大饽饽，请人们观赏并品尝，让更多的人了解并购买我们的大饽饽。

生3：我们还有果模、棒槌花边、编结艺术品等，这些产品都可以放在推介会上，让更多的人了解它们。

（3）确定推介会内容及进程，形成项目推进行程安排方案（表5-20）。

表5-20 "家乡文旅产品推介会"项目推进行程安排方案

设计意图	活动周推进	活动形式	认知策略	成果展示
制作旅游手册	第一周：搜索九龙池、烟霞洞的传说故事、地理位置、交通信息、周边美食等图片、文字信息，形成手册的基本模块。 第二周：加工整理图片、文字，使之语言流畅，行文规范，形成旅游手册的基本雏形。 第三周：为旅游手册设计制作封面和封底。 第四周：参加推介会，将手册内容介绍给大家。	个人与小组	问题解决 创见决策 系统分析	旅游手册
非遗果模	第一周：搜集果模制作的相关知识，对其历史、用途、用料、制作流程进行详细的了解。 第二周：采访非遗果模传统手艺传承人牟平区南自格庄杨龙，了解果模制作流程，现场感受果模制作。 第三周：采访结束后完成果模实地研学报告。收集家中果模准备参加推介会。 第四周：以展览、解说的方式，在推介会中详细介绍果模。			文稿 视频 宣讲稿
非遗胶东大饽饽	第一周：通过上网、采访等形式，了解胶东大饽饽的制作步骤、注意事项等。 第二周：参观菜根香生产基地，感受非遗文化，学习制作胶东大饽饽的流程。 第三周：与父母一起制作大饽饽，并将制作过程拍成视频，并能写好相关的作文。 第四周：结合视频和制作好的大饽饽，在推介会上与大家一起品尝、分享。	个人、小组、社会、家庭	问题解决 创见决策 实验	文稿 视频 宣讲稿 大饽饽实物

设计意图：在确定进程的过程中，就要解决学生对相关知识的盲点，采用阅读文字资料的形式，让学生在阅读后自由讨论，发表自己的观点，共同参与制定活动进程。

四、实践探索

（1）与组内成员一起网上搜索关于九龙池、烟霞洞的传说、故事以及照片等资料,分门别类整理好,注意图片与文字布局合理,版面精美;地理位置、交通信息等表述要简明清晰,封面与封底设计要体现地域特色。同时,采用PPT的形式,配上音乐,对以上信息进行可视化讲解,进一步加深对这些景点的客观认识。旅游手册制作内容包括封面、目录、景点图片、景色介绍、地理位置、历史传说、景点交通、旅行线路、安全问题、景点联系方式、旅游所需物品准备、周边美食、封底等十几个部分。

（2）在采访过程中,预设好采访的相关问题,做好分工合作,记录果模制作的画样、割板、蒸煮、雕刻、打磨等重点环节应注意的问题,了解相关工具的使用;在展览中能够结合果模的图案、纹路、造型,解释果模被人们赋予的美好意义。做推介时要重点描述以下几个要点:果模传承人杨龙简介、果模用途介绍、果模制作过程简介及应注意的问题、果模展览品的介绍等。

（3）实地考察前做好组内分工,从不同角度以不同形式对大饽饽的制作过程、制作技巧及其他花样面食的制作方法进行记录。与家人一起亲手制作参加推介会的面食,向家人请教如何做才能使面食的口感更好。推介的要点包含菜根香生产基地简介、胶东大饽饽的用途介绍、大饽饽的主要造型介绍及寓意、大饽饽的工艺流程介绍(和面、醒发、造型、第二次醒发、蒸饽饽)以及最后的品尝大饽饽等几个环节。

五、成果展示

邀请教师、家长、学校其他班级的同学一起参加家乡文旅产品推介会,推荐会由三个板块内容组成。

1. 旅游景点介绍

人手一份九龙池、烟霞洞旅游手册,主持人结合视频讲解九龙池、烟霞洞旅游景点相关知识。

2. 非遗果模介绍及展览

结合采访经历、视频向大家介绍牟平非遗果模传统手艺传承人杨龙和他的果模制作手艺,将同学们带来的果模进行展览,结合果模造型、图案等,讲解果模承载的美好寓意及人们对美好生活的向往。

3. 胶东大饽饽制作解说及品尝

结合实地考察经历、视频等资料详细解说胶东大饽饽的制作过程,将同学们在家中制作的大饽饽、用果模制作的面鱼等带到学校,进行品尝,感受胶东大饽饽的造型艺术之美、传承非遗文化。

设计意图:为学生提供展示的舞台,将自己所感所想表达出来,将自己制作的劳动成果与大家一起分享,感受非遗文化魅力。

六、反思复盘

（一）学生层面

学生日记:今天,我们去采访牟平非遗果模传统手艺传承人杨龙。果模是我们胶东地区用来制作面食的一种工具,一般是用老梨木来制作的。每年的七月初七,我们这里家家户户都会"卡小果","卡小果"是我们牟平方言,就是制作巧果的意思。巧果是一种面食糕点,将面粉、鸡蛋、猪油、糖、奶(或者水)、酵母等材料按照一定的比例调制成面团,醒发好以后,将揉好的面团分成小剂子,塞进果模里,再"卡"出来,巧果就做好了。果模有大有小,常见的图案有寿桃、莲花、小篓、小鱼、十二生肖等,寓意平安吉祥、年年有余,承载着家乡人们对美好生活的向往。以前从来不知道果模是怎么做的,今天终于让我见识到了果模制作,原来制作一个果模,要用到三十多种工具、经历二十多道工序,才算真正完成。选好木材后,要先送到木材加工厂用大锯破开,割成一块一块的板材,以便存放和使用。然后,要阴干半个月左右,再在木板上画样,用电刨按照画出来的样子切割出果模的原始雏形。最后,还要上锅蒸煮两到三个小时。我不明白为什么要蒸煮果模雏形,经过杨龙师傅的介绍才明白,原来木材里面有虫卵和细菌,经过蒸煮可以杀死里面的虫卵和细菌,有利于健康,而且经过蒸煮后,木材吸饱了水分,更有利于雕刻。你看,小小的果模里也蕴含着这么多的知识……

（二）教师层面

果模、胶东大饽饽、九龙池、烟霞洞……这些我们熟知的物品、美食、美景,孩子们真正了解它们吗? 未必。即使九龙池就在我们玉林店本地,还是有很多孩子从来没去过,更谈不上了解。我们都不了解的东西,怎么会让更多的人来了解呢? 此次项目化劳动,就是从我们身边熟知的事物开始,让学生亲身参与旅游手册的制作、果模的制作、胶东大饽饽的制作,让他们感受劳动的智慧。通过推介会的召开,让孩子们了解家乡的文旅产品、非遗产品,并学会相关的制作,一起分享,这样的过程贴近生活,更容易被孩子们接受。

案例二 中秋月儿圆——学科劳动课程小项目

▍项目背景》

中华文化源远流长,中华传统节日更是文化的一部分,这是华夏儿女的宝贵财富。为了引导学生弘扬中华传统节日文化,三年级老师结合课本统编版语文教材三年级下册第三单元综合性学习"中华传统节日",开展了"中秋月儿圆跨学科劳动项目"。我们从学生熟悉的"中秋"入手,引领学生通过活动重新认识中秋佳节,感受中国几千年文化的底蕴,增强民族自豪感。

┃项目结构 》

"中秋月儿圆"是一个跨学科劳动项目,活动分为五部分:一是搜集整理中秋节资料,了解中秋的来历和习俗;二是结合资料和实践写一写"我家的中秋节";三是制作中秋团扇、月饼;四是搜集中国探月工程相关资料,自己动手用废旧物品做一做"探月神器"。

┃项目设计 》

"我家的中秋节"主题写作时,可以从"我家过中秋节的过程"或者是"中秋节发生的故事"两个方面任意选择一个方面来写,写的时候注意运用本单元学习的"围绕一个意思来写"写好段落。对于习作中的困难,老师会适时提供任务单支架,帮助学生更好地表达。

"制作中秋团扇"可以请美术老师从扇面的设计、构图、剪纸技巧等方面给予相应的指导。再结合搜集到的关于中秋节的古诗词,做成既有文化韵味,又有节日特点的扇面,根据做成的成品数量和质量,可以考虑将作品适当赠送给参加展示会的同学和老师。

"制作月饼活动"采用一个小组外出学习制作方法,回校后由这部分学生当"小老师"教给其他同学制作技巧的形式。外出学习的小组注意留好学习资料,包括影像、笔记或日记等材料,并将这些零碎的材料整理成视频或 PPT 等形式,便于更好地指导其他同学制作月饼。

"中国的探月工程"资料搜集比较简单,设计了用废旧物品做一做这一环节,既增加了同学们的动手能力,又提升民族自豪感,增强学生的爱国意识。

┃项目实施 》

项目描述:这是一个由语文学科的综合性学习引发的跨学科项目,因此,我们以语文、劳动学科为引领,同时吸收信息技术、美术、音乐学科的教师参与,形成了综合性较强的跨学科项目。

项目目标:

(1)劳动观念:尊重劳动,了解劳动的辛苦与快乐。

(2)劳动能力:学会使用上网搜索、调查、采访等方法来获取关于中秋节的相关信息,并对获取的信息进行整理加工,形成小报、绘本、中秋节的诗词集等材料。清晰、合理规划整个活动进程。学会制作月饼并与他人分享。采用合适的方式记录、展示月饼的制作过程。

(3)劳动习惯和品质:养成安全劳动、规范使用工具的习惯。

（4）劳动精神：在活动中,有与同学们合作的愿望,学习与人交流、沟通的技巧。

关联技能：搜集整理信息的能力、制作月饼的技能、与人合作的能力。

关联学科：语文、劳动、信息技术、音乐、美术。

材料准备：PPT演示文稿、摄像机、做月饼的材料、做团扇的材料等。

作品结果表现方式：小报、PPT演示文稿、习作、视频等。

时间：3周。

项目步骤：

一、情境创设

（1）同学们,在第三单元的学习中,我们走近古诗,跟随诗人了解了春节、清明节、重阳节的习俗,大体了解了古人过节的过程,同学们意犹未尽。其实,中华民族还有许多传统节日,中秋节就是其中之一,它与春节、清明节、端午节并称为中国四大传统节日。对于中秋节,你有哪些了解呢？请把你知道的写在下面的表格中吧（表5-21）！

表5-21 "中秋习俗知多少"大调查

亲爱的同学们,中秋佳节是我们中华民族的传统节日,关于中秋节,你都知道哪些知识呢？请写一写吧！ 中秋节的时间: 中秋节的来历: 中秋节的习俗: 关于中秋节,我还知道:

（2）汇总调查情况,班级分享。

① 小组汇总,选好汇报代表。

② 班级分享

（3）师小结调查情况

同学们,从汇总的情况看,你们对中秋节的知识了解不是很多,所以我们先来看一段视频。

（4）播放学习强国平台《百科全说》之中秋节里话习俗视频。

（5）师：相信看了视频,同学们一定有了许多收获,谁来交流？

生1：我知道了民间赏月的习俗大约起源于魏晋时期。

生2：有些地区中秋节会吃田螺。

师：同学们的收获真不少啊。

设计意图：从回顾学习过的古诗入手,引发学生对中秋节的探索。由调查学生们已知的中秋节相关知识开始,掌握学生们对中秋节的了解情况。然后通过观看视频，进一步激发学生参与活动的热情。

二、问题驱动

其实，老师只是播放了这一系列视频中的一小段，中秋节的习俗还有好多。除了习俗，你还想了解中秋节的哪些知识或是有什么与中秋节相关的想法都可以交流。

生 1：我想积累一些关于中秋节的诗词。

生 2：我想了解关于中秋节的传说。

生 3：我想学习做月饼。

师：看来同学们对中秋节十分感兴趣，中秋节是我们的传统节日，早在 2006 年，该节日就被国务院批准列入第一批国家级非物质文化遗产名录。作为中国人，我们就围绕"如何传承中秋文化"这一问题，开展一次关于中秋节的跨学科劳动项目"中秋月儿圆"。

设计意图："如何传承中秋文化"这一驱动性问题的提出，是基于学生们的问题。这些问题看起来毫无联系，实则都是由中秋节引发的，它们之间存在一定联系。因此，老师就将这些具体的问题提升为更本质的问题，引领学生展开相关探索实践。

三、确定进程

（1）师：既然确定了主题，我们就要想一想开展哪些具体的活动，更好地展示中秋节。

（2）学生分组讨论。

（3）学生分组汇报。

生 1：我们可以搜集中秋节的习俗、传说、诗词等相关材料，并组织诗词吟唱活动。

生 2：可以写一写"我家的中秋节"。

生 3：可以制作中秋节主题团扇、月饼。

生 4：可以搜集中国探月工程相关材料，并利用废旧物品做探月器。

（4）师：同学们的想法真不错，只是这想法要再具体一些，例如，我们要确定好大体时间，要想好以什么方式呈现你们的活动等。各个小组再次讨论规划，填写进程规划表格。

（5）学生分小组规划。

（6）交流汇总。

各小组依次交流，在交流的过程中，老师注意调控。最后梳理总结如表 5-22 所列。

表5-22 "中秋月儿圆"活动规划进程表

子项目	活动周安排	活动形式	认知策略	成果展示
传统节日我知道—中秋	1. 搜集中秋节相关习俗、传说、故事、诗词等 2. 制作材料汇编集	个人与小组	问题解决创见决策	《传统节日我知道——中秋》小册子
我家的中秋节	1. 回忆自己家过中秋节的过程 2. 交流 3. 写一写自己家过节的过程,也可以写节日里发生的印象深刻的故事			习作
1. 团扇里的中秋节 2. 巧手做月饼	活动一: 1. 了解团扇 2. 学习制作团扇 活动二: 1. 了解月饼的种类及月饼的寓意 2. 实地探访:跟着师傅学习 3. 劳动实践:制作月饼			团扇、月饼
探月工程大揭秘	1. 搜集中国探月工程相关资料并分类整理 2. 寻找合适的废旧物品制作"探月神器"			探月车等创意作品

设计意图:虽然学生们对了解中秋节的兴趣高涨,在确定活动进程的过程中也有那么多的想法,但是这些想法不具体,有的甚至会对时间估计不足而导致出现拖后整个活动的情况,老师要及时调控,这一调控的过程可能会持续好几个回合。所以,不能仅仅停留在嘴上说,一定要让学生把活动进程写出来,这样再调整效果会更好。

四、支架搭建

1. 团扇里的中秋节支架——团扇制作技巧

同学们,下面是老师做团扇的步骤和方法,你也来试着做一做吧!

材料准备:各种风格硬笔书法练习纸、硬纸板、剪刀、彩纸、一次性筷子、彩线等。

制作步骤:(1)A面(书写):写好祝福语或诗词,并按照一定的形状剪好粘在硬纸板上。(2)B面(剪纸):用彩纸剪出中秋节的代表形象,如嫦娥、玉兔等。粘在硬纸板上,剪出同第一步一样的形状。(3)做手柄:将一次性筷子做成手柄,确定好长度固定到硬纸板的相应位置。(4)成型:将两面硬纸板粘贴。书法练习纸上剩下的花纹可以剪下来做成装饰贴。(5)扇坠:制作扇坠并固定。

我们身边有好多材料都可以做出漂亮的团扇,如一次性餐盒的盖子、饮料瓶等,找一找,试着做出属于你自己的个性化中秋团扇吧!

2. "巧手做月饼"支架——实地探访小技巧

（1）讨论与规划。小组成员一起,想好采访对象及采访问题,做好分工。可以采用表格的方式,梳理规划(表 5-23)。在讨论采访问题之前,同学们可以先上网搜集一些对月饼制作方面的知识,便于更好地采访、观察。在搜集资料的过程中,想一想哪些步骤是最难的,问一问糕点坊的师傅。

表 5-23 采访记录表

采访时间		采访人	
受访人			
采访问题	1. 2. ……		
我最关注的难点			

（2）参观与体验。

（3）学习制作。

3. 习作支架——"我家的中秋节"小任务单

"我家的中秋节"习作支架如表 5-24 所列。

表 5-24 "我家的中秋节"习作支架

习作内容	我家的中秋节
习作目标	1. 写清楚过节的过程或者是事情的经过。 2. 围绕一个意思把一段话写清楚。 3. 能对自己及他人的习作进行评价。
任务	学习支架
想一想	1. 回想一下过中秋节前家人忙碌的情景,试着写出几个关键词。 —————————————————— 2. 回想一下我与家人一起忙碌中秋节的情景,试着写出几个关键词。 ——————————————————
说一说	在与家人一起忙碌的过程中,我有这样独特的感受: ——————————————————
写一写	1. "我家的中秋节"主题写作,我要按照————顺序来写,先写————————, 再写————————,最后写————————。 2. 我会仿照例子,围绕一个意思描写清楚一段话。 例:除夕夜的烟花真漂亮!夜晚终于来了,我和爸爸抬着烟花和花炮来到空旷的草坪燃放。随着爸爸点燃烟花,只听"刷"的一声,彩色的烟花慢慢舒展开,犹如美丽的孔雀正在缓缓开屏,五颜六色的尾羽仿佛在飘动。又听见"嗖"的一声响,一道宛若夜空流星的烟火,在天空划过一道美丽的弧线,坠落在半空中,带给我们惊喜连连。 仿照例子,我要能写:———————————————— —————————————————— ——————————————————

设计意图：本次项目化活动中的习作、团扇里的中秋节、巧手做月饼活动，对学生来说有一定的难度，我们就在难点处分别为学生提供了任务单、小技巧支架，帮助不同层次的学生跨越障碍，顺利完成任务。

五、实践探索

1. 第一阶段：传统节日我知道——中秋

（1）走进中秋：搜集中秋节相关习俗、传说、故事、诗词等并分类整理，剔除重复或意义不大的信息。

（2）制作《传统节日我知道——中秋》小册子。小组讨论封面、目录及插画设计初稿，结合老师的意见，分工完成相关篇目的制作。

2. 第二阶段：我家的中秋节

（1）想一想：回忆自己家过中秋节的过程。

（2）议一议：小组讨论交流。

（3）回顾第三单元读写训练点及课文中的例子。

（4）习作。写一写自己家过节的过程，也可以写节日里发生的印象深刻的故事。

（5）交流习作，互相提出意见。

（6）二次修改。

3. 第三阶段：巧手过中秋节

活动一：团扇里的中秋节

（1）认识团扇。搜集团扇的资料，初步了解团扇。

（2）构思选材。在这一环节，同学们主要围绕"做出的团扇要送给谁"和"内容是什么"这两个问题进行讨论。有了统一的意见之后，同学们动手画出草稿，然后针对草稿再次进行讨论、修改。

（3）准备材料：中秋节诗词、中国风元素的画或者小物件、竹片、彩绳、卡纸、打孔器、团扇的历史、课件等。

（4）制作团扇。在保证安全的前提下，同学们按照前面的设计，一步步制作。通常来说，制作团扇可以按照以下步骤：

① 设计样稿。

② 在竹片上画好扇柄的形状。

③ 用美工刀削好竹片并用砂纸打磨光滑。

④ 分别在扇柄的头、中间、尾部打孔。

⑤ 用铁丝或细竹条穿过扇柄中间和上部的孔圈成圆圈。

⑥ 完成扇面（可以选择布、纸、硬纸板，根据主题确定）。

⑦ 制作流苏扇坠。

活动二:巧手做月饼

（1）学习制作月饼的方法。这个活动分两步,首先同学们借助网络观看视频,大体了解制作月饼的步骤和方法,做好外出学习采访的计划及分工;之后,同学们按照分工到月饼制作坊学习技术。

（2）结合学习经历,制作好讲解视频或者配 PPT 进行讲解。

（3）准备制作月饼的馅料、工具等。根据学习,计算好采购原料的种类及重量,列出采购清单,按单采买。

（4）制作月饼。首先是和面。将面粉、鸡蛋、猪油、柠檬汁等放入盆中搅合均匀,放置 20 分钟。第二步是制作馅料。根据个人喜好,可以选择多种口味。如果想做豆沙果仁馅就买现成的豆沙,加上白砂糖、核桃仁、花生碎、瓜子仁等搅拌均匀。第三步是用和好的面包裹调好的馅。这一步要注意,一般来说面皮和馅的比例是2:8。包好馅后,用模子压成型(图 5-8)。在烤制前,在月饼表皮刷上一层食用油。接下来就是烤制了,根据月饼大小,设定烤制温度。

图 5-8 中秋月儿圆,师生同动手

4. 第四阶段:探月工程大揭秘

（1）搜集中国探月工程相关资料并分类整理。

（2）寻找合适的废旧物品制作"探月神器"。首先,同学们结合着搜集的资料,计划自己想要做的"神器",如"月球车""探月火箭"等。在制作的过程中,有的同学大胆想象,利用废旧玩具中的太阳能电池板、车轮、电线等组装出"新型月球车";还有的学生利用废旧纸壳做出来"探月火箭"。

设计意图:在这一环节中,不论是查找资料、习作,还是动手制作,都是围绕中秋节展开的。之所以设置了这么多动手制作的劳动，是因为在平日的劳动过程中，我们发现学生的动手能力实在欠缺，很多学生就连简单的圆形都剪不出来，劳动素养的提升就更加无从谈起了。

六、成果展示

本次项目化劳动积累的成果有《传统节日我知道——中秋》小册子、学生习作、团扇、月饼、视频、自制探月神器等。成果展示环节，同学们不单单是把这些已有的成果摆出来展示，而是分成了若干小组，每个小组围绕一个活动重点展示。

一组同学展示了《传统节日我知道——中秋》小册子，精美的画册瞬间吸引了同学们的目光，从画册中同学们了解到关于中秋节的由来、习俗、传说故事等，还积累了古诗。

二组同学将自己有关中秋方面的习作展示给同学们看，并介绍了自己的修改过程。

三组同学邀请同学们品尝他们自己做的团扇、月饼，并向同学们展示了以下劳动日记。

学生日记1：中秋节是中华民族的传统佳节之一，代表着团圆、幸福。为了庆祝中秋、弘扬中华民族传统文化。在中秋节前，学校组织了各种迎中秋的活动。我参加的是制作团扇活动。在活动之前，我们先了解团扇。通过搜集资料我知道了团扇起源于中国，最早出现在商代，用五光十色的野鸡毛制成，称之为"障扇"。当时扇子不是用来扇风的，而是作为帝王外出巡视时遮阳挡风沙用的。西汉以后，扇子才开始用来扇风。后来，扇子还传到了日本。制作扇子的材料很多，有竹、木、纸、象牙、玳瑁等，随着历史变革，扇子的种类、材质也发生了巨大的变化。

学生日记2：今天，我们小组做月饼了。我吃到了自己亲手做的月饼，甭提有多开心了！

首先是和面。我们面前放了三盆糯米粉和三种不同的饮品，有胡萝卜汁、猕猴桃汁和牛奶。我们喝的是我最喜欢的胡萝卜汁。那橙黄的汁像瀑布一样倒进了盆中，又像雪一样融化在糯米粉中。我小心翼翼地将手伸进盆里，试探着碰了一下。哇，上面还是汁来着，下面全是粉了，好神奇啊！我把另一只手也伸了进去，开始揉了起来。丝滑的汁水调皮地蹦来跳去，面粉却像个老实的家伙，任我揉。多么淘气的汁水也逃不出我的手掌心，不一会儿，一个小面团就和好了。

然后就是醒面，这个时候我们分馅。我们把黏黏的豆沙掐成一小块一小块的，分别用电子秤称好重量。从来没有做过月饼，也没有分过馅料，今天我才知道，原来豆沙馅料真是令人讨厌的家伙，死死地赖在我的手套上不肯走。终于，豆沙分完后，就要分面团了。大家分工揉的三个面团不一会儿就被我们"瓜分"了，你一个，我一个,一会工夫就被我们瓜分完了。豆沙和面团准备就绪,只剩下包了。我拿出一个饱满的面团,把它压成一只小碗,将豆沙轻轻地放进去,再包起来使劲揉。

成型后,就差最后一步了!就是把揉好的团子搓成竖条,小心翼翼地放进模具里,然后用力压模具,一个印着花的月饼便闪亮登场了。

烤制的过程很漫长,等呀等呀……刚出炉的月饼非常诱人,我忍不住尝了一个。一口咬下去,满嘴的甜味在嘴里扩散,然后融化在心田(图5-9)。

中秋月圆圆,月饼甜又甜。尝到自己亲手做的月饼,心里美滋滋的!

图 5-9 自己做的月饼就是香

四组同学向同学们介绍了他们的"探月神器"的制作过程。"首先制作车体,我们将硬纸板对折两次,每部分大约 6 厘米宽。沿着长折叠将其折叠成正方形的管状,用胶带把两边粘住。然后制作前轮,连接 2 块 13 厘米长的正方形硬纸板的对角线,新型月球车是采用太阳能电池板作动力,所以……"四组的同学们边演示边讲解,引得前来观看的同学也纷纷动手制作起来。

设计意图:成果展示环节的形式和内容都是多样的,我们没有仅仅局限于现成的成果展示,而是为学生搭建舞台,让他们说、做,再一次回顾劳动历程,巩固劳动技能。

七、反思复盘

(一)学生层面

学生反思 1:今天我们要做月饼了,我十分期待自己亲手做出来的月饼是什么样。我们首先和面。把雪白的面粉倒进面盆中,加入水将面粉揉成一个大团,第一次加水加少了,经过反复多次,我们才把面粉制作成面团。随后,我们就开始调馅。之后,我把月饼皮分成了 40 小份,用手将它捏成圆形。接下来,我们又把各种馅料

（豆沙、椰蓉、蛋黄等口味）也分成了40小份，再把月饼馅包在按压成圆形的月饼皮里搓成圆形。最后，把搓成圆形的月饼放在板上，将月饼模子对准它用力按下，轻轻提起模具，一个月饼坯就做好了。虽然还没有上烤箱烤制，但是看着自己亲手做出来的月饼，心里甭提多高兴了！

学生反思2：团扇历史悠久，它起源于中国，又称为"障扇"。最初的团扇是用来遮挡风沙的。西汉时期开始，才被用来取凉。团扇的材料很多，扇面的内容也很丰富。最近，我们小组在学着制作团扇。

中秋节快到了，我想做一把富有诗书气质的团扇送给语文老师，于是，我从搜集的中秋古诗词中选择了一首，正正规规地抄写在书法纸上。再装饰上我喜欢的中国风花纹。扇子的另一面我想选择画一幅画，但是不知道画什么，于是我就去问同学，同学给了我一幅荷花图，我照着样子一笔一画地画，生怕出错，还经常停下来问问同学我画得怎么样。扇面做好后，就要做扇骨了。我发现妈妈盛食用油的油桶圆圆的，适合做团扇，但是它又有点软，于是我就把材料拿到同学们面前，让他们帮我想办法。很快，同桌的意见得到了大家的一致认可，那就是用铁丝做成个圆做支撑。后来，我们又发现，其实直接拿铁丝做扇面骨架也可以。

做好了团扇，我仔细欣赏着它，我发现它真美！

（二）教师层面

为期3个周的"中秋月儿圆"跨学科劳动项目圆满结束，由语文学科综合性学习引起的项目化劳动，各学科联动，全体师生积极参与，家长们热心支持，加深了学生对中秋文化习俗的认识，在根植中华优秀传统文化教育的同时，引导学生在实践的过程中真真实实地提高了动手能力。此次活动存在以下亮点。

一是各学科之间有机融合。在整个项目中，所有参与学科不是简单地围绕一个主题排列，也不是随便将独立的活动堆砌在一起，而是将不同学科以劳动为统整，在劳动的过程中，将各学科的问题、概念、成果联系到一起。以做探月神器为例，在这一过程中，既要用到美术方面的设计，又要用到科学方面的动力知识，还要用到环保理念。之所以在中秋主题的活动中设计这样一个活动，既是为了增加学生动脑动手的机会，也是为了更好地传承与发扬传统文化，让传说照进现实。

二是以劳动为主线开展。虽然我们这一项目是由语文学科的综合性学习引发的，但是我们始终牢记劳动教育目标，所有活动设计突出了劳动的主体地位，让学生在劳动中增长见识，在探索中增加体验，在实践中学会技能。

三是实现了以劳育人的目标。在整个活动中，我印象最深的是做月饼活动，因为正是这次活动，我看到了不一样的小宇同学。我们班的小宇同学是个非常安静的小男生，学习很不出色，不论做什么事都是慢吞吞的。为此，我们几个任课教师都非常着急,总是恨不得去帮他一把。就是这样一个学生,在做月饼活动中却大放异彩。在用月饼皮包裹馅料之前,有一个非常重要的环节,就是要把饼皮揉得非常光滑,包裹的时候,皮才能更有韧性,不容易破漏。就是这样一个小小的细节,很多同学不以为然,往往是三下五除二揉几下就行了,结果状况百出,做出的月饼不够漂亮。小宇同学与这些同学截然相反,一个人安安静静按照步骤来做,做出来的月饼非常精致,受到一致夸赞。那之后的一段时间,小宇同学像变了一个人,脸上总是充满了自信的笑容。

当然,活动还存在许多不足,比如,有些活动老师也是在与学生共同参与的过程中才有了新的认识和理解,导致对活动的难度预估不足,在关键时刻没有及时出手提供相应帮助,导致活动时间延期。相信有了此次跨学科劳动实践,下次再举行类似的活动,老师会更加游刃有余。

第三节　清单劳动项目化实施

清单劳动项目化实施,通常以自理和服务为主要目的,以日常生活劳动为依托,以掌握某个具体的劳动技能为切入点,采用清单的方式引领学生进行劳动项目的课程(表5-25)。清单劳动课程项目化实施主要是以掌握技术为基础,以促进学生的创新思维为目标,具有内容聚焦、目的明确、操作性强、便于常态课堂进行等特点。它的实施时间相对较短,内容含量相对较少。

表5-25　牟平区玉林店镇中心小学劳动清单

年级	一、二年级	三、四年级	五年级
清单项目	1. 每天洗脸、刷牙 2. 每天自己叠衣服 3. 每天至少一次餐前摆放碗筷 4. 每周至少扫一次地 5. 每周至少洗一次小件物品 6. 每周为家人做一次水果拼盘或蔬菜沙拉 7. 每月清洗一次书包	1. 每天整理自己的床铺 2. 每周至少洗三次碗筷 3. 每周至少煮一次粥或米饭 4. 每周至少蒸一次鸡蛋羹 5. 每周至少拖一次地 6. 周末为家长泡茶、敬茶 7. 每周用洗衣机洗一次单衣	1. 每天整理自己的书桌 2. 每周清扫一次客厅 3. 每周清洁一次卫生间 4. 每周为家人至少做一次营养餐 5. 每周刷一次鞋 6. 每周管理一次绿植 7. 每月整理一次衣橱

一、内容确定:注重生活性和操作性

一是要注重生活性。生活性强调的是从学生的生活实际出发,结合学生熟悉的具体生活细节,通过利用身边常见的材料进行操作和练习,从而让学生掌握某项生活中的劳动技能。比如开展自理自立劳动项目,再比如制作某些小物件或是发明创造等，达到美化生活、利于生活等目的。清单劳动项目化实施的内容主要有来源于生活和服务于生活的特点，既充满生活情趣，又能培养学生的劳动技能，还能进一步激发学生对生活的热爱。如清单劳动项目化课程——"衣物巧收纳"的选题就取自于"冬季班级中如何整理收纳好自己的厚棉衣"这个生活细节。我们在整理好学校里自己衣物的基础上，把项目任务延伸到整理家庭里的衣柜，既让学生感受到整理、收纳带给人的愉悦感，又培养了其积极向上的人生态度，同时引导学生用行动表达对爸爸妈妈的关爱和对家庭的责任承担。

二是要注重操作性。操作性强调的是要从学生的立场出发，符合学生的年龄特点，要具有易操作的特点。主题要体现在使用的材料简单，制作的流程快捷，技术的要求容易等。特别是对小学生来说，他们的动手能力都处于初级阶段，无论是技巧方面的精细程度，还是体力方面的力量值都不是很强。因此，劳动项目的难易度要根据学生能否容易成功来制定。如"衣物巧收纳"的选题，就很符合易于操作性的特点。项目中使用的材料就来自于学生随身穿着的外套，制作的流程是简单的叠、对折和塞等，技术的要求就是将衣服整理成相应的形状即可。"衣物收纳"作为在生活中很常见的事情，学生利用学习到的收纳技巧，将班级里自己的储物柜和家里的衣柜整理得井然有序、便于打理，这些事情都具有简单、快捷、容易的特点，操作起来也比较方便。

二、实施方式：注重整体性和层次性

一是要注重整体性。清单劳动项目化实施相较于学科劳动和专题项目化劳动来说虽然微小，但是俗话说："麻雀虽小，五脏俱全"。清单劳动项目同样需要完整、科学的课程体系。基于此，我们从整体性出发进行项目的设计和实施。我们按年龄特点和劳动目标对一年级到五年级学生设计了劳动清单。稍有难度的劳动项目需要老师在课堂上予以指导，有的项目相对比较简单，则不需要在课堂上指导，学生自行就能完成，教师注意定期评价总结。

二是要注重层次性。清单劳动项目虽然是侧重于日常生活中的某个劳动技能，但是实施时，同样需要像大树一样有主干、有枝叶，内容丰富且层层递进。如在"小小烘焙师"的设计中我们就体现了层次性，整个课程由5个子项目构成，难易度方面呈梯度顺序排列，分别是"烘焙知识知多少"—"戚风蛋糕我会做"—"蛋糕装饰我创意"—"我为妈妈做蛋糕"—"创意甜品品尝会"。每个项目都需要动手为"蛋糕的制作"做准备，虽然各个项目都是独立的、各有各的特点，但又都是连续的，具有环环相扣的特征。它们都以"制作蛋糕"为劳动背景，以掌握相应的蛋糕制作知识为成果。"制作蛋糕"是串联整个项目的主线，从而使得整个微劳动项目课程的内容充实且循序渐进,引导学生由浅入深,在一步步完成所有子项目的任务之后,"制作蛋糕"的劳动技巧也自然形成。

案例一　衣物巧收纳

▎项目背景 》

冬天的清晨,孩子们来到温暖的教室,都把穿在外面的大棉衣脱下来挂在凳子上,教室里像开了花的花园,五颜六色。哦,原来是孩子们的包柜太小了,书包放进去几乎再没有地方可以放衣服了,怎么办呢?老师随手拿起一个孩子的棉衣叠起来,老师的手真神奇呀,一会工夫,那件大大的棉衣就被塞进了衣服的帽子里面,好像一个小包包一样,先放衣服,再放书包,刚刚好,一下子就把问题解决了。同学们纷纷把衣服拿到老师跟前,"老师,帮我叠一下""老师真厉害"……这可怎么行,如果老师一直替孩子们叠衣服,孩子们怎么能掌握这项技能呢?教室里的衣服都收拾不好,可想而知家中也不会整洁。因此教给孩子如何收纳衣物势在必行。

▎项目结构 》

"衣物巧收纳"是清单劳动项目化活动之一,虽然只是简单的衣物收纳,但我们力求在深度和广度上做文章。在深度上,我们学习不同衣物的收纳方法;在广度上,我们在整理好学校衣物的基础上,把任务延伸到家庭中自己的衣柜和爸爸妈妈的衣柜,将整理、收纳的精神由点到线延伸到面,让学生感受到整理、收纳带给人的愉悦感受,培养积极向上的人生态度,同时用行动表达对爸爸妈妈的关爱和对家庭的责任承担。活动分为四个步骤,一是到网上搜索不同衣服叠法的视频;二是根据视频,学习叠衣服的方法;三是制定好评分标准,开展叠衣大赛,将劳动成果进行展示;四是将学到的技能带回家,整理自己的衣柜和爸爸妈妈的衣柜。

▎项目设计 》

根据项目活动的四部分,我们做了如下几个阶段的活动安排。

第一阶段:"衣物收纳大搜索"——上网搜索棉衣、毛衫、校服、连帽卫衣、裤子、T恤衫这几种常见衣物的叠衣视频,对比找到讲解规范、易学的视频。

第二阶段:"学习方式大变革"——利用课间五分钟的时间,在大屏幕上播放视频,学生边看边学,课后多加练习。

第三阶段:"衣物收纳大比拼"班级组织叠衣大赛,选用这几种衣物分组进行比赛,最后根据用时多少、叠衣质量判断输赢,选出"收纳小能手"。

第四阶段:"我家衣柜大变样"——通过在班级群中开展照片展览的形式,引导学生利用学到的收纳技巧将自己的衣柜、爸爸妈妈的衣柜进行整理,并将整理前与整理后的衣柜进行拍照对比,评选出"居家收纳小能手"。

▎项目实施 >>

项目描述：不同的衣服、不同的收纳空间，衣服叠法是不一样的，科学的叠法，不但使衣服取用方便，还能更加科学地节省收纳空间，让你的衣柜、收纳箱变得更加整齐、美观。简单的事情不简单，叠衣服也大有学问，就让我们一起来学习各种衣物的不同叠法，变身"收纳小能手"吧！

项目目标：

（1）劳动观念：懂得科学收纳、合理规划的必要性，理解收纳对于人生的积极意义。

（2）劳动能力：学会棉衣、毛衫、校服、连帽卫衣、裤子、T恤衫的收纳方法。

（3）劳动习惯和品质：学会整理自己的衣物，让收纳空间更加整洁，进而延伸到其他领域的整理收纳，形成干净整洁的生活习惯。

（4）劳动精神：领会整理收纳给人带来的简单有序、温暖清爽的快乐体验，并将这种精神延续到学习、生活、工作中。

关联技能：收纳方法，规划空间。

材料准备：视频、毛衫、连帽卫衣、裤子、棉衣、T恤衫等。

作品结果表现方式：叠衣服竞赛、衣柜大变样照片展。

时间：劳动课、每天课间五分钟、午饭后时间。

项目步骤：

一、情境创设

（1）教师讲故事：星期一的早晨，学校最后一班校车姗姗来迟。小明垂头丧气地走进教室，和他同坐一辆车的同学也满脸不高兴地走到座位上。老师发现了他们的情绪变化，就问道："你们今天怎么来得比平时晚了呀？"同学们七嘴八舌地说："老师，都怪小明，他出来晚了。""是啊，校车在那里等了五分钟……"老师把目光投向小明："怎么回事，怎么出来晚了？"小明低下头，气恼地说："老师，我今天本来起得挺早的，可是要走的时候，突然想起来今天是星期一，我们要升国旗、戴红领巾，可是我忘记红领巾放哪了，就翻箱倒柜地找，结果我刚扒拉了一摞衣服，这摞衣服就哗哗哗地从衣柜里面流了出来……"同学们听了，都哈哈大笑。"我翻了一半天没找到，又去抽屉里面找，结果抽屉里面全是袜子和短裤，都翻出来了也没有找到红领巾。老师，今天早晨升国旗可怎么办呀？"

（2）讨论。师：同学们，听完小明的经历，你们有什么想说的？

生1：我觉得小明家的衣柜肯定收拾得不好，要不然不会找东西都找不到。

生2：把衣服好好叠好，让它不容易乱，这样找起来就方便多了。

师：看来衣物收纳很重要呀！看起来是我们的私人空间，不关别人的事，可是通过你的衣物收纳情况,可以看出你的生活习惯和生活品质,从而能看出你的做事能力。

（3）小调查:既然衣物收纳这么重要,我想问问同学们,在咱们班有多少同学会叠衣服? 你会整理自己的衣物吗? 我们来做个问卷小调查。

"衣物巧收纳"调查问卷

亲爱的同学们,为了更准确地了解同学们的收纳意识和已掌握的收纳技能,特设计此调查问卷,填写的答案没有对错之分,请同学们如实填写。

1. 你的性别是（　　）

A. 男　　　　　　　　B. 女

2. 你的年龄是（　　）岁

A. 8　　　　　B. 9　　　　　C. 10　　　　　D. 11　　　　　E. 12

3. 你会叠衣服吗? （　　）

A. 会　　　　　　　　B. 不会

4. 上床睡觉前,你是如何处理脱下来的衣服? （　　）

A. 随手一扔　　　　　B. 交给父母或长辈　　　　　C. 叠放整齐

5. 每次换衣服的时候,是父母或者长辈帮你找干净的衣服,还是自己找?

A. 自己找　　　　　　B. 父母或长辈帮着找

6. 你能不能快速将自己想要穿的衣服找出来? （　　）

A. 能　　　　　　　　B. 不能

7. 你有没有自己的衣柜? （　　）

A. 有　　　　　　　　B. 没有

8. 你是否经常找不到自己的东西? （　　）

A. 是　　　　　　　　B. 不是

9. 你觉得自己的整理收纳能力怎么样? （　　）

A. 很好　　　　　　　B. 一般　　　　　C. 差

10. 你想成为收纳小能手吗? （　　）

A. 想　　　　　　　　B. 不想

（4）教师小结:通过数据统计（图5-10）,我们不难看出,会叠衣服的学生中女同学比男同学要多一些,有45%的学生没有整理的习惯,大多数男生有找东西困难的情况,还有一部分学生在整理与收纳方面的能力几乎为0,有99.6%的学生希望获得衣物整理收纳的本领。

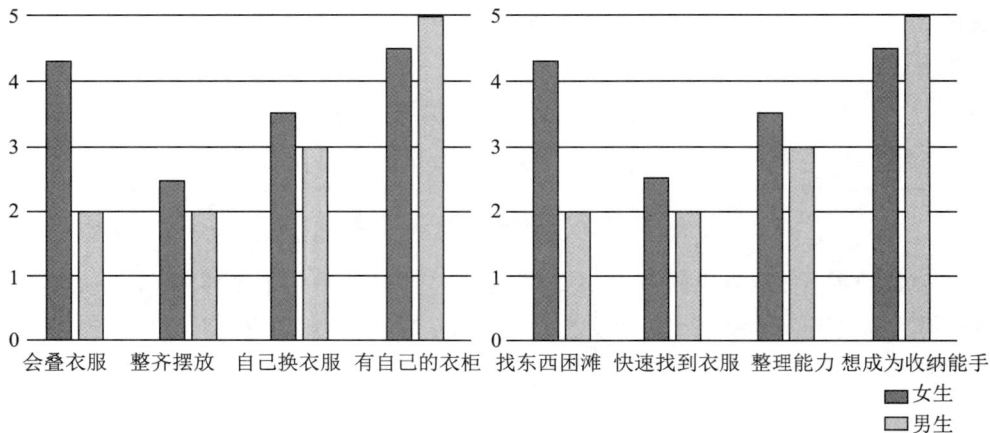

图 5-10 "衣物巧收纳"调查统计图

设计意图:通过生活化的一个真实情境,引发学生对衣物收纳的思考。调查问卷,让同学们感到衣物收纳的重要性,开展衣物收纳的劳动项目很有必要。

二、问题驱动

师:同学们,通过小调查,原来这么多同学不会叠衣服、不会整理自己的衣柜啊,大家想不想学习怎么叠衣服,怎么收拾衣柜啊?我们就在班级里开展一个"衣物收纳大比拼"比赛好不好?我们每天利用课间五分钟来学习一个叠衣小技巧,学会了之后参加叠衣大赛,看看谁是收纳小能手。

设计意图:通过调查结果,产生驱动问题,引领学生参与活动。

三、确定进程

(1)师:要想成为"衣物收纳大比拼"冠军,你打算怎样做呢?大家可以在小组内讨论一下,然后汇报。

(2)小组汇报。

生1:首先,我们要确定选择几种常见的衣物作为我们比赛用的衣服。我们觉得棉衣、毛衫、校服、连帽卫衣、裤子、T恤衫这几种衣物是我们常穿的,可以选择它们来比赛。

生2:然后,我们要上网搜索这几类衣服叠法的视频,利用课间的时间播放给同学们观看,利用午饭后的时间同学们互相练习、切磋,课后也可以练习,掌握技巧,达到熟能生巧的地步。

生3:经过一段时间的练习之后,我们可以开展比赛了,选择相同的衣物,采用吹哨的方式计时开始,用时最短、叠的质量最好的为优胜,同时我们还要制定一个评分标准,还可以请老师来给比赛当评委。

生 4:我们学会了收纳技巧,不但要把学校里的衣服叠好、收好,还要把家里自己衣柜里的衣服收拾好,还可以把爸爸妈妈的衣柜也一起收拾好。

(3)师:同学们想得真周到。接下来我们就来做个活动安排表吧(表 5-26)!

表 5-26　"衣物巧收纳"微劳动项目化活动安排

活动项目	具体安排
"衣物收纳大搜索"视频搜索人员安排	棉衣:_____　毛衫:_____　校服:_____ 连帽卫衣:_____　裤子:_____　T恤衫:_____
"学习方式大变革"视频学习时间安排	课间 5 分钟
"衣物收纳大比拼"叠衣练习时间安排	午饭后 15 分钟
衣物收纳指导组长安排	一组:_____　二组:_____　三组:_____ 四组:_____
"衣物收纳大比拼"比赛安排	时间:_____　评委:_____ 器物准备:哨子、各种衣物等
"衣物收纳大比拼"比赛评分标准制定	全班同学参与,_____执笔
"我家衣柜大变样"照片展安排	时间_____　具体要求_____

设计意图:讨论的过程就是学生梳理活动流程、找到解决问题方案的过程,这样的思考过程能调动学生的思维积极性,可以迁移到以后的学习、劳动中。

四、支架搭建

(1)教师给学生提供一份其他比赛项目的评分标准,如表 5-27 所列。

表 5-27　XX 学校叠被子评分标准

评分项目	分值设定
在限定时间内完成。	20 分
正面:上下两层厚度与宽度相等,整齐,棱角分明。	20 分
侧面:两边竖直,上下四层平行。	20 分
平面:要平整,不能有褶皱。	20 分
背面:要求竖直。	20 分

(2)学生以小组为单位进行讨论,研讨上述评分标准是从哪几个维度进行制定的。

(3)全班交流,如果我们的竞赛要制定评分标准,要从哪几个方面进行?

基础目标:① 在限定时间内完成;② 按照一定的分类方法将衣物摆放整齐。

细节目标:① 叠好的衣服呈规整的正方形或长方形,四角分明;② 采用翻、插等技巧,将衣服装进衣服本身,不易散乱;③ 袖口、领口整理平整,没有褶皱的情况的出现;④ 拉链、扣子整理好。

（4）进行制定"衣物收纳大比拼"评分标准（表 5-28）。

表 5-28 "衣物收纳大比拼"评分标准

评分项目	分值设定
在限定时间内完成。	10 分
按照一定的分类方法将衣物摆放整齐。	10 分
叠好的衣服呈规整的正方形或长方形,四角分明。	20 分
采用翻、插等技巧,将衣服装进衣服本身,不易散乱。	20 分
袖口、领口整理平整,没有褶皱的情况的出现。	20 分
拉链、扣子整理好。	20 分

设计意图:孩子们的活动理应由孩子们自己制定评分标准。

五、实践探究

（1）观看视频,总结衣物叠法的步骤,并将步骤整理下来（以叠毛衫为例）。

第一步:正面朝上,将两边的衣袖横向向中间折叠。

第二步:将毛衫的下摆向外向上翻到衣服的四分之一处。

第三步:将毛衫左右两边向中间叠起,将衣领处向下折叠与肩膀处平齐形成一条直线。

第四步:将衣领及叠好的衣袖部分一起向下折叠至毛衫下摆处,与下摆处重合。

第五步:将下摆部分翻上来。一个不易拆散的毛衫方块就叠好了。

设计意图:观看视频的过程就是学习不同衣服叠法的过程,这种观看视频进行自学的能力对于信息时代的学生来说是必不可少的一种能力。

（2）口述叠毛衫的步骤。

口述时,口语表达要清晰,过程、步骤要准确。

设计意图:口述的过程就是整理思维的过程,一边口述一边比划,说清楚了、想清楚了,才能为后面的实践打好基础。

（3）动手叠毛衫。与同桌、小组成员共同切磋叠衣服的技巧,互相学习,并比一比谁叠得最利索、整洁。

设计意图:学习一项新本领的过程就是与他人共同合作、取长补短的过程。

（4）以同样的方法学习棉衣、校服、连帽卫衣、裤子、T 恤衫的叠法。

（5）学会所有衣服不同的叠衣方法后，分小组讨论学完之后你有什么收获，并进行课堂交流。

生1：我发现叠毛衫和叠棉衣的方法差不多，最后都是把衣服变成了一个豆腐块，而且这个豆腐块不易拆散，这样我们拿取衣服的时候就不容易将衣服弄乱。

生2：我发现叠带帽卫衣和叠带帽薄棉衣可以使用同一个方法，都可以把衣物塞进帽子里面，看起来就像是一个小包包。

生3：叠校服的方法和这些衣物都不一样，校服包括衣服和裤子，将衣服和裤子叠在一起，这样找起来不会东一件西一件。套装都可以用叠校服的这种方法。

生4：我使用一个硬纸板，叠T恤衫非常好用，将一块方方正正的硬纸板放在T恤衫后背领口下方，将左右袖口连同下摆一起都向中间折叠，长一点的T恤衫可以将下摆稍微向上折叠一点，再将下摆向上折叠，就叠成了方方正正的形状，然后把硬纸板抽出来就可以了。使用这种工具可以把不同的T恤衫叠成一样大小。我推荐使用这种小工具来叠衣服。

设计意图：对比的过程，可以让学生找到相同之处、不同之处，在以后遇到不同的衣物时可以将叠法迁移，并将这种迁移的思维运用到其他事情中。

（6）想一想：衣服叠好了，我们应该怎么收纳呢？小组讨论，然后汇报。

生1：我们可以按照颜色来分，把颜色相同的衣服放在一起，这样找起来就比较方便。

生2：可以按照季节来分类，不同季节的衣服分开来放，拿取方便。

生3：我们还可以按照功能来分类，裤子和裤子放在一起，毛衫和毛衫放在一起。

生4：短裤、袜子等小件衣物，可以使用小箱子、鞋盒等收纳盒来存放，袜子要两只叠在一起，这样就不会东一只西一只了。

生5：收纳的时候将衣服的脊背朝外，这样拿取的时候就不容易乱了。

（7）回家按照学会的叠衣方法将自己的衣服、爸爸妈妈的衣服重新叠好，按照自己喜欢的方式进行分类收纳，并将整理前后的衣柜拍成照片，形成对比图，参加"我家衣柜大变样"照片展览活动。

六、成果展示

（1）聘请班级的任课教师做评委，提前发放好评分标准，并做详细的解释。

（2）每位同学准备好棉衣、毛衫、校服、连帽卫衣、裤子、T恤衫6件（套）衣服，分组进行初赛，其他同学观赛。

（3）第一轮初赛结束后，小组内成员进行自评、互评，评委教师再给予点评。

（4）初赛产生组内冠军后，再进行决赛，选出班级最终冠军。

设计意图：比赛不是目的，比赛的过程也是相互学习的过程，通过自评、互评、教师评，让学生们知道自己哪里还有不足，看到他人的长处并学习，达到共同成长的目的。

（5）在班级群中开展"我家衣柜大变样"照片展。要求拍出衣柜前后变化的对比图及整理过程的小视频，与班级同学及父母家人一起鉴赏谁家的衣柜更整洁、收纳更合理。

设计意图：通过对比图，感受衣柜的前后变化，将学到的技巧用来改造自己的衣柜，让生活更加美好。通过自己的努力整理好父母的衣柜，传达对家人的爱、对家庭的责任意识。

七、反思复盘

（一）学生层面

学生反思1：今天吃过午饭后，老师带领我们开始叠衣服。通过观看视频，我发现，视频里叠衣服的方法和我平时叠衣服的方法不一样，原来衣服还可以这样叠，一件衣服最后叠成了小方块，真是又干净又利索，还不占地方。我想，学会了以后，我的衣服放在书柜里，就不会占太多地方了，而且也不会把衣服弄皱。这样想着，手里就加快了速度，可是这衣服怎么不听话呢？毛衫向外翻的时候，前面还好，后面的怎么就和前面不一样呢？赶紧整理一下。唉！顾得了前面，顾不了后面，还好，终于弄熨帖了。我一边做一边观察其他同学，嗯，大家都有点手忙脚乱，看来，真不是件容易的事。到最后一步了，要将毛衫的下摆翻上来了，可是怎么包不住叠好的部分呢？老师走过来，与我分析了一下，是的，毛衫下摆向上翻的时候，要稍微大一些，否则到最后就包不住叠好的部分，小方块就出不来。好吧，拆掉重新来。这一次，我吸取了上一次的教训，一步一步，先想好了再动手，毛衫终于被我叠好了，虽然还有些不平整，可是，这已经比我之前叠得好太多了。我也学会叠毛衫了，太棒了！通过这次叠毛衫学习，我掌握了叠毛衫的技巧，也懂得了凡事都要亲身实践，看起来简单的事情做起来不一定简单，要把事情做好，必须反复练习才行。

学生反思2：今天，班级里举行叠衣服比赛。同学们都从家里带来了老师指定的6件衣物。随着老师的哨声一响，只见衣服在同学们的手中上下舞动，放平、折叠、找中线、对齐、平整……同学们的动作非常熟练，一看就是平时做了很多练习。大家都在加快速度叠着衣服，谁也不让着谁，观赛的同学也在旁边给他们喊着："加油！加油！"现场的气氛真是又紧张又热烈。"嘟——"哨声一响，时间到，第一小组比赛结束。评委老师们过来检查战况，有的同学虽然很快叠好了，但是衣服没有整理平整，里面有褶皱，这样就要扣分了；还有的同学虽然叠得很好，但是速度不行,整体效果也是打了折扣。老师给每个同学的作品都打了分,然后请同学们自己评价了自己的作品,又评价了组内同学的作品。大家都看到了其他同学的优点,找到了自己的不足。通过作品质量和用时长短的对比,第一小组的组冠军产生了,同学们都鼓起掌来。今天的活动真有趣,我们在竞赛中感受着劳动的乐趣,在竞赛中体会着收获的喜悦。

（二）教师层面

尺有所短,寸有所长。这一次"衣物巧收纳"活动,让我对孩子们的表现有了不一样的看法。我班的小萍同学,是个普普通通的孩子,在班级里很少主动发言,学习也一般,可是这个孩子的动手能力特别强,在学习叠衣服的时候,她的反应就比别的同学要快,学会了以后还会去帮助其他同学,在小组竞赛中她得了第一名,在班级决赛中也获得了第一名,同学们对她刮目相看。原来,这个孩子在家里就是个懂事能干的孩子,经常帮妈妈做饭,自己还会做手擀面。这就是孩子闪光的一面,在今后的学习中我们要善于抓住孩子的闪光点,鼓励她全面发展,争取在学习上更进一步。

通过这次活动,我们也感受到了不少孩子在家中的确是很少干活,叠衣服就是草草了事,沉不下心,既不想学也不想干,效果可想而知。对于这样的孩子,我们发现他哪里表现得不错,就及时表扬,对于他们的成长给予更多的耐心。事实证明,每一个孩子都是含苞待放的花朵,老师的表扬、鼓励就如同阳光雨露,会让他们慢慢绽放出自己的美丽。

活动得到了家长的大力支持,有不少家长告诉我们,孩子自从学会了叠衣服,就成了家中的衣物管理员,所有的衣服他都要亲自叠、亲自收纳。还有的家长反映,孩子帮忙收拾了家中的衣柜,看到别的地方乱七八糟的,也会动手收拾起来。自己会整理衣物了,也学会了收纳自己的学习用品。这样的改变,让家长感到很欣慰。整理收纳的背后,是对生活、对人生的整理和规划,我们愿意以这样的方式助力孩子成长。

为了让校内劳动课程实施与校外实践相融合,提高劳动教育的实效,我们在每个年级的老师、家长中不断征求意见,形成符合学校实际的劳动清单。我们力图通过劳动清单,助推劳动教育落地生根。

案例二　小小烘焙师

▎项目背景》

课间,同学们在教室里聊得热火朝天。原来他们在谈论过生日的话题。我问同学们:"你们的生日过得这么开心,那你们知道妈妈的生日是哪一天吗?"孩子们有的很兴奋地说自己知道,更多的孩子则是摇摇头,说不知道。我又问:"妈妈过生日的时候,你为妈妈送过什么礼物?"孩子们有的说自己给妈妈送过贺卡,有的帮妈妈做家务……我为孩子们提议:"学校里有烤箱,我们是不是可以去学习做蛋糕,等妈妈过生日的时候,我们为妈妈亲手做一个蛋糕,庆祝她的生日?我想,这样的生日礼物妈妈会终生难忘。"这个提议得到了同学们的热烈响应,对于这个活动,孩子们都兴奋得不得了。

▋项目结构 »

做蛋糕是个细致的活儿,需要耐心、细心。整个项目结构分五个小模块:模块一,上网搜索制作蛋糕所需的工具,了解各种工具的用途;模块二,聘请烘焙师到学校现场指导,跟烘焙师学做戚风蛋糕;模块三,学习使用奶油等装饰蛋糕;模块四,尝试在妈妈们生日或母亲节、节假日等时间,在家里为妈妈制作一个生日蛋糕;模块五,尝试运用制作戚风蛋糕的方法,制作其他甜品。

▋项目设计 »

根据项目的几个步骤,我们设计了如下活动。

第一阶段:烘焙知识知多少——搜索制作蛋糕所需的各种工具,知道各种工具的使用情境,学习工具使用方法。以小组为单位进行分类、整理,在班级中以PPT、小报等形式进行交流。

第二阶段:戚风蛋糕我会做——聘请烘焙师到学校进行现场指导,学习制作戚风蛋糕。

第三阶段:蛋糕装饰我创意——学习蛋糕的装饰风格、装饰图案等知识,学会使用奶油等材料装饰蛋糕。

第四阶段:我为妈妈做蛋糕——在妈妈生日这一天,为妈妈做一个生日蛋糕。

第五阶段:创意甜品品尝会——用自己的小巧手,按照戚风蛋糕的制作方法,尝试做出更多的甜品。

▋项目实施 »

项目描述:蛋糕是一种古老的西方美食,因其美味可口、软糯香甜,深受小朋友的喜爱。此次"小小烘焙师"项目,就是要让孩子们掌握蛋糕的做法,能将做好的蛋糕进行装饰,并能在妈妈生日这一天,为妈妈做一个蛋糕,表达对妈妈的爱,体会劳动创造美、劳动表达爱的美好情感。在学会蛋糕的基础上,进一步创造性地制作其他甜品,触类旁通,举一反三,达到以劳增智的目的。

项目目标:

(1)劳动观念:体会烘焙师这一职业的特点,理解"三百六十行,行行出状元"的道理。

（2）劳动能力:正确使用烘焙工具,掌握制作蛋糕和装饰蛋糕的技巧。

（3）劳动习惯和品质:在劳动过程中形成严谨、程序化的劳动习惯,有创意、会举一反三。

（4）劳动精神:体会劳动创造美、劳动表达爱的情感。

关联技能:烘焙技能、装饰美化技能。

材料准备:烘焙工具、制作材料、烤箱等。

作品结果表现方式:为妈妈做一个生日蛋糕、创意甜品品尝会。

时间:劳动课3节。

项目步骤:

一、情境创设

（1）课堂小调查:同学们,你们都吃过什么样的蛋糕? 喜欢什么口味的蛋糕?

生1:我吃过奶油巧克力的蛋糕,我喜欢巧克力的蛋糕。

生2:我喜欢吃放了很多水果的蛋糕。

生3:我喜欢慕斯蛋糕。

生4:我喜欢巧克力榛子口味的蛋糕。

生5:我吃过泡芙。

（2）师出示种类众多的蛋糕图片:看,这么多种类的蛋糕,让人垂涎欲滴,你想吃吗?（想)你想随时随地都能吃上蛋糕吗?（想)那么你有什么好办法可以让自己随时随地都吃上你喜欢的蛋糕呢?

生:我们可以自己学习制作蛋糕,这样就可以什么时候想吃就什么时候自己做。

设计意图:通过调查、谈话的方式,将学生们带入真实的情境中,产生项目活动与我的关联性。

二、问题驱动

师:看来咱们同学都非常喜欢吃蛋糕,想学习制作蛋糕的愿望也很强烈,那就让我们来做一个"小小烘焙师",体会做蛋糕的乐趣吧。

设计意图:引入"烘焙师"概念,让学生产生职业认同感,从而更加有兴趣参与活动。

三、确定进程

（1）小组讨论。

师:要想成为一名"小小烘焙师"我们需要怎么做呢? 请在小组内讨论一下。

（2）课堂汇报。

生1:做蛋糕需要很多工具,我们应该先上网去查一查都需要哪些工具,这些工具都叫什么名字,都是怎么使用的。

生 2:还要查一查做蛋糕都需要使用哪些材料,这些材料都是按照什么比例来配置的。

生 3:我们可以去蛋糕店参观或者请班级里开蛋糕店的家长来到我们班级里,现场教同学们做蛋糕。

生 4:蛋糕做出来以后,我们还要学习怎样装饰蛋糕,让它看起来更好看,更想让人去吃它。

生 5:学会做蛋糕以后,我们可以在爸爸妈妈生日这一天给他们一个惊喜。

生 6:我们还可以学一学怎样使用高压锅做蛋糕,有的同学家里可能没有烤箱,高压锅也能做出蛋糕来。

生 7:我们还可以使用做蛋糕的方法尝试做出其他美味的甜品来。

(3)师:同学们的想法真精彩,想得好不如做得好,请在小组内给这一次项目化活动做一个整体安排吧。

"小小烘焙师"微劳动项目化活动安排如表 5-29 所列。

表 5-29 "小小烘焙师"微劳动项目化活动安排

活动项目	具体安排	活动形式	认知策略	成果展示
烘焙知识知多少	搜索内容:烘焙工具有哪些?怎么使用?	个人与小组	问题解决创见决策实验	PPT、小报、文稿
做蛋糕	聘请蛋糕师到学校进行现场指导。要求:在烘焙师的指导下亲手操作,并做好。			作品
装饰蛋糕	了解各种装饰工具形成的花纹特点,选择自己喜欢的装饰图案,将做好的蛋糕进行装饰。			作品
为妈妈做生日蛋糕	在妈妈生日这天亲手为妈妈做一个生日蛋糕,并拍摄成视频,请妈妈说一说自己的感受。			作品视频
创意甜品品尝会	将自己创作出来的甜品进行展示,讲述制作过程,并与同学们一起分享。			现场展示

设计意图:通过讨论交流,形成项目化活动的初步流程安排,养成做事之前先做计划、考虑详尽之后再行动的习惯。

四、支架搭建

(1)教师结合 PPT 讲解蛋糕的几个种类,戚风蛋糕、海绵蛋糕、重油蛋糕、芝士蛋糕、慕斯蛋糕及其各自的特点。

(2)通过老师的讲解,小组讨论哪一种蛋糕比较容易学,确定我们要学习哪个种类的蛋糕(戚风蛋糕)。

（3）教师介绍戚风蛋糕的食材准备。

鸡蛋 10 个,低筋面粉 170 克,色拉油(或者无味蔬菜油)80 克,鲜牛奶 80 克,细砂糖 120 克(加入蛋白中),细砂糖 60 克(加入蛋黄中),糖的重量可以个人口味适量增减。

设计意图:为避免学生们走弯路,通过比较、辨别、讨论的形式,让学生自己做主,确定将要学习什么种类的蛋糕。

五、实践探究

1.“烘焙知识知多少”

（1）先在小组内介绍自己在网上搜索的关于烘焙知识、烘焙工具的信息。

（2）课堂交流。以小组为单位,结合 PPT,介绍常见的烘焙工具及其使用方法。

蛋清分离器:用来将蛋清和蛋白进行分离,使用的时候将鸡蛋打在蛋清分离器的中间圆形部分,蛋清就自动从旁边的缝隙流下来,从而实现蛋清和蛋白的分离。

面粉筛:将面粉过筛,可以使面粉更加蓬松,有利于搅拌。

打蛋器:分为手动和电动两种,是打发蛋清、奶油的得力助手。电动打蛋器更方便省力,比手动打蛋器更快捷。

橡皮刮刀:蛋白糊和蛋清糊混合在一起的时候,橡皮刮刀是最得力的工具,在翻拌的同时,还可以盆壁的蛋糕糊刮得干干净净。

电子秤:蛋糕制作食材需要按照一定比例,因此一台精密的电子秤必不可少,电子秤有多种计量单位,我们常用的是克。

蛋糕圆模:做好的蛋糕液,就是放在蛋糕圆模里面进行烘焙的,一般用采用铝合金材质的,耐高温,导热快。不要使用有不粘层的磨具,否则你的蛋糕就会爬不高。

蛋糕抹刀:制作裱花蛋糕时,用来抹平蛋糕上的奶油。

裱花嘴、裱花袋:裱花袋里装满奶油,下方装上不同的裱花嘴,就可以挤出不同的花型,用来装饰蛋糕。

不锈钢盆、玻璃碗:用来盛放各种材料。

量杯、量勺:用来取定量原料的工具。

烤箱:烤箱是我们最后使用的一个工具,烤制蛋糕的时候,要使用上下火,170 摄氏度,时间为 45 ～ 50 分钟,蛋糕就做好了。

（3）分组学习工具的使用。

设计意图:工具的使用是重要的准备工作,通过自己课后搜索、整理,在课堂上进行展示,让学生明白:工欲善其事,必先利其器。

2. "戚风蛋糕我会做"

聘请校外烘焙师现场教学制作蛋糕。全班同学分组,每组做一个蛋糕,组员分工合作(材料准备、记录、操作等)。烘焙师边讲,小组成员边操作。

准备工作:将所有材料按比例准备好,面粉过一遍筛,蛋白、蛋清分离,分别放在两个干净无水的盆里。

第一步:处理蛋白。用电动打蛋器把蛋白打到鱼眼泡状的时候,加入 1/3 的细砂糖(40 克)。继续搅拌蛋白至变浓稠、呈现比较密的泡沫时,再加入 40 克细砂糖。再继续搅打,到蛋白比较浓稠、出现纹路的时候,加入剩下的 40 克细砂糖。当出现纹路的时候,我们还要继续打发,直到拉起打蛋器能拉出弯曲的尖角时,就表示蛋白打好了。

第二步:处理蛋黄。将 10 个蛋黄加入 60 克细砂糖,用手动打蛋器轻轻打散。然后加入 80 克色拉油和 80 克牛奶,搅拌均匀。

第三步:在蛋黄液里加入过筛后的低筋面粉 170 克,用橡皮刮刀轻轻翻拌均匀。

第四步:将 1/3 打发好的蛋白盛到蛋黄糊中,用橡皮刮刀轻轻把蛋白和蛋黄糊翻拌均匀(从底部往上翻拌,不要划圈,以免蛋白消泡)。

第五步:将蛋黄糊全部倒入盛蛋白的盆中。用同样的手法翻拌均匀,将蛋白和蛋黄糊充分混合。

第六步:将混合好的蛋糕液倒入模具,抹平,用手端住模具在桌子上用力震两下,震出气泡。放进烤箱,上下火,170 摄氏度,45 ～ 50 分钟即可。

设计意图:聘请开蛋糕店的学生家长来学校做烘焙老师,为大家现场演示戚风蛋糕的做法,边看边学。

3. 蛋糕装饰我创意

(1)小组展示自己在网上搜索的蛋糕图片,分析自己找的蛋糕图片是怎样设计装饰的。

生 1:我们小组搜的这一款蛋糕,是巧克力蛋糕。在做好的蛋糕外面抹一层奶油,然后将粉末状的巧克力洒满整个蛋糕,虽然比较简单,但是需要很大的耐心,你看巧克力涂满了整个蛋糕,整个蛋糕上的巧克力均匀、没有缝隙,需要我们小组成员一起合作从蛋糕的上面、旁边分别撒上巧克力才行。

生 2:我们小组搜的是一款水果蛋糕,这款蛋糕看起来比较简单,但是要选择颜色艳丽的水果,而且切出来的水果形状要漂亮,才能做出美丽的水果拼盘效果。同样需要耐心,还有审美能力,因此我们要好好设计一下。

生 3:我们搜的这一组蛋糕,是用奶油做出来的,应该是使用裱花嘴和裱花袋设计出了好看的纹路,然后挤在蛋糕上,蛋糕表面、侧面的花纹都不一样。表面是点状的花瓣形状,侧面是好看的纹路线条,如果我们做这一款,要好好研究一下裱花嘴呈现的图案,才能做出我们想要的效果。

(2)分组装饰蛋糕。小组成员分工合作(实验、操作、拍摄等)。

(3)小组展示自己设计的蛋糕作品。

生1:我们小组做的是奶油蛋糕,将奶油打发好以后,用抹刀将奶油抹在蛋糕上,抹奶油的过程一点都不顺利,奶油被弄得到处都是,奶油抹得也不平,我们小组几个人轮流做,好不容易做得差不多了,我们在蛋糕的外边一圈用裱花嘴加上了点状装饰,中间用草莓酱写上了生日快乐,我们觉得我们的蛋糕做得很好。

生2:我们小组做的是水果蛋糕,因为我们都喜欢水果。我们选用了黄桃、红心火龙果、猕猴桃、葡萄四种水果,我们将水果切成薄薄的三角形、扇形、半圆等形状,一圈圈摆起来,我们觉得很漂亮,让人一看就流口水。

生3:我们做的是肉松蛋糕,我们将蛋糕坯从中间横向一分为二,将肉松夹在蛋糕坯中间,外面抹上奶油,然后又在奶油外面裹上一层肉松,蛋糕的香味加上肉松的香味,想想都好吃。

设计意图:先让学生自己去搜索喜欢的蛋糕装饰,然后分析是怎么装饰的,结合图片再进行自己的创意设计,最后展示,让学生经历学习－模仿－创意的劳动过程。

4. 我为妈妈做蛋糕

(1)回家后将做蛋糕的过程讲述给父母听。

(2)为妈妈亲手制作一个蛋糕,并将蛋糕的制作过程录成简单的小视频。

(3)采访妈妈尝过蛋糕后的感想,录制成视频。

(4)家中没有烤箱的,可以上网搜索使用压力锅做蛋糕的方法,或者采用蒸蛋糕的方法制作,录制成视频,到班级中教其他同学制作。

设计意图:在学校学会以后,将这一项劳动技能带回家,为妈妈做一个蛋糕,表达对妈妈的爱,并将过程录成视频,在成果展示会上进行展示。

5. 创意甜品制作

(1)上网搜索其他蛋糕的制作方法,尝试做出其他甜品。

(2)将自己的制作过程拍成小视频,在品尝会中给大家展示。

(3)将自己制作的甜品打包好,带到学校与同学一起品尝。

设计意图:鼓励学生举一反三,用同样的制作原理尝试其他甜品,实现劳动技能的迁移,尝试更多的可能性。

六、成果展示

1. 成果展示一:我为妈妈做蛋糕

(1)将自己在家中制作蛋糕的过程视频展示给大家,并展示采访妈妈感想的视频片段。

（2）讲述自己用压力锅、蒸锅做蛋糕的过程,传授经验、技能。

生 1：我家里没有烤箱,就用压力锅做的蛋糕,做出来的蛋糕不松软,不过也挺好吃的。后来,我请教了老师,原来是我的面粉放得有点多,而且蛋液底下还有一层没有打发好就着急混合,导致蛋糕不蓬松。

（3）讲述自己为妈妈做蛋糕的感想。

生 1：我在家里做完蛋糕以后,厨房里已经杯盘狼藉了,收拾工具、收拾厨房花费了我很多时间,如果我能将工具用完之后有序摆放、及时清洗、收纳,厨房可能就不会这么乱了。

生 2：妈妈吃了我做的蛋糕以后,非常高兴,一个劲地夸我长大了。我觉得很惭愧,我的衣食起居都是妈妈在照顾,就是偶尔为妈妈做了这么一点小事,妈妈就高兴得不得了。以后我要帮妈妈做更多的活,让妈妈不那么辛苦。

设计意图：实践出真知,学会的本领要多实践才能发现存在的问题。通过实践,学生们都发现了自己的问题,并想办法自己解决,这种解决问题的能力就是孩子们未来面对困难解决困难的原动力。在实践中孩子们也体会到了妈妈平时工作的辛苦,这种无声教育带来的效果是说教达不到的。

2. 成果展示二：创意甜品品尝会

（1）展示自己制作创意甜品过程的视频,讲述具体做法。

（2）拿出自己制作的创意甜品,与同学们一起分享。

设计意图：让孩子学会触类旁通、举一反三,能运用所学实现正迁移,在劳动中体会创意的乐趣。

七、反思复盘

（一）学生层面

学生反思 1：今天周末,我在家里为妈妈做蛋糕。家里没有烤箱,我用蒸锅来做。我在网上搜索了一个小视频,按照小视频教的方法来做。先把 300 克面粉放入盆中,加入 3 克酵母和 30 克白糖,再加入两颗鸡蛋和 200 克温水,顺着一个方向搅拌成没有颗粒的面糊,然后将盆盖上盖子醒发 30 分钟。30 分钟以后加入葡萄干搅动排气,把家里吃饭的碗刷上一层油,将面糊倒入碗中,抹平,然后加上一层葡萄干、黑芝麻,放入锅中醒发 10 分钟,然后加入凉水开始蒸,开锅后再蒸 30 分钟,停火后再焖 3 分钟,三碗蒸糕就做好了。可是出锅后,蛋糕上面有一层水,影响了蛋糕的口感,我问妈妈为什么,妈妈告诉我,因为长时间在锅里蒸,不锈钢的锅盖上面会有很多水,就滴到了蛋糕上,可以改用木质或草编的锅盖,就不会有这种情况出现了。哦,原来是这么回事啊。尽管有一点点水,我们还是把蛋糕吃完了,很好吃,松软可口。妈妈很高兴,把我做的蛋糕拍了照片发在朋友圈里,圈里的叔叔阿姨都给我点赞,说我是个心灵手巧的小姑娘。我真高兴,下午我又做了一些,等周一到学校的时候,和我的同学们一起分享,让他们也尝一尝我做的蛋糕,一点也不比烤箱做的蛋糕差,而且这种做法非常简单,我要把这种做法分享给同学们。

学生反思2: 今天周末,我和妈妈在家做蛋糕。妈妈知道我在学校里学会了做蛋糕,要利用周末的时间亲自给她做一个蛋糕,她很高兴,我告诉妈妈不要插手,一定是我亲自做,妈妈很愉快地答应了,她在旁边用手机给我拍视频,记录我做蛋糕的过程。先将材料一一准备好,好家伙,灶台快摆满了。然后开始打发蛋液,哎呀!没掌握好力度,蛋液被溅起来,弄到厨房墙面上了,真浪费,妈妈马上告诉我:要把打蛋器垂直于蛋液,往盆底送一送,这样蛋液就不会被溅起来了。按照妈妈的说法,真的就好了。打蛋液可不是那么容易的,你要会看,看蛋液的状态再加糖,否则是做不出美味可口的蛋糕的。我在学校里学习的时候,烘焙老师给我们强调了怎么看,所以蛋液很快打好了。接下来处理蛋黄液,加油、加奶、加糖,搅拌,一顿操作,蛋液糊也做好了。将蛋白和蛋黄糊混合在一起,翻拌,有点笨手笨脚的样子,弄得满盆满脸都是,好在终于弄好了。上烤箱,开烤!不一会,蛋糕的香味就弥漫了整个厨房,真香啊。50分钟后,打开烤箱,一个香喷喷的蛋糕就烤好了。这是我第一次独立做一个蛋糕,太有成就感了。妈妈说,我们不用装饰,就这样吃就好。哈哈,妈妈也等不及了吧。看着妈妈高兴的样子,我也很开心,因为我也可以为我的家人制作好吃的食物了!

(二)教师层面

(1)智慧在劳动中产生。通过这一次微劳动项目化实施,再一次让我们看到劳动课程带给孩子们的改变。班里的小丽回家做了蛋糕之后,妈妈反映做完后效果不理想,自己又不知道为什么会这样,看着自己的一番心血弄成这样,孩子都快被气哭了,但是孩子并没有泄气,而是不断回想老师教的与自己做的有什么不一样的地方,经过反复思考,终于找到了原因。原来老师说加色拉油,可是家里没有色拉油,就用花生油代替的,结果就是因为花生油,蛋糕爬不起来,感觉做好的蛋糕沉甸甸的,没有蓬松、松软的感觉。找到了原因,孩子又重新做了一遍,这次出来的蛋糕成功了,孩子可开心了!经过这一次孩子自己也总结出了一些道理:上课听讲的时候一定不能马虎,差不多可能就会差很多。遇到问题的时候,要多问为什么,要多请教,否则很可能就南辕北辙了。

(2)感恩在劳动中产生。通过这一次活动,同学们亲自下厨,体会了做美食的不易,而妈妈天天为我们做饭,我们却从来没有对妈妈说过感谢的话,觉得一切都是理所当然的,甚至还有的同学挑肥拣瘦,遇到自己爱吃的就吃几口,不爱吃的就不吃甚至浪费。而妈妈呢，孩子们做了一点点事情，就高兴得不得了。有的孩子在交流的时候说："妈妈吃着我做的蛋糕，眼泪都快流出来了，我觉得我以后应该多帮妈妈干一些活，减轻妈妈的负担，让妈妈每天都开开心心的。"这种感恩之情不是在课堂上能让孩子深刻产生的，而是因为做了这件事，让孩子有了深刻的体验才产生。这进一步让我们感受到：教育是做出来的，不是教出来。

（3）创意在劳动中产生。为了在甜品品尝会中大展身手，同学们真是想尽了办法。家里没有烤箱的，同学们有的使用高压锅蒸蛋糕，有的使用蒸锅做蒸糕，还有的同学回家向家长请教，学会了自己做发糕，带到学校来和同学们一起品尝。还有的同学，在老师教授的基础上，自己做出了虎皮蛋糕、抹茶蛋糕，着实让人刮目相看。事实证明，为孩子提供一个机会，孩子就会展现出令人吃惊的创造力。

第六章

协同推进:学校家庭社会三位一体全域落实

　　劳动教育不同于学科知识的学习,它需要学校、家庭、社会通力合作,让学生有更多的机会从事劳动。家庭、学校、社会三个地域的劳动不能孤立存在。家、校、社三位一体协同开展,才能推进劳动教育全域化落实。审视现在的家、校、社协同推进劳动教育的现状,我们不难发现存在两个较大的问题。一是存在重宣传、轻落实的情况。以我校为例,我们学校是一所典型的农村小学,本以为学生与土地接触较多,学生肯定会掌握不少农技,实际情况却大相径庭,与城里的学生相比,我校学生不但农技掌握得不多,就连简单的家务、自理方面的技能掌握得也很少。二是基于学校特点的家、校、社协同推进的实施路径亟待突破。提起家、校、社协同推进,很多学校会认为发一封信、制作一个打卡表格,让家长监督执行就行了。实际上,通过调查我们发现,这种方式只是对小部分家庭有作用,实施效果不理想。基于以上认识,经过多年实践探索,我们开拓了"借力劳动清单""巧掘家长资源""依托研学劳动"等途径,充分发挥三方优势,让学校、家庭、社会深度融合,全方位提升学生的劳动素养。

第一节　学校全力保障

　　为了让劳动课程扎实有效地开展,我们做出了以"全员参与,全域推进"为目的的劳动课程实施举措,保障劳动课程落地实施。《劳动课程实施制度》一是解决劳动学科的师资配备不足的问题;二是保障劳动课程的课时不被占用或挪用;三是保全所有学生都能参与劳动课程,而不是部分学生去"体验"劳动。

一、全员参与：保障每一个师生劳动权利

1. 政策推动

各年级组长要对自己级部劳动课程实施方案向教导处进行备案。级部课程实施方案要在学校课程规划的基础上来制定，然后交由教导处存档、备查。各班级的周活动及课程安排要交由学校统一备案。构建"班班开展，人人行动"的常态活动机制，深入挖掘各年级和班级资源优势，努力打造劳动特色班级。

2. 教师培养

"全员参与"包含两个含义，一是指全体教师，二是指全体学生。"全员参与"指的是全体教师积极参与劳动课程指导，全体学生全程参与劳动全过程。要求教师全员参与劳动课程，教师必备的专业素质必须得跟上。为确保劳动教师队伍的整体素质，我们将通过骨干教师培训、校际联动、教师专业大比武等形式，在活动中快速增强劳动课程教师的专业技能。

3. 加强展示

在劳动课程常态化实施过程中，学校会发现各年级、各班级的劳动特色。对特色劳动班级，学校将利用五一劳动节、六一儿童节和十一国庆节等特殊时间节点搭建展示平台，利用教师典型案例经验交流、学生现场展示等形式，推广他们的优秀做法和创新举措，以带动全校，因班制宜，扎实推进劳动课程的育人成效。推选出来的优秀班级，在期末班级考核中予以加分。

二、团队推动：充分发挥骨干师生的引领

1. 组建教师指导团队

教师层面要成立"专任＋兼职""骨干＋全员"的团队教师指导模式。为解决专职教师少、参与教师只限于部分的问题，我们创新劳动指导形式，安排活动"主导教师"和"辅助教师"，明确不同教师的活动任务。指导教师团队由专职教师来担任，凸显主导教师的指导作用。其他辅助教师则赋予组织管理、安全、纪律、监管等职责。

2. 组建学生活动团队

为了尊重学生的活动兴趣，让更多的学生参与到活动中来，我们通过"小组劳动""班级劳动""年级劳动""学校劳动""社团劳动""研学劳动""基地劳动"等形式落实学生全员参与实践活动课程。

三、有机整合：抓住各项活动全方位渗透

1. 整合校本课程

各班级依据"自理与生活""农历的天空下—走进传统节日"两个校本课程，分年段设计梯度活动内容，由年级组老师每周定期进行集体备课，分工准备授课资源，按照课程表的安排，严格组织全体学生进行日常生活劳动、生产劳动或社会性服务劳动等。

2. 整合社团活动

各年级每周安排固定的时间段组织社团活动，其中可开设部分劳动社团。学生依据自己兴趣爱好自主申报社团，如陶泥制作社团、钩织传统工艺社团、棒槌花边社团、扎染工作坊等。每个社团至少保证一名劳动骨干老师组织活动，由一名或两名老师辅助活动的组织及安全等，确保社团正常高效开展，达到所有学生和老师人人参与、个个出彩。

3. 整合课后延时服务

为了解决家长不能按时接孩子放学这一实际困难，学校每天晚学后会根据学生实际情况开展课后延时服务。课后延时服务过程中，除了安排学科辅导、艺术特长等项目，我们组织校内老师或校外辅导员带领学生开展相关劳动教育活动，比如种植基地的种植与养护、校园的清洁、小小动物园内动物的喂养等，让学生充分参与到校园劳动中，成为校园小主人。

4. 整合劳动周活动

抓住劳动周这一契机，系统推进"五个一"活动：开展一次劳动教育主题班会课；开展一次校园劳动实践活动；评选一批"劳动之星、校园劳动小达人"；举办一次劳动成果展示活动；开展一次劳动教育文化宣传活动。每个活动可以用视频的形式记录劳动教育活动的亮点和特色。自2021年开始，我校在劳动周期间开设"亲农劳动节"，目前已经成功举办了两届。其主要目的是引导学生亲近农业、学习农技，将农事活动与竞赛相结合，既提高学生的劳动兴趣又锻炼学生的劳动能力，可谓一举两得。

↙ 附录 牟平区玉林店镇中心小学第二届"亲农劳动节"活动方案

第二届"亲农劳动节"活动方案

牟平区玉林店镇中心小学

一、活动宗旨

以劳树德、以劳增智、以劳强体、以劳育美

二、活动时间

时间：2022 年 11 月 1 日

三、组织机构

1. 领导小组

组　　长：崔远红

副组长：孙永刚　张　蕾

组　　员：曲仕明　赵杉杉　张　波　王迅辉　苏金贵

2. 工作小组（排在首位的为组长）

策　　划：崔远红　孙永刚　张　蕾

主　　持：张　蕾　张建燕　孙永刚

器物准备：张　波　曲仕明　张　霞　王迅辉　杨绍云

计时员：周　良

裁判组：教师（曲仕明　赵杉杉　张霞　王迅辉）学生（五年级 8 名学生）

记录员：魏翠桦　张　华

赛时器物组：张　波　吕　琪　杨绍云　孙宏杰　李红丽（趣味比赛阶段及时撤换比赛道具器物）

摄　　像：苏金贵（录）　万　英（拍）

音　　乐：杨伟伟

通讯报道：曲仕明　张　霞

安全保卫组：张　波　王全亮　贺业明

四、活动安排

模块一：神奇的农作物系列手工作品

（一）活动地点

地点：各年级教室

（二）活动内容

为了使学生进一步了解农作物特点、丰富学生课余生活，促进学生的创新能力、思维能力、动手能力的有机结合和有效发展，各年级组织实施"神奇的农作物"

手工制作展示活动。

1. 一年级:神奇的农作物·粘土画

划分为两个组别进行竞赛:"柿柿如意"组和"红梅傲雪"组。以"柿柿如意"组为例,4人1组(2人制作柿子、1人制作树枝等其他装饰物、一人摆盘),以速度快者获胜,速度相同较为精美者获胜("红梅傲雪"组规则同上)。

(1)指导教师工作:每组设计一幅"柿柿如意"或"红梅傲雪"图案,要求学生学会操作且图案精美。

(2)需要材料:粘土(橙色、绿色、棕色)、树枝、粘土相框等。

(3)指导老师:王 琳 郑 芹 张 蕾 王迅辉

2. 二年级:神奇的农作物·五谷画

两人一组现场展示制作"五谷"画一幅。

(1)指导老师工作:每组设计一幅"五谷"画,要求学生可操作,图案精美。

(2)需要材料:纸盘、双面胶、五谷粮食等。

(3)指导老师:唐志玉 初世莲 周良 宫丽芳

3. 三年级:神奇的农作物·玉米花艺

4人1组(2人负责制作玉米花枝叶、2人负责制作花瓶),以速度快者获胜,速度相同较为精美者获胜。

(1)指导老师工作:辅导学生做好分工,教给学生具体的制作步骤,引导学生自主创新。

(2)需要材料:玉米粒、玉米小辫、矿泉水瓶、树枝、热熔枪、热熔胶(双面胶)等。

(3)指导老师:李丽 王 双 赵杉杉 苏金贵 李红丽

4. 四年级:神奇的农作物·果网手工

分为两个组别进行竞赛:玉米组和辣椒组。以玉米组为例,2人一组,共有5组;一分钟内制作玉米多者获胜,数量一致较为精美者获胜(辣椒组规则同上)。

(1)指导老师工作:引导学生进一步精致作品,如教给学生将玉米和辣椒串成串儿。

(2)需要材料:热熔枪、热熔胶(双面胶)、果网等。

(3)指导老师:丛章玲 杨伟伟 曲仕明 魏翠桦

5. 五年级:神奇的农作物·"扎染"艺术

两人一组现场展示制作"扎染"艺术作品一份。

(1)指导老师工作:组织学生设计好自己的"扎染"作品,教给学生"扎染"技巧,并引导学生适当创新。

(2)需要材料:蓝色染料、白棉布等。

（3）指导老师：万英　赵述舜　陈华英　张霞　张建燕

（三）展示时间安排

（1）10月17日至10月21日中午12：30—13：20。

（2）周一至周三学生在老师指导下，确定各组作品并完成，周三晚学前上交各小组的作品。

（3）周四中午各小组调整和进一步练习作品制作。

（4）周五中午正式进行一次竞赛，并根据作品完成情况评选"劳动巧巧手"优胜小组，根据一周活动组织情况评选"组织优胜"班级。

（四）展示活动要求

1. 全员参与

首先要求学生全员参与，班主任要根据学生特点做好分组安排，要让每位学生都参与到本次活动中来。然后要求教师全员参与，每位教师都搭配到相应班级作为指导老师，班主任老师负责将指导老师搭配到相应的小组中去，指导老师要积极指导学生完成作品，促使学生作品更加完善。

2. 有效开展

各班活动要认真组织，正副班主任老师和指导老师要按时到岗，不得无故缺席，如果有事需到崔校长处请假。指导老师到岗后需要填写签到表，班主任负责将每天的活动照片精选2张发给张蕾（照片要求横版拍摄、无水印、主题明确、背景纯净）。

模块二：趣味劳动比赛

（一）活动地点

地点：小广场

（二）活动内容

1. 一年级："拣豆子"

25人：5组齐上。将绿豆、红豆、黄豆掺杂在一起，看看哪个小组分得又快又好。目的是锻炼学生眼与手的协作能力。

比赛规则：每组5人，一个托盘，绿、红、黄豆各一平杯，混杂在托盘中央，开始比赛。用时少者获胜，丢豆或是结果有杂色豆子，每有一粒加1秒。

2. 二年级："盲人运粮"

24人：共3批，每批4组。每小组两个人，一个人充当盲人，一个同学指挥。看看哪个小组能够快速将粮食运到指定粮仓。目的是锻炼学生语言表达能力及实物判断能力，增加彼此间的合作。

比赛规则：每组2人，"盲人"用眼罩捂眼，肩背粮袋，在同伴的口令指引下，穿越 6 个障碍物,顺利到达终点将粮食倒入粮仓,用时少者获胜,每触碰一次障碍物用时加 1 秒。

3. 三年级:"点种"

26 人:4 组,每组 6 人。在操场上,每隔 30 厘米放一个一次性水杯,学生按照给定的种子,每穴(杯子)种两粒(图 6-1)。目的是锻炼学生眼手脑的协作,增强动手能力,了解农民点种技术。

比赛规则:每组 6 人接龙比赛,每组 10 个种穴,每穴要求点种 2 粒,第一位同学点种完毕后,快速返回将盛放种子的器具交到下一位同学手中,以此循环进行,最先完成任务且无数量错误之组获胜,错一粒种子加 5 秒时间。

图 6-1　趣味"点种"

4. 四年级:"抢粮归仓"

20 人:5 人一组,共 4 组齐上。暴风雨来临,晒场上的玉米、花生需要及时收回,同学们协作完成抢收归仓。目的是培养学生珍惜劳动成果,爱惜粮食的良好品质;同时锻炼学生调理指挥能力,增强协作互助素质。

比赛规则:每组 5 人,起点站好,雷声一响,抢收开始,对面粮食处有各种工具,组员互相协作,将粮食收回仓库,不得丢撒。用时最少且无遗漏之组获胜。

5. 五年级:"小小果农"

24 人:分 8 组。四组场地,每组高低不同悬挂 30 个"苹果",目的是培养学生动手能力,提高热爱劳动及悯农意识,能帮家长干一些力所能及的工作,减轻家长负担,养成尊老敬老习惯。

比赛规则:口令下达后开始劳动,第一批四组,每组 3 人共同协作完成套袋任务,苹果掉落一个加时 10 秒钟,总用时少者获胜。第二批四组(老师上,参与活动),每组 3 人协作完成摘袋任务,要求同上(图 6-2)。各组安排分工以用时最少、保证质量为目的。

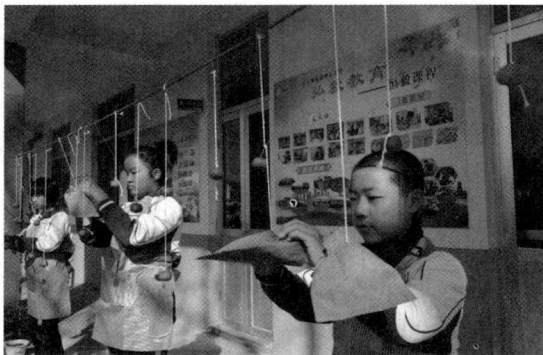

图 6-2 "小小果农"套袋忙

模块三：大蒜种植劳动比赛

地点：校园种植基地

说明：五年级同学 3 人一组，共 3 组，采取比赛形式完成该活动。每组中的 1 人用小园镬开沟，1 人种蒜头，1 人覆土，协作完成该任务，评委每组 1 人，负责检验该组种蒜深度，覆土厚度是否合格。质量合格先完成组获胜。

五、器物准备

（1）玉米 4 袋、花生 2 袋、空大米袋 8 个——四年级用，孙校长负责筹备。

（2）野生海棠果（小小果农用替代苹果）200 个——五年级用，苏金贵老师负责。

（3）托盘 6 个、小盘 18 个——一年级用，张波和吕琪老师负责。

（4）眼罩 4 个、米袋 4 个——二年级用，张波老师负责。

（5）三色豆（红豆、绿豆和黄豆，三种豆子的大小差不多）各 1 斤——一年级用，张波老师购置。

（6）苹果袋 2 包、细绳 35 米、吊线一宗、曲别针 100 个——五年级用，张波老师购置。

（7）纸杯 80 个（三年级）——张波老师筹集。

（8）盛种器具 4 个——三年级用，苏金贵老师负责。

（9）粮仓 8 个、红"仓"字帖——二年级、四年级用，曲仕明和万英老师负责。

第二节 巧借家长之力

在劳动教育开展过程中，我们越来越认识到家长在活动中有着举足轻重的作用，如果能循序渐进地开发家长资源，准确定位不同家长在劳动中的角色，加强家、校合作，那么我们的劳动教育一定会开展得如火如荼。

一、反馈协助：家长参与活动

1. 家长志愿者助力校外劳动

在"小脚丫走家乡"的研学劳动课程中，我们开展了丰富多彩的劳动实践活动。这些劳动实践之所以能够安全顺利地进行，离不开爱心家长们的保驾护航。

外出活动前，学校通过书面形式向家长告知本次劳动实践的目的和意义，并征集有能力的爱心家长为活动提供必要的帮助。最初参与的家长并不多，外出主要是乘坐校车，由班主任老师带领部分学生开展活动。但随着活动的深入，家长们通过 QQ 群里孩子们阳光灿烂的照片、透过孩子们真情流露的活动日记等逐步看到孩子们的喜人变化，参与活动的家长慢慢地越来越多。

记得四年级二班的孩子们到清谷农场采摘网纹瓜时，会开车的五位家长主动为孩子们提供车辆，解决了交通问题；没车的两位家长则主动要求和老师一起管理学生，帮助解决管理人手不足的问题。可谓有钱的出钱，有力的出力，这为老师外出组织活动带来了很大的动力，也解除了老师们的后顾之忧。

截止到目前，"小脚丫走家乡"校外研学劳动已经顺利走过大窑十里杏花谷、高陵半岛山庄、烟台博物馆、烟台地质博物馆等烟台市的三十几处地方，那里留下了孩子们一串串快乐的脚印，也洒下了老师和家长们辛劳的汗水。

校外研学劳动实践活动吸引了越来越多的爱心家长志愿者，孩子们在活动中的成长令家长们欣喜不已，家长们在辅导孩子活动方面的成熟也让老师们激动不已。于是，在"小脚丫走家乡"的活动基础上，我校又开发了"小脚丫走天下"的研学劳动课程。"小脚丫走天下"分两种活动形式开展。一种是教师有针对性地倡导，家长积极参与协助。例如，教师引领孩子走出烟台，走进日照，来到日照海边，一边感受日照海与烟台海的与众不同，一边在海边捡拾贝壳和鹅卵石。孩子们用贝壳做项链，制作贝壳工艺品，用鹅卵石作画……在此过程中，家长全程陪同参与，协助教师辅助孩子完成系列活动。另一种是由家长独立带自己的孩子或是三五个家庭组成小团队，共同进行活动。

寒暑假是"小脚丫走天下"研学劳动的最佳时机。五二班的四个学生家庭结队同行，共同在暑假去东北，孩子们的日记本上记录了他们在哈尔滨体验滑雪的快乐，探访冰雕的形成；在长白山上，他们和爸爸妈妈一起观察天池水的不同颜色，探秘那里为什么会常年保持水位平衡。四年级三班的六个学生家庭结伴同行，带孩子们去泰安研学，孩子们的研学小档案上贴上了泰山观日出的照片、品石刻的交流以及采访游人的访谈录……开学以后，学校专门搭建展示平台，让孩子晒日记、晒照片、晒感想，他们在一起分享自己的假期生活，畅谈自己的真知灼见，最终评选出大批劳动实践小明星并予以颁奖。同时，学校还邀请在组织孩子们外出劳动实践活动表现出色、经验丰富的优秀家长到校，向全体家长和教师交流经验。随着研学劳动实践活动的深入开展，越来越多的家长志愿者成长起来，他们为校外劳动研学课程的进一步开发和孩子们的健康成长增添动力。

2. 家长反馈实践活动成效

为了促进劳动课程的全面落地实施，我们结合学校特色和学生特点，从"学校、家庭、社会"三个场域，多维度挖掘切合实际、符合学生兴趣点的劳动项目来设计目标内容，制定了劳动清单。为了能够全力扎实地开展清单相关活动，整个劳动教育过程中除了师生之外，我们还邀请了家长一起参与。

例如，为了达到巩固提升劳动技能的效果，我们结合劳动清单进行了劳动打卡活动，并在评价环节加入了"家长评"的元素。每学期开学初，我们会下发家庭劳动清单，同时还会给家长下发一张"我是劳动小能手"星级评价表，并通过线上或线下家长会的方式向家长和学生讲明星级评价表的使用。学生每天要根据劳动清单中的项目进行实践打卡，家长则根据孩子自身完成情况在"星级评价表"中选择相应级别进行差异化评价。在假期中，我们则进行网络打卡。为了让劳动清单做到无缝衔接，我们邀请家长通过照片、视频等方式记录学生劳动时的场景，并分享在 QQ 群、微信群或短视频等网络平台中完成劳动打卡。网络打卡相比纸质打卡的优势，一是家长能够对学生的劳动情况进行实时的反馈，二是能够在群中查阅其他学生的劳动情况，与其他家长进行有针对性的教育交流，从而形成"比、学、赶、帮、超"的良好劳动氛围。假期结束后，我们开学的第一课不是检查机械抄写性作业，而是评选假期里的"劳动小能手"，以此让学生持之以恒、坚持不懈地养成良好劳动习惯。

3. 家长参与劳动效果评价

为了让研学劳动开展得扎实有效、环环相扣，真正促进学生们劳动能力的提升，我们努力创设条件让孩子与家长多交流，并聘请爱心家长参与活动评价，反馈活动成果。

例如，在开展"节日美食"的劳动中，学生们首先对传统节日的由来进行了调查研究，然后搜集相关节日诗词进行诵读，继而开展做月饼、包粽子、滚汤圆等活动，最后他们为敬老院的老人送去自己亲手制作的传统美食……一些平日默默无闻的孩子在活动中也表现得兴致勃勃，于是我们设立了活动记录本，让学生记录下每次开展活动的过程,回家后跟家长汇报交流,并请家长在本子上进行"面对面"式的语言评价。有的家长这样写道:"在这次活动中,妈妈很高兴看到你的语言表达能力有很大的提高。在采访环节里,没想到平时内向文静的你,为了完成采访食客的工作,居然敢在大庭广众下滔滔不绝,妈妈真为你骄傲!"还有的家长这样评价:"以前每到八月十五,我们都会买月饼,现在孩子会自己做月饼了,还教给我们怎样做。以后我们就可以吃上自己做的月饼啦!这次活动提高了孩子的动手能力,我们一定会大力地支持和配合学校开展的各项活动!"

同时,我们还给爸爸妈妈们发放了一些学校印制的评价奖章。在各项劳动实践中,家长们也会跟随活动的进程,对孩子给予多方面的评价与奖励。家长对劳动教育的认同感不断增强,促进了家、校合作,也成为学生校内外深入开展劳动教育的重要保障,有了家长的支持和参与,我校的劳动教育开展得更有实效,影响也更加深远。

二、专业指引:家长指导活动

1. 建立专业家长档案

家长资源虽然看起来很丰富,但如果不加以组织和指导,就会一直是游离的、零散的家长队伍。为此,我们依据劳动目标,拟定家长资源开发实施方案,对家长资源的类型、开发动态、服务方向等进行分析、归类,建立系统的家长专业资源档案库,不断丰富学校教育资源储备,满足劳动教育教学所需。

我们认为,家长资源是可再生资源,因为学校每年都会迎来一批新学生和新家长,家长资源取之不尽,用之不竭。因此,我们每年都会对家长资源进行评估,及时更新与调整家长资源库,把参与热情高、责任心强、具有较高文化素质的优秀家长资源置于优先位置,以便参与学校开展的各种特色劳动教育活动。

2. 创建亲子劳动课堂

正所谓"术业有专攻",教师某些领域的专业知识与技能与家长相比还是有欠缺的。因此,根据优秀家长专业资源档案,我校定期邀请各行各业的优秀家长,利用他们的行业和专业优势,走进我们的劳动课堂,构建起校内外交错相连的资源网络。

二年级崔心铭同学的爸爸在烟台市环保局工作,他曾走进课堂借助 PPT 为孩子们讲述乱丢垃圾的危害,并为学校赠送了上百本环保故事画册,将环保理念根植每个孩子的心中,校园掀起了垃圾分类的新热潮;五年级马腾同学的爸爸是位牙医,他曾亲自来到教室,接受孩子们的采访,教给孩子们如何正确地刷牙,解答各种各样关于口腔卫生的问题；四年级张老师班的一位家长业余擅长玩魔方，我们便邀请他做孩子们的领路人，劳动课上，孩子们的一双双小手在魔方上快乐地飞舞；三年级有一位学生家长精通茶道，六一儿童节那天，她走进校园教给孩子们如何泡茶、品茶，孩子们将亲手泡的茶献给自己的老师品尝，他们在活动中学会了感恩……

在丰富多彩的劳动实践中，来自社会不同领域的优秀家长以活动指导者的角色介入学校教育，丰富了学校劳动课程的内容，使家长资源得以共享，孩子们充分享受到了劳动课程的无穷魅力。

三、设计共建：家长策划活动

1. 巧借家委会，策划活动选题

我们充分发挥家委会的作用，让每位家长首先基于自己孩子的兴趣爱好来为学校和班级的劳动课程选题，然后学校会充分考虑，在捕捉活动意愿、制定劳动计划时十分注重这部分意见，从而更好地引入这份难能可贵的社会资源，精准把握学生参加劳动的框架范围。

学校距海边仅十几分钟车程，许多孩子对海边的鹅卵石情有独钟。五一班一位同学的妈妈是职业学校的美术老师，她的美术功底非常好。当她偶然发现女儿喜欢在石头上绘画以后，就建议女儿的老师带学生去海边捡拾石头，然后再在石头上涂涂画画。这一合理化建议，得到了校领导和老师们的一致赞成。于是，学校便适时开设了"石全石美"的劳动课程，这一活动备受孩子们的青睐，大家不仅在海边捡石头，而且看到海边有垃圾还主动捡起来，成为海洋环保小卫士。

精英家长能够充分尊重孩子们的劳动需求，当他们的建议得到学校的认可和采纳后，他们积极为学校劳动教育献计献策的热情越来越高涨。

2. 巧借人际网，策划活动过程

精英家长的社会人际脉络广，社会经验也比较丰富。在各年级精英家长的联系和策划下，我们曾组织学生到莱山植物园观赏植物，到中国院子亲手种下一棵棵小柳树，到大窑污水处理厂了解污水处理的过程和原理……在开展"我来学当小农民"的劳动实践活动时，一位家住农村的家长还免费为我校的孩子们提供了一块校外实验田。在他的提议下，学生们搜集了小麦的相关资料，在课堂充分交流之后，老师就带领学生走进农田，体验割麦子、晒麦子、打麦子等一系列活动。在整个活动中，家长就是总策划，从如何割、如何晾、怎么打等方面进行了策划指导，甚至还带孩子参观了面粉加工的过程等，孩子们兴味盎然。

在"走近无土栽培"的劳动实践中,一位有出国访问学习经历的家长将艾维农场引荐给我们,当孩子们在艾维农场画下"鱼菜共生"的思维导图时,农场里的工作人员纷纷惊讶于孩子们的敏锐思维,主动要求将我们学校定为科普宣传定点学校,定期到学校宣讲无土种植的知识,指导学生进行无土栽培。类似的活动形式,精英家长居于主导地位,学生居于主体地位,而我们学校教师便成了活动的辅助者和服务者。一批又一批的精英家长,为我校的学生们打开了一扇又一扇别具一格的劳动新天地,也为学校的劳动教育改变带来了新的创新点!

几年来,基于为了全体学生幸福成长这个共同的目标,我们和来自社会不同领域、不同职业的家长们心心相印、心手相连,在陪伴孩子们健康快乐成长的路上,家长和学校演绎了一场"爱心共舞"。今后,我们将继续探索家校合作的新模式,充分尊重家长,不断挖掘家长队伍中取之不竭的教育资源,让劳动教育的绿洲在学校这片教育沃土上始终焕发勃勃生机!

第三节　深掘社会资源

劳动教育绝不能仅仅在校内开展,我们更要带领学生走出家门和校门,让学生在更广阔的天地开展劳动实践活动。我们引领学生积极主动参与社会各行各业的社会劳动实践,在社会劳动实践中阳光成长。如何有效整合社会资源,拓宽学生劳动实践成长舞台,成为我们实施劳动教育的重要支撑要素。在实践中,我们总结了通过"基地共建""劳动研学""邀请进校"的社会劳动模式,实现社会资源最优化的整合运用。

一、基地共建:丰富劳动内容

1. 与部队共建,建立学军基地

我们与牟平区养马岛驻岛部队共建,创办青少年军校。在部队,学生向武警官兵学习了解我军的性质、宗旨、任务,树立高度的革命英雄主义和为祖国献身的精神;学习现代军事科学知识,了解现代科学技术在军事上的应用;学习解放军的内务整理,培养自理能力;学习部队的队列和纪律条令,了解条令的基本精神。我们还组织学生参加军事夏令营和军事训练,培养良好的举止和仪表,养成遵守纪律的好作风。开展与军事教育、国防教育内容密切相关的各种活动,培养学生勇敢顽强、令行禁止、坚忍不拔、吃苦耐劳、不怕困难的精神和毅力,磨炼学生的意志,使学生从思想作风和内务整理以及遵规守纪等方面都得到进一步提高。

2. 与农村共建，建立学农基地

生产劳动是劳动教育的重要组成部分。地处农村，我们有丰富的生产劳动资源。曹格庄村与学校只有一条马路之隔，我们与该村子建立联谊关系，设立学农劳动基地，定期组织学生学农实践，让学生了解农史，学习农事，积累生活经验。村里家家户户都有苹果园，我们带领学生到果园跟果农学习给苹果授粉、套袋和摘袋，学生化身小果农，干得有模有样。这样的劳动，丰富了学生的生活阅历，磨炼了学生的生活意志。孩子们学会体谅长辈的付出，懂得粮食来之不易，而且在劳动中懂得爱惜劳动成果，养成勤俭节约和吃苦耐劳的精神。

3. 与工厂共建，建立学工基地

我们与当地知名企业联系，组织学生前往企业学工，进行职业体验劳动。学生们来到海德汽车制造厂，向工人学习如何安装汽车轮胎，观摩并学习垃圾转运车的操作流程；我们还带领学生到印刷厂，体验如何将文字印刷到纸上，再如何装订成书；此外，我们还到消防大队，学生们身穿消防服装，学习灭火的步骤和技巧。优质的企业资源为我们的孩子提供了更加优质、满意、形式多样的培训场域和资源，不仅帮助学生体验了不同的职业，而且还培养了他们的劳动创新精神。

二、劳动研学：提升劳动内涵

新时代劳动教育呼唤我们不但要让学生出力流汗，磨炼他们的意志，更要将劳动与综合实践相融合，与探究性学习相整合，让学生学会动手又动脑，培养他们的创新意识和思维，培养为社会奉献和服务的劳动精神。为此，我们开发并实施了"小脚丫走家乡"的研学劳动校本课程。在学校精心策划和组织下，我们将考察探究、跨学科学习、农业劳动、生产劳动以及服务性劳动相结合，引领学生进行自由体验、自由活动、自由学习，并形成了一套比较完整的研学劳动课程体系。

（一）课程背景

我们的家乡牟平，素有"南山北海"之称，旅游资源得天独厚。南依"胶东屋脊"昆嵛山，山间名胜古迹、自然景观星罗棋布。山下有"龙泉温泉"，水温达四十多度，素有"华夏第一汤"的美称。这里不但旅游资源丰富，而且红色文化氛围浓厚。著名剿匪英雄杨子荣就出生在这里，雷神庙战斗打响了胶东半岛抗战的第一枪。这些有价值的自然资源和人文资源为小学生们提供了广阔的研学劳动空间。如果能将劳动教育与研学旅行结合起来，那么学生就能得到更广阔的劳动天地，劳动素养也能得到更好地提高。于是"小脚丫走家乡"的研学劳动校本课程便应运而生。

（二）课程目标

1. 亲近自然，强健体魄

让学生到大自然里去研学、去远足，是增强其体魄的绝好途径。农业生产劳动和工业生产劳动是学生研学劳动的主要项目。牟平区莒格庄小学有一所劳动基地，每到秋天苹果成熟、地瓜成熟，学生就前去进行研学劳动。学生们在那里同吃同住一周，每天采摘苹果、刨地瓜、捡花生，在劳动中锻炼了体魄。

2. 走近伙伴，学会交往

教育要帮助学生实现社会化。研学劳动让学生通过自由组合、自由活动、自由交往，自行解决交往中的矛盾，习得交往中的规则，培养同伴友谊和领导力。

3. 围绕主题，开展研究

在研学劳动中，教师一边带领学生进行劳动，一边引导学生搞一些适合其年龄特点的小主题研究。例如，让学生观察家乡的四季变化，了解地方人文景观等。

4. 走入名胜，熏陶人文

研学劳动同样是培养学生人文素养的一个重要途径。小学生对人文与历史的兴趣远低于对自然现象的好奇，活动将有意识地加强学生人文素养的培养。例如，学生可以游览地方公园和经典名胜古迹等，同时可融入环保活动。

5. 观察事物，学会审美

研学劳动的过程，也是观察事物的最佳过程，通过适当的引导，可以让学生发现世界的美。比如，让学生涂鸦家乡风景，描画四季植物；通过摄影表现家乡最美建筑、最美名胜和最美人物；制作研学劳动电子画报、研学劳动手册、劳动日记等。

6. 劳动实践，塑造人格

研学劳动不可缺少"体验"与"思考"。关注研学劳动后学生的深度体验，有利于增强研学劳动的价值。比如，低年级学生研学劳动后可以向父母、老师、同伴说说劳动中的趣闻趣事；中年级学生研学劳动后可以写写日记；高年级学生可以把研学劳动中小课题的研究成果在学校里分享。

（三）课程内容

我校所在的牟平区依山傍海，具有丰富的研学劳动资源。我们根据区域的地理位置，合理开发并选择有价值的活动资源，将研学劳动课程分为春、夏、秋、冬四个版块。具体安排如表6-1所列。

表6-1 研学劳动版图

时间	研学地点	内容安排	主题劳动实践
春	里口山	基地简介 研学路线 知识行囊 研学导航 劳动实践：(1)画一画 (2)唱一唱 (3)做一做 拓展延伸 研学劳动一点通	赏杏花，探究种植杏树的历史典故及杏花杏仁等的价值;开展摄影展
春	昆嵛山		游赏花海，认识芝樱花
春	龙湖葡醍湾		观赏薰衣草、樱花
春	中国院子		药用植物园，认识药材，制作药包
夏	养马岛		礁石滩探秘卵石，海洋环保
夏	鱼鸟河		赏荷花，采藕
夏	九龙池		游历山水
夏	无染寺		王母娘娘洗脚盆水边洗脚
秋	新牟农场		挖土豆，体验丰收的快乐
秋	开心农场		掰玉米 收花生
秋	观水苹果基地		摘苹果袋，采摘，分类，感受苹果之乡
秋	安德利工业园		参观果汁的加工过程
冬	艾维农场		探秘无土栽培，进行水培种植
冬	龙泉温泉		探秘温泉的形成，体验温泉养生
冬	海德汽车公园		了解"扫街皇"汽车制作的流程，创意未来环保车辆
冬	牟平区福利院		关爱老人，帮老人打扫卫生

（四）课程实施

我们的"小脚丫走家乡"研学劳动从活动走向课程,经历了三年多的时间,师生在这个过程中经历着学习方式的转变、学习空间的转变、课程的深度整合等多个方面的发展。

1.采取有效措施,落实制度保障

学校层面,一是认真修订学校研学劳动课程的整体规划,并让全校教师都能理解研学劳动课程在学校课程体系中的地位与价值;二是明确研学劳动课程是一门校本必修课,且课程的设计者和实践者就是学校里的每一位教师和学生,同时还可以吸纳一部分有能力的家长参与研学劳动课程的开发,让研学课程拥有更广阔的实施空间。

从教师层面看,学校多措并举提高教师的课程开发能力,以典型引路、团队协作的方式推进课程的实施。例如,让每个年级组研制、共享研学劳动手册,每使用一次就修订一次。通过一次次的经验累积不断地提高教师们的课程开发能力。

2. 变革学习方式,深度融合"研"与"劳"

在研学劳动中,若过度地强调"研",学生便会背着包袱去研学劳动;如果只强调"劳",课程的价值就会大打折扣。为了真正变革学生的活动方式,让"研"与"劳"实现深度融合,我们在每次活动前都注重让学生规划设计自己的研学劳动方案,通过网络、文献和采访等方式获取相关的知识,建立一定的知识储备。为此,我们开发了《小脚丫走家乡研学劳动档案》,借助档案,学生就能有计划、有目的地去进行研学劳动。

为了让学生在"研"中"劳",在"劳"中"研",一方面学生会带着自己设定的问题去劳动,另一方面教师会设计各种各样丰富多彩的实践活动,增加学生的劳动兴趣。例如,四年级的学生在海德汽车公园游学时,我们设计了"未来汽车创造发明大赛",让学生参观汽车制造厂之后,在图纸上绘出未来的汽车并分享介绍自己的创意。我们还让学生与扫地汽车一同比赛,看孩子们扫地扫得干净,还是"扫地皇"扫得干净,最后我们邀请海德汽车铸造厂的车间主任担任评委,对每个孩子的作品和劳动情况进行评价。在此过程中,孩子们兴味盎然地"研",且劳动得有所收获。研学劳动回来后,活动并没有结束,我们开展多种方式的成果展示和评价,促使研学劳动深入发展。

3. 给予时间空间,安全与自由并重

处在发展过程中的学生,有着无限的可能性,而研学劳动的特点,就是让学生享受自由自在的研究、多姿多彩的劳动。每次活动前,我们制定规则、提出要求、保障安全;如何分组、如何游戏、如何观察、如何体验、如何合作、如何探究等都尽可能地让学生自主进行。

研学劳动前,我们舍得花时间安排一定的课时,组织学生落实活动的每一个细节,要从不同学科的视角去设计研学劳动环节。既保证课程实施具备劳动课的基本样态,又善于识别学生的特点,合理分组,对每个小组的研学劳动方案严格把关,确保在研学劳动时按照小组方案开展学习活动。此外,学生活泼好动,安全是研学劳动的前提,学校每一次都精心组织,做好安全预案,确保每个环节的万无一失。

4.有机统整课程,基础与拓展相得益彰

"小脚丫走家乡"是体现地方与校本特色的劳动拓展课程,我们将它有机融合到学校的相关课程体系中去。研学劳动本身是一门"复合型、多功能"课程,既具有劳动课程的基本样态,也包含德育课程的各个元素,所以我们不断优化整合,使其课时得以保障。

此外,我们每一位教师都会从自己学科的角度去审视研学劳动课程,进一步丰富研学劳动课程资源。例如,四年级语文教学中有个"参观图书馆,学习图书分类"的实践活动,我们便将其与"小脚丫走家乡"的研学劳动课程有机整合。双休日,老师们带领孩子走进新华书店,研究图书分类。恰逢书店装修完,孩子们看到新装修的书店增添了桌椅和餐饮,可供读者更好地享受阅读。孩子们帮助书店的叔叔阿姨分门别类地整理图书,既学会了整理图书的方法,还感受到了书店工作人员的辛苦。这样,学生除了完成语文学科的劳动实践活动,还主动采访了书店的工作人员,了解"装修后的书店营业额相比之前有什么变化"以及"舒适的阅读环境是不是越来越多的人来书店的主要原因"等问题。学科课程与研学劳动课程有机融合,使基础与拓展相得益彰,可谓一举两得。

5.编写校本教材,让研学劳动有法可循

我们在回顾总结前期活动的基础上,全面规划了家乡牟平的所有地点资源,编写了《小脚丫走家乡》的研学劳动校本教材,让研学劳动课程有章可循、有法可依。例如,三年级学生到昆嵛山游学时按照教材中的特色活动部署,他们走进昆嵛山,了解昆嵛山的红色历史,热爱家乡、热爱牟平的自豪感油然而生,从而珍惜今天的幸福生活。五年级的学生到新牟开心农场游学时,根据教材先后在基地开展了"种玉米、收花生、摘豆角"等活动。在农场里,孩子们变换角色,成了"快乐小农夫",他们热心请教和查询这些植物的生长特点,细心呵护它们茁壮生长。通过辛勤的劳动,学生们体会到果实的来之不易,在分工合作和与他人分享中,体验到从一粒种子开始到绿意满园的乐趣,激发了他们爱科学、学科学的浓厚兴趣。

(五)课程评价

我校目前已初步形成了针对"小脚丫走家乡"研学劳动校本课程的系统评价体系,在此评价体系中,既有面向学生的评价,又有面向教师的评价。

1.对学生的评价要点

(1)重视发展,淡化甄别与选拔,实现评价功能的转化。关注学生掌握知识、技能的过程与方法以及情感态度、价值观的形成。考查学生是否积极主动地参与研学劳动,是否能与同学进行交流和合作,是否具有参与活动的兴趣,重视了解学生思考问题的过程和对解决问题方法的选择。

（2）重综合评价,关注个体差异,实现评价指标的多元。关注对学生综合素质的考查,如积极的学习态度、创新精神、分析解决与问题的能力以及正确的人生观、价值观等。考查学生是否学会学习、学会生存、学会合作、学会做人等。

（3）强调质性评价,定性与定量相结合,实现评价方法的多样化。关注质的分析与把握,将定性与定量评价相结合。质性评价与量化的评价结果整合应用有利于准确描述学生的发展状况。

（4）强调参与互动、自评与他评相结合,实现评价主体的多元化。主动参与评价,由教师、学生、家长、研究人员共同参与评价交互过程,在平等、民主的互动中关注学生发展需要。同时,在相互沟通协商中形成积极、友好、平等和民主的评价关系。

（5）注重过程,学期终结性评价与平时形成性评价相结合,实现评价重心的转移。关注过程,及时了解学生在发展中遇到的问题、所做出的努力以及获得的进步;关注过程,有效帮助学生形成积极的学习态度、科学的探究精神,注重学生在研学劳动过程中情感体验、价值观的形成。学生过程性自我评价主要包括以下几点。

① 你是否一直对参与的研学劳动感兴趣。

② 你收集信息、资料的途径有哪些？你掌握了哪些研学方法和劳动技能？

③ 本次活动中你最感兴趣的是什么？你表现最满意的是什么？

④ 研学劳动中,你最大的收获是什么？

2. 对指导教师的评价要点

（1）能够通过形成性评价和总结性评价持续有效地掌握学生研学劳动的情况,并且采用有效的革新措施巩固评价成果;建立积极平等的师生交往关系,赢得学生的尊敬,能激励他们超越自己。

（2）教师要帮助学生制定合理的研学旅行方案。善于引导学生将所学知识与生活实际有趣、有效地结合。

（3）教师要营造良好的研学劳动氛围,为学生提供必要的时间、空间、资源。教师要成为学生研学劳动的引导者、促进者、研究者。

（4）教师要具备基本的百科常识和生活常识,能灵活地在各知识点之间建立联系。活动中注重培养学生形成良好的学习方式和反思习惯,让学生能主动从研学劳动中不断总结、学习新知。

↙ **附录1** 场馆基地研学劳动案例

我是无土栽培小能手

【活动背景】

周一校园新闻播报时，来自中央电视台军事农业频道的一则新闻引起了全校同学的广泛热议。尤其是我们班的同学，对新闻中提到的"无土栽培"这一农业新科技兴趣极浓。

"没有土，植物怎么生长？无土种植的农作物和有土种植的农作物营养价值一样吗？无土种植的瓜果蔬菜形状样子会不会很奇特？……"课间，孩子们议论纷纷。见孩子们的兴趣如此浓厚，我趁机开展了一次"我是无土栽培小能手"的研学劳动。

【活动目标】

（1）了解"无土栽培、鱼菜共生"这一模式下农业种植的基本原理，并在家庭和班级中进行"无土栽培"的简单尝试。

（2）借助活动，培养学生搜集信息和加工整理信息的能力，动手进行无土栽培的实践、探究能力。

（3）在劳动中，培养学生团结合作、互帮互助的学习态度，养成学生从小爱科学、用科学的学习品质，增强学生对生态种植的了解和认识，形成"科技致富兴国"的劳动精神。

【活动设计】

活动分为两个阶段，第一阶段活动主题为"走近无土栽培"，主要研究内容确定为"什么是无土栽培、无土栽培的种类、无土栽培的原理、我们身边的无土栽培"等，重点通过网查、书查、实地考察等方式引领学生完成探索；第二阶段活动主题为"动手无土栽培"，主要通过动手操作的方式引导学生亲自在家里或学校尝试进行无土栽培，在动手操作中不断提升学生对无土栽培的认识。

【活动过程】

第一阶段：走近无土栽培

学生利用上网、查书等方式了解了"无土栽培的起源及含义""无土栽培的种类"等。初步了解无土栽培之后，同学们的活动热情高涨。班里的"小网通"于宋同学和几个电脑小高手迫不及待地来到开放电子阅览室，他们在百度上查知，在距离我们学校约20千米的玉林店镇有一个利用高科技技术种植的艾维农场，坐车约半小时能到。他们纷纷围着我，央求要到艾维农场一探究竟。是啊，没想到在我们牟平这个小县城，还蕴藏着这样一处科技农业大宝藏，何不"近水楼台先得月"

呢？为了保证实地考察的实效,我给孩子们上了一节实地考察方法指导课。之后,我们走进了艾维农场,进行了一次丰富且有意义的考察之旅。

(一)活动准备

实地考察 在学校领导的帮忙联络下,我与艾维农场的场主徐箴言先生取得了联系,并在活动开展前来到艾维农场做了现场查勘。查勘中,我发现,这座农场位于烟台市牟平区昆嵛山西麓南端、沁水河上游,这里空气清新,水质甘冽,自然生态环境得天独厚。

资源分析 农场里有四座大棚,其中能明显体现无土种植特点的"鱼菜共生"四号种植大棚最适合学生参观学习。据工作人员介绍,神奇的"鱼菜共生"——养鱼不换水、种菜不施肥的鱼菜共生系统是一项健康、绿色、环保、无污染的可持续生态种养殖模式,它集养殖与种植为一体,通过建立良好的生态互动关系达到共生共荣的和谐、自然状态。因为任何的化学制品、农药及恶劣水质都会给鱼类造成致命危害,所以只要鱼能生长正常,就可判断出鱼菜共生系统的产出品是完全有机、无污染的。那么,鱼和菜到底怎样才能和谐地共生呢？无土栽培的植物与普通栽培的植物有什么不一样呢？固定植物根部的陶砾是什么做的,它在植物生长过程中又起到什么作用呢……一连串的问号萦绕于心,我想这些都可以作为学生来进行活动的考察点。

预设路线 从学校乘校车到农场约 30 分钟到。由于大棚内甬路比较狭窄,均为单人单行路线,同学们一起进去之后会比较拥挤,且听讲解员讲解的效果会受到一定的影响。因此在和工作人员的协商下,将同学们分成两大组,第一大组由 1～3 组组成,第二大组由 4～6 小组组成,每大组 15 人。第一大组先走进艾维农场的会议室,观看视频和听取无土栽培的理论知识;第二大组则进入大棚,一边现场参观一边听讲解。40 分钟后,两组同学交换任务。之后安排一小时的各小组自由考察时间。

材料准备 为了提高活动的实效性,活动前我引领学生制作了一份实地考察计划(表 6-2)。计划做得周密,考察活动就能事半功倍。

表 6-2 实地考察计划表

考察时间: 考察地点: 考察组:

	考察目的	
考察前	用品准备	
	合理分工	
考察中	预设考察流程及方法	
考察后	考察收获	

通过小组合作，六个小组确定了自己的考察目的。

一组：为什么艾维农场的蔬菜受很多人欢迎。

二组：鱼菜是怎样共生的。

三组：陶砾的成分和制作过程。

四组：无土种植蔬菜与普通蔬菜有什么不同。

五组：无土种植蔬菜的根部与普通蔬菜根部的区别。

六组：陶砾的作用。

根据以上考察目的，每个小组还做好了考察用品准备及预设的考察步骤，以使活动开展得有序、有针对性。

（二）走进场馆

一个周日上午，带着对无土种植已有的知识储备和心中的疑惑，我们坐上校车，一起走进了令人向往的艾维农场。在艾维农场，考察活动分两个环节。第一环节为集体活动。孩子们兵分两路，一至三小组实地考察直观感受了"鱼菜共生""立体种植"的庐山真面目，四至六小组在会议室听农场工作人员讲解"鱼菜共生"的原理，之后，两大组交换场地。第二环节，分组自由考察研究，实现自己的考察计划，达到预期考察目的。

[环节一]集体统一行动。

第一路(1～3组)进棚考察：同学们走进蔬菜大棚，大棚长 18 米，宽 10 米，中间有四条狭窄的甬路，甬路两旁分别是蔬菜和鱼池。在农场工作人员的带领下，三个小组的同学集体一边观察一边听讲解。孩子们拿着笔和本子，他们时而观察各种果蔬（图 6-3），时而记下自己的收获和发现。而给同学们留下印象最深的还是工作人员热情洋溢、生动有趣的讲解。

图 6-3　采摘网纹瓜

"同学们,你们认识这是什么吗?"

"芋头!"

"对啦,可你们见过长这么大的芋头吗?"

"没见过。这么大的芋头,它是怎么长出来的呀?"

"哈哈,你们看,这里的蔬菜可不是种植在土里的呀,而是用陶砾固定。水池里养殖的罗非鱼、鲤鱼等鱼类会产生粪便。我们将鱼池里带有鱼粪的水引入到菜地里,经过陶粒的过滤,变成了洁净水再次循环进入鱼池,不但节约而且高效地利用了水资源。而留在陶砾中的鱼粪经过菌素分解会变成各种硝酸盐,这些硝酸盐是植物生长所需要的营养物质,它能加快植物的生长。你们刚才看到的大芋头一个能有三斤重呢!"

"啊! 我爷爷奶奶种的芋头可没这么大呀!"……

第二路(4～6 组)室内学习:第二大组的同学在农场会议室,观看了鱼菜共生的视频资料。非常荣幸,他们遇见并现场采访了艾维农场主徐箴言先生。

"徐伯伯,您是怎样创建这个创意农场的?"

"2013 年,我在美国发现并了解了这个生态农业,就想把这个项目引进国内,让科技帮助农民致富,所以创建了这个农场。"

"徐伯伯,您在创建这个农场之前是做什么工作的?"

"呵呵,我以前是做广告工作的。"

"哇,徐伯伯您从广告行业到农业,做到了跨行业的成功转型,可真厉害! 那在创建这个生态农场的过程中,遇到了什么困难,又是怎么克服的?"

"困难肯定是遇到了不少。比如刚开始,我们把鱼池里的水引到陶砾中,但后来发现陶砾下面变得臭气难闻。之所以产生臭味,那是因为水中的鱼粪没有被陶砾完全分解好。但怎样才能让鱼粪更好地分解呢? 我琢磨了好长时间。邻居在牛粪中养蚯蚓,我一下子从中受到了启发。我想,蚯蚓能分解牛粪,肯定就能分解鱼粪。于是,我们捉了一些蚯蚓放在陶砾中,几天后陶粒不但没有了臭味,蚯蚓还长大了不少。"

没想到,孩子们在和徐伯伯的谈话中,还谈出了这样一个有趣的小故事。这更增加了同学们对徐伯伯的敬意。

[环节二] 分组自由考察。

六个小学分头行动。他们一同来到鱼菜大棚,各自找到相应的地点,绘图、实验、称量、采访……忙得不亦乐乎。

一组:首先采访了工作人员,了解了艾维的蔬菜是无公害的产品。其次采访了前来参观的叔叔阿姨,明白了社会上有很多人愿意与艾维合作。最后,他们画了一张小海报，打算张贴在学校的走廊上，让更多的同学了解这座创意农场。

二组：他们在工作人员的讲解和帮助下，共同绘制了"鱼菜共生"的思维导图；然后他们对照自己的思维导图向大家讲解了鱼菜共生的原理。最后他们用简易装置模拟了虹吸现象，俨然一个个小科学家，他们懂得了鱼池里的水是如何流到菜地里的。二组同学绘制的思维导图和讲解赢得了工作人员的高度赞赏并引来了同学们羡慕的神情。

三组：通过采访、手机百度、动手实验等多种方式考察陶砾的成分及制作过程。

四组：组员分工合作，他们从家里带来几棵普通生菜，将普通生菜和艾维生菜进行对比。他们分别从颜色、形状、高度、味道等方面进行了细致观察、测量等研究。在工作人员的允许下，同学们还亲自品尝了艾维的生菜。

五组：工作人员打开气雾栽培箱，取出一棵无土栽培的芹菜，同学们将自带的普通芹菜根和无土栽培芹菜根进行了对比，并拍照做了详细的记录。

六组：这组同学主要采用了采访的方式。他们事先准备了鹅卵石、砖块和混凝土，分别采访工作人员这些鹅卵石、砖块及混凝土能否替代陶砾。最后他们得出结论，根据密度、重量、PH酸碱度等方面综合考虑，陶砾是最佳的砾培培养基。

中午，艾维农场的工作人员自制了香草面和香草酱，准备了果蔬盘和煮熟的鸭蛋，邀请同学们大吃一顿。孩子们不但有了知识上的收获更有了美食方面的收获。他们狼吞虎咽，大饱口福。最令老师感动的是二组有两位同学一直坚持画完思维导图再吃饭，老师几次叫她们都被拒绝。她们没有被美食所诱惑，没有被周围吃饭的同学所影响，这种强烈的研究精神值得我们敬佩和学习。

（三）汇报交流

在汇报课上，同学们自信满满，个个跃跃欲试，他们分别用自己的方式展示研究的成果：有的展示了他们的考察表格，有的用 PPT 展示小组的活动过程，有的口头汇报考察结果，有的把自己的调查成果整理出来，用小报的形式进行宣传，还有的小组写下了较为完整的调查报告。教师在小组交流过程中提醒学生认真倾听，并注意捕捉学生汇报过程中展示出的闪光点，并及时给予肯定。在交流时，教师引导学生体验成功的快乐，发现自己的进步，交流自己的收获、体会，反思需要进一步完善和改进的方面。下面以三个小组的汇报交流为例进行展示。

二组：考察"鱼菜共生"的生态原理。

鱼菜共生，又名养耕共生，是一种结合水产养殖与农业耕作形成共生共荣的永续有机生产模式。鱼菜共生最明显的特点是农业耕作不再需要大量施肥，水产养殖不需常换水，是一种节省资源的生产模式，鱼的排泄物及饲料残渣是植栽生长的最好养料，而植栽的根系与微生物又是水质处理净化的最佳生物滤材，三者建立了(植栽／微生物／鱼)生态平衡关系。

三组：陶砾的成分及制作过程。

艾维农场的无土栽培是用陶砾固定植物的根，只要把植物插在陶砾中，就能牢牢地固定住。陶粒，陶质的颗粒，一般为 5～20 毫米，最大的粒径为 25 毫米。外观特征大部分呈圆形或椭圆形球体。外观颜色因所采用的原料和工艺不同而各异。焙烧陶粒的颜色大多为暗红色、赭红色，也有一些特殊品种为灰黄色、灰黑色、灰白色、青灰色等。陶砾的密度低、孔隙率高。它被广泛应用于建材、园艺、食品饮料、耐火保温材料、化工、石油等部门，应用领域越来越广。

五组：无土种植蔬菜的根部与普通蔬菜根部的区别。

以芹菜为例，无土种植的芹菜根系庞大，且毛须特别多，而普通芹菜的根部毛须较少且单根较粗。切开芹菜的根部，发现陆生芹菜的根由韧皮部和木质部组成，但气雾栽培的芹菜根只有外面一层韧皮部，中间是空心的。

（四）总结提升

通过本次实地考察，学生们见识了砾培、气雾栽培等无土种植(图 6-4)，尤其是对鱼菜共生的生态种植模式有了深刻的印象。艾维实地考察之旅，给所有的学生带来了极大的震撼，很多学生都跃跃欲试，我趁机推出了第二阶段活动——在学校或家庭中进行无土栽培种植。

图 6-4　观察气雾栽培

第二阶段：动手无土栽培

以往场馆活动后，学生仅限于交流汇报便将活动断然收尾，致使学生常常成为"知识上的巨人，行动上的矮子"。为了促使活动深入发展，让学生将自己参观后的所见、所闻、所想付诸实践，我们又开展了第二阶段的实践活动——动手无土栽培。

种大蒜、种水仙、育菜苗……孩子们兴致盎然。华洲买了一盆微型"养鱼不换水,种花不施肥"的模拟无土栽培装置。课间,同学们经常围在一起观察研究。子铭的问题难倒了大家:"这瓶微型装置里为什么只养了一条金鱼呢?""是呀,能否养更多的鱼呢?""这个瓶子里养多少条鱼算合适呢?"一石激起千层浪,孩子们决定再次走进花卉市场询问一下那里的叔叔。通过采访,他们了解到由于瓶子的空间比较少,植物的根部浸在水里的比较多,如果金鱼条数过多会供氧不足容易死掉。葆利是个胆大、好奇心极强的孩子,他往瓶子里又放了三条金鱼,结果两天后,瓶子里的水变浑浊,金鱼全部翻了肚子。

艺雯从艾维农场带回一棵气雾栽培的芹菜,回家后把芹菜植养在水中,没想到这棵芹菜居然活了。当她把这棵芹菜带到课堂上的时候,教室里响起了热烈的掌声。小馨和小涵一人买了两瓶水培风信子。卖花的叔叔告诉她们,只要每天勤于浇水,不用半个月她们就能培育出各种颜色的风信子。孩子们天天在劳动日记中记录着植物的变化,享受着无土种植带来的快乐,还有的同学通过上网学习、查阅书籍研究营养液的配制方法。在这个过程中,他们的研究热情愈发高涨,劳动实践能力也得到了迅猛发展,真正做到了知识与能力齐驱并驾。

【活动反思】

充裕的时间是劳动教育的翅膀,广袤的空间是劳动教育的舞台。通过本次活动,我和学生切身感受到了劳动实践的魅力:学生在劳动中获得了多元感受,在劳动中获得新知,也在劳动中形成了意识,锻炼了能力。教师本人也在活动中受益颇多,有了以下几点思考。

1. 任务驱动,引领活动有效开展

每次活动前,我引领学生制定活动计划或方案,明确好自己的活动目的,预设好活动步骤并进行小组分工。这样,学生带着自己的目标任务走进场馆,他们的考察活动更有目的性和针对性。比如,在到艾维农场考察时,"陶砾作用研究小组"发现陶砾是固定植物根系的主要材料,他们还自带鹅卵石、砖块及混凝土前去采访工作人员,了解能否用鹅卵石等材料代替陶砾;"鱼菜共生研究小组"重点研究鱼和菜是如何共荣生长的,他们用思维导图的方式呈现了鱼菜共生系统,最可贵的是他们现场在工作人员的指导下做起了虹吸现象实验;"无土种植蔬菜与普通蔬菜的区别小组"则重点关注了蔬菜的重量、高度、味道等因素。考察活动中,孩子们面对自己要研究的内容会重点探究,对于非研究内容,他们只需大体感知即可。任务驱动,分组活动,不但能节省考察活动的时间,还有效避免了活动华而不实、走马观花,以保证活动有效开展。

2. 尊重鼓励,培养学生实践能力

在探秘无土栽培活动中,班里有个孩子中午在艾维农场吃饭时,发现农场里的果蔬盘摆得很有特点,他对果蔬摆放的造型设计产生了兴趣,便萌生了"创意果蔬盘"的研究想法。对此,我没有因"偏离主题"而予以否定,而是盛赞他"善于发现,乐于探究,勤于动手"。这个孩子改弦易辙,调整了研究目标,循着自己的思路进行研究,收到了"失之东隅,收之桑榆"的效果,亦未尝不可。

3.未雨绸缪,培养学生应变能力

活动前应引领学生多角度预设未知,谋划好各种方案,否则学生会在突变情况下措手不及。例如,本次实地考察中,我们有幸碰到了艾维农场的农场主,并意外得知他竟是农业的门外汉。对这位跨行业转型的成功人士,孩子们事先缺乏准备采访提纲,只是和农场主进行简单的一问一答,知其然不知其所以然,大多时候教师进行追问较多,导致访谈效果没有达到最佳。再比如,第一小组计划中想采访前去买菜的叔叔阿姨,可没想到对方说:"我是来参观的,不是来买菜的。"此时,小组成员哑口无言、不知所措。对采访技能及采访意外应具备的随机应变能力将成为我下一阶段方法指导课的教学目标。

我想,在今后的劳动教育活动中,只要教师尊重、鼓励学生,有意识地培养学生看、说、听、记、问、动手等方面的能力,并对他们进行精心的指导,那么,学生的各种劳动实践能力一定会不断提高,学生的成长之路也一定会异彩纷呈!

↙ 附录2　工厂企业研学劳动案例

探秘欣和酱油酿造

【活动背景】

春节备年货时,总少不了各种调味品。每逢和爸爸妈妈到超市买调味品时,货柜上总有一种调味品的品牌特别引人注目——六月鲜。无论走遍牟平的大商场还是小商店,都会有这种调味品,这引起了我们几位同学强烈的好奇心。

"六月鲜,这名字是怎么得来的?酱油酿造的原料是什么?它的酿造过程又是怎样的?为什么我们当地商场都会卖六月鲜酱油……"实践课上,我们的问题层出不穷。一次偶然的机会,我们发现牟平区小石头户外运动俱乐部要组织到欣和食品有限公司参观,于是,我们联系并前往烟台开发区大季家的欣和食品有限公司进行了一次"揭秘酱油酿造"的劳动教育活动。

【活动目标】

(1)了解酱油酿造的原理,能够绘制"酱油酿造"流程图。

(2)将学到的知识运用到实践中,能够自己酿造调味品。

(3)学习大国工匠精神,养成精益求精的劳动品质。

【活动过程】

第一阶段：调查统计，了解产品

为什么我们当地每个商场和超市都卖"六月鲜"酱油？有多少市民认可这种品牌的酱油？为了解开这些疑惑，我们决定做个调查统计。首先我们确定了"振华""家家悦""金茂超市"三个商场以及校园作为调查地点，然后分别设计了调查统计表（表6-3）。

表6-3 "六月鲜酱油"调查统计表

调查时间		调查地点		调查人	
调查项目		① 你为什么会买"六月鲜"酱油？ A. 品质好，味道鲜　　B. 看别人买自己就买　　C. 随便买的 ② 你们家多长时间买一次酱油？ A. 一个月　　B. 二三个月及以上　　C. 一个月以下 ③ 你了解"六月鲜酱油"是哪里生产的吗？ A. 了解　　B. 不了解 ④ 你知道酱油的酿造流程吗？ A. 知道　　B. 不知道 ⑤ 酱油对人体的作用有哪些？（了解多少写多少）			
（请在相应的选项前面划√）					

基于调查结果，我们对表中第一个问题进行了数据统计分析，并绘制了统计图（图6-5）。

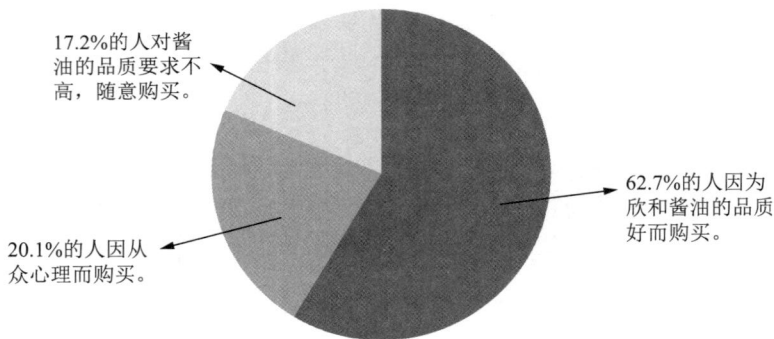

17.2%的人对酱油的品质要求不高，随意购买。

62.7%的人因为欣和酱油的品质好而购买。

20.1%的人因从众心理而购买。

图6-5　牟平区市民购买"六月鲜"酱油的原因统计图

根据数据统计图，我们可以看出"欣和酱油"，尤其是旗下的"六月鲜"品牌在当地非常有名，62.7%的人都非常认可这个牌子，但是人们却很少知道这个品牌竟是我们当地的品牌，而对"酱油的酿造流程和酱油对人体的作用"这样的知识就更是知之甚少了。从每个家庭对酱油的需求量可以看出，作为食物的调味品，酱油是必不可少的，且需求量很大，欣和食品有限公司的发展将会是一片光明！

第二阶段:搜集资料,实地考察

我们利用上网、查书等方式了解了"酱油的发展历史""酱油的生产原料和生产流程"以及"酱油对人体的作用"等。在资料搜集过程中,随着同学们对酱油了解的不断深入,大家的研究热情愈发高涨。仅靠上网和查书等方式已经远远满足不了同学们的研究需求,于是我们联系了牟平区"小石头户外俱乐部",依托"小石头户外俱乐部",我们组织了一次"欣和之旅",到欣和企业一探究竟。

(一)活动准备

实地考察　在"小石头户外俱乐部"的帮助下,崔老师先行一步,与欣和企业取得了联系,并在活动开展前到欣和企业做了现场查勘。通过前期考察,我们知道了欣和企业位于烟台开发区大季家,为了宣传企业和便于管理,公司只招待参观团,每个参观团不超 50 人,对于私人参观一律不接待。

资源分析　欣和食品有限公司成立于 1992 年,过去二十年,欣和食品有限公司一直精耕于调味品行业,把食品安全作为头等大事丝毫不松懈,成立之初就立下了"我们自己不吃的,就不要卖给消费者"的企训。欣和食品有限公司立志从更广泛的饮食生态入手,改善食物从源头到餐桌过程中的每一个环节,包括食物的来源、生产加工的方式以及所有与饮食相关的体验。公司经营范围包括研发、生产、加工酱油、酱及酱制品、调味料等。

预设路线　从"小石头户外俱乐部"乘坐大巴车到欣和企业需要约一小时的时间。企业为参观的同学们配备了讲解员,在与讲解员的沟通下,我们确定了以下考察路线。3 月 10 日,中午 12:30 集合出发,13:30 到达欣和食品有限公司。在企业大厅,总体了解欣和文化和发展规模——到酱油酿造长廊,了解酱油的酿造流程——在美食分享区,品尝欣和美食——参观生产车间,感受高科技流水作业——乘车环绕公司一周,了解各厂区的作用。15:30 乘车出发,16:30 返回牟平。

材料准备　为了提高活动的实效性,活动前我们以小组为单位制作了一份实地考察计划。计划做得周密,考察活动就能事半功倍。

任务确定　为了揭开"酱油酿造"的神秘面纱,四个小组确定了自己的考察项目。

一组:企业文化和企业产品种类。

二组:古法酱油的酿造过程。

三组:现代酱油的酿造流程。

四组:欣和酱油与普通酱油有什么不同。

根据以上考察任务,每个小组还做好了考察用品准备及预设的考察步骤,以使活动开展得有序、有针对性。

（二）走进欣和公司

一个周日中午，带着已有的知识储备和心中的疑惑，我们坐上大巴车，一起走进了令人向往的欣和公司。在欣和，考察活动分四个环节。

[环节一] 走进企业大厅，总体了解欣和文化和发展规模。

同学们走进欣和公司大厅，映入眼帘的是一行醒目的大字"我们代代相传的，不只是调味品的酿造技术，更是五千年的中华美食文化"，这不禁让我们肃然起敬，对欣和的企业文化陡增了几分厚重感。在讲解员的讲解下，同学们知道了欣和产品已经出口到日本、韩国、美国等三十多个国家和地区。站在世界地图前，看到那些闪着红色亮光的地方，同学们纷纷感叹欣和产品已经遍布了东南亚和欧洲等许多地区，心中的敬佩之情油然而生。

"出口这么多国家，全是英文名称，我们不认识，怎么办啊？"孙松同学愁眉不展。

"我有好办法！手机里有翻译软件，我们可以找它帮忙！"聪明的姜呈一同学随口说道。

只见她拿起手机，对准墙上的那些英文单词，手机里的翻译软件立即就出现了中文汉字——Australia 澳大利亚，France 法国……同学们一边读一边惊呼："欣和产品出口了这么多国家啊！"

在产品展览区，同学们见到了欣和各种调味品。酱油系列、食醋系列、花生系列、面酱系列……一瓶瓶调味品仿佛在挑逗同学们的味蕾，大家多想亲自尝一尝啊。这时，讲解员阿姨说："一会儿我们有专门的美食品尝环节，大家先别急。"一听有美食分享环节，同学们立即欢呼雀跃起来，巴不得现在就吃到美味的欣和食品。

[环节二] 来到酱油酿造长廊，学习古法酿造酱油的过程和现代欣和酱油的酿造过程。

长廊的右侧用泥塑再现了一幅幅古人酿造酱油的情景图。同学们一边拍摄，一边记录。"没想到我们祖先酿造酱油的历史这么悠久！""咱们中国人真聪明啊！"大家议论纷纷。

"大家看上面第一幅图，酱油是由'酱'演变而来，早在三千多年前，周朝就有制酱的记载了。"听讲解员阿姨说，酱油的酿造纯粹是偶然的发现，酱油起源于中国古代皇帝御用的调味品，是由鲜肉腌制而成，与现今的鱼露制造过程相似，因为风味绝佳渐渐流传到民间，后来发现大豆制成的酱油风味相似且便宜，才广为流传食用。酱油的酿造，早期是一种家事艺术与秘密，其酿造多由某个师傅把持，其技术往往是由子孙代代相传或由一派的师傅传授下去。古人把肉剁成肉泥再发酵生成的油称为"醢"（hǎi），即肉酱油之意。

　　长廊的左侧为我们展现了现代酱油的发酵过程。通过讲解，我们了解到，大家经常食用的葱伴侣面酱是经历九十天足期发酵的醇正原酿酱，而六月鲜酱油要经过"烘焙、制曲、发酵、压榨、杀菌"五大生产流程，并且历经六个月的足期发酵才能酿制而成，"六月鲜"也因此而得名。

　　[环节三] 欣和美食分享，感受新鲜的口味和独特的创意。

　　在美食品尝环节，同学们开心地品尝了酱油味的冰激凌和蔬菜沙拉，独特的创意和新鲜的口味让同学们感受到创意无处不在，兴奋的心情溢于言表。领取食品时，大家排着队，不争不抢；吃完后，同学们将桌子收拾得干干净净。这些好习惯受到了公司的大大称赞。

　　[环节四] 走进生产车间，参观酱油的高科技生产流水线。

　　在生产区，同学们首先观摩了欣和生产流程的视频，然后亲自走进车间观看。大家第一次目睹了酱油生产车间高度自动化的生产流水线和干净整洁的现代化工作场景，我们纷纷感叹高科技工艺的精湛高效。

　　[环节五] 总结本次活动，合影留念。

　　短短两个小时的研学活动，眨眼就要结束了。同学们和家长代表在公司大厅合影留念，大家满脸喜悦。指导教师崔老师为本次活动做了总结，大家带着无限的收获，踏上了回家的路。

　　【活动结果】

　　在汇报课上，同学们结合自己小组开展的活动进行了精彩的展示汇报。下面选取各小组汇报交流。

　　一组：考察企业文化和产品种类。

　　欣和食品有限公司位于山东烟台，是生产调味品的公司。公司从1992年创业到现在，已经发展成多品牌的调味品公司。欣和食品有限公司传承中华美食，遵循自然、健康的文化理念，致力于创造便捷、快乐的饮食方式、丰富人们的饮食文化生活，坚持"自己不吃的，绝不卖给别人"的原则，经过多年的努力最终成为有实力、有影响力的公司。欣和食品有限公司在中国已经建立了完善的服务销售网络，在日本、韩国、东南亚、美国、欧洲部分国家和地区的服务销售网络也初具规模。

　　欣和食品有限公司积极拓展业务领域，原酿酱、顶级的高盐稀态酱油、美味方便的辣椒制品、有机食品、味噌等产品遍及全国。具体产品有"六月香葱伴侣豆瓣酱"（黄豆酱、辣椒酱、甜面酱、豆瓣酱、香菇炸酱）、"六月鲜酱油"（特级酱油、红烧酱油）、"味达美酱油"（味极鲜酱油、冰糖老抽、臻品耗油、海鲜捞汁）、"禾然酱油"（禾然有机酱油、禾然有机豆瓣酱）、"醯(xǐ)官醋"、味噌（裙带酱汤、白味噌、味噌汤）、"黄飞红"（咋么啦花生脆、麻辣花生、香脆椒）等。

二组：古法酱油的酿造过程。

古法酱油的具体酿造过程：（1）要将精心挑选出来的大豆放进烘焙间进行为期1天的发酵，直到大豆的表面泛白；（2）接着烘焙间的师傅要将这些泛白的大豆进行翻滚，这样才能保证每粒大豆都能够充分的发酵；（3）充分发酵后马上将大豆装入大缸中，这是为了防止微菌种的附着，也是保证醇香酱油的一个很重要的环节；（4）入缸3天后，缸里的大豆就开始泛红了，随着时间的推移，酱油的酱色也愈发的显著；（5）接下来就是每天都要定时地开盖进行暴晒，让大豆在缸里进行充分的发酵，师傅们还要时不时地来检查发酵的状况。经过3～10年的日积月累，日复一日地酿晒，最终古法酿造的醇香酱油就酿成了。

三组：现代酱油的过程。

欣和公司像孕育生命一样酿造每一瓶酱油。整个酿造过程分10个步骤（图6-6）。

图6-6　学习古法酿酱油

（1）原料管控：选取东北非转基因大豆和山东优质冬小麦，在原料使用前先进行80余项安全管控，对农残、违禁添加物等进行严格检验。

（2）蒸煮：采用国际领先的连续蒸煮机将选好的原料进行蒸煮。

（3）烘焙：利用沸腾式小麦烘焙机，像烘焙咖啡一样烘焙每一粒小麦。

（4）制曲：强生命力的快乐欣和菌，在音乐曲房中享受到最舒适的温、湿度。

（5）发酵：采用双层保温发酵罐，电脑自动监控、恒温恒湿、充分发酵，生成20余种游离氨基酸及更多生物活性物质，风味醇厚，营养价值高。

（6）压榨：采用世界最先进的连续自动压榨设备，层层滤布相当于层层过滤，不但酱油出汁率高，还确保了酱油的最高营养品质和储藏中的稳定性。

（7）杀菌：全封闭自动杀菌设施，采用巴氏杀菌，产品风味醇厚浓郁，且菌落总数远低于国家标准。

（8）包材检验：配有现代化的检测设备，对材质、强度、密封、安全性等30余项指标进行检测。

（9）成品检验：配备近千万价格的国际领先设备（气质、液质、高效液相色谱），具备农残、防腐剂、色素违禁添加物等100多项安全指标检测能力，严格控制产品质量，保证产品品质安全。

（10）售后管控：产品召回应急机制，实现从成品到原料的详细信息追溯查询。

当我们了解了这十个酿造步骤之后，我们惊叹一声：难怪"六月鲜"酱油会得到那么多的青睐，原来它的制作经历了这么多的步骤！历时漫长的六个月，每一道工序工人师傅都倾注了自己的认真与仔细，甚至他们比看护自己的孩子还要用心！这种大国工匠精神值得我们学习。

四组：欣和酱油与普通酱油的区别。

在欣和公司里，我采访了工作人员："欣和酱油与普通的酱油在制作上有什么不同呢？"经过阿姨的介绍，我了解了以下知识。首先，所用原料不同。欣和酱油所用的材料——大豆，是东北非转基因的，小麦采用的是山东优质冬小麦。公司对原材料的检验非常严格，检验项目包括农药残留、水分含量、淀粉含量以及粮食是否有霉变、虫害等。原材料中只要有一点不合格，都会被剔除出去。其次，酿造环境不同。欣和酱油是在密封环境下酿造，无添加、无防腐剂，且低盐。制曲过程中，会为菌种提供最舒服的房子。房子中有空调设施，为菌种提供最合时宜的温度和湿度。最后，菌种培育方法不同。欣和酱油的菌种培育，采用了自动化设备，实现自动控制。为了让菌种快乐生长，技师会为菌种播放欢快的乐曲来激发其发酵潜力。

第三阶段：我做调味品酿造小能手

通过本次实地考察，同学们了解了欣和公司的发展规模和旗下产品，尤其对"六月鲜"酱油的酿造过程有了深刻的认识。欣和公司考察之旅，给前去的同学们带来了极大的震撼，很多同学都跃跃欲试，于是我们又继续进行了第三阶段活动——我做调味品酿造小能手。考虑到自己在家酿造酱油会有一定的困难，于是同学们打听到很多人会自己酿造面酱和食醋等调味品，因此大家决定自己动手酿造面酱（图6-7）。

经过不断实践，我们会做两种面酱，一种是甜面酱，另一种是豆瓣酱。甜面酱的做法是在网上学习的，比较简单，大约10分钟就能做出来。我们首先在冷水中加入老抽，然后再放入面粉，搅拌到看不见颗粒的状态。接下来，开小火，把面粉液倒入锅中，用铲子慢慢搅拌，液体会慢慢收汁。这时放入大约6小勺细砂糖，可以边放边尝尝味道。最后等酱变浓稠，滴一到两滴色拉油，再搅拌一下就可以了。

豆瓣酱的做法比较复杂，我们听说姜呈贤的姨姥做豆瓣酱最拿手，于是大家来到姜呈贤的姨姥家，一起学习制作豆瓣酱。姨姥告诉大家，首先要准备好相关食材：2 000 克的鲜红辣椒，500 克的梅豆瓣，500 克的大蒜，400 克的姜，各 50 克的花生、芝麻、花椒和白糖，适量的白酒和盐以及花生油。为了节省时间，姨姥把已经洗净晾干并用酒浸泡过的姜、大蒜和梅豆瓣拿出来。接下来，姨姥把辣椒用料理机打碎。然后把花生、芝麻、花椒都炒香。一阵阵香味勾起了同学们的馋虫，大家迫不及待地捏起几粒花生塞到嘴里。"哈哈，不能再吃啦，再吃就做不出豆瓣酱啦！"呈贤提醒大家，于是我们动手帮姨姥把梅豆瓣、姜丝、蒜泥、花椒面、花生、芝麻和白糖放在一起，加入高度白酒和适量的盐。这时，姨姥将花生油烧到九成热，等油凉了以后，把凉油倒入豆瓣酱里。姨姥告诉我们，把这些材料搅拌后压平腌两小时，最后放到坛子里，盖上保鲜膜，再过一个周就大功告成啦！

图 6-7　制作豆瓣酱

回家后，我们和爸爸妈妈动手做起豆瓣酱来。我们天天在实践日记中记录着面酱和食醋的变化，享受着动手酿造带来的快乐。可惜，我们的经验不足，有的同学做甜面酱时，面粉没有搅拌均匀，导致做出来的甜面酱里有面粉颗粒；有的同学做豆瓣酱时，由于各种调料的比例不对，做出来的酱和姜呈贤姨姥做出来的豆瓣酱不是一个味儿。但是，在这个过程中，我们的劳动热情却非常高涨，每一个人的触觉、嗅觉、味觉、视觉和听觉全被调动了起来，动手实践能力也得到了迅猛发展，相信我们会继续前进下去！

【活动反思】

这次的研学劳动开展得扎实有效，体现了以下几个特点。

1. 动手动脑，体现新时代劳动内涵

劳动能力不是教师"教"出来的，而是让学生亲自参与活动实践出来的，是学生在"做中学、学中做"的经验重组活动。"探秘欣和酱油酿造"的研学劳动涉及学生的调查、资料收集、采访、实地考察、演示、操作、交流、创作、酿造等多个方面,学生在这个过程中,调查研究和处理信息的能力、分析问题和解决问题的能力得到不断提升。活动开展第三阶段,教师引导学生把所学的知识应用到劳动实践中去,体现了学生所学知识"从生活中来,到生活中去"的理念。新时代的劳动教育绝不是简单地让学生出力流汗,而是将劳动与探究性学习相结合,开展系统化的劳动活动,培养学生勤俭、奋斗、创新、创新的劳动精神。

2. 支架搭建,体现教师的引领性

在活动中,教师做到了有心和细心,成为活动的引领者。当学生出现不会实地考察、采访应变能力欠缺的困扰时,教师能及时发现并予以方法指导,帮助学生搭建能力和知识方面的支架,这为活动的有效开展提供了有力的保障。作为指导老师,不再是"事必躬亲""什么事老师说了算的"的独裁者,而是在活动中与学生一起学习、一起探究、一起管理,并在适当的时候及时地为学生提供应有的帮助。唯有此,学生的实践能力才能真正提高。

3. 发挥劳动教育综合育人价值

该劳动项目在树德、增智、强体、育美等方面充分体现了综合育人价值。在劳动中,孩子感受到当地的品牌效应,树立了长大也要为家乡做贡献的思想;通过对酱油酿造过程的认知,激发了自己的科技创新意识;同时,通过甜面酱和豆瓣酱制作等劳动,锻炼了自己的动手能力,提高了自己的劳动素养。可以说,学生参与积极性高、收获大,劳动的综合育人价值得到充分体现。

↙ 附录3 社会机构研学劳动案例

蒲公英在行动

【活动背景】

"蒲公英行动队"组建于 2018 年春天,在开展"小小蒲公英,情暖夕阳红"的社会服务活动中,我们用爱心、细心和耐心,陪伴福利院的爷爷奶奶们度过了春节、元宵节、端午节、中秋节以及重阳节等很多传统节日。活动历时整整一年,一年来,我们以牟平区社会综合福利院为基地,帮老人们打扫房间,陪老人们聊天,为老人们表演节目,给老人们送去我们亲手做的传统美食,用自己的微薄之力为老人们献上爱心,送去温暖。

2019 年,新学期伊始,我们认真总结反思前期活动,真切感受到社会服务活动的魅力,同学们年纪虽小,但身上却早已具备了浓浓的社会责任感。如何让"蒲公英的种子"播撒到更远更广阔的空间?怎样让更多需要帮助的人得到我们的关

爱？蒲公英行动队的同学们在综合实践课上议论纷纷。有的队员说："社区里有很多小朋友，大多是留守儿童，爷爷奶奶只能照顾他们的生活，却不能辅导他们知识，我们可以去帮助那些渴望知识的小朋友啊！"还有的队员说："社会上有很多残疾人，他们生活很不方便，我们也可以去帮助他们。"崔老师对我们的想法给予了充分的肯定，但她告诉我们，前期的活动不能丢，建议我们长期开展，不能为了活动而活动。因此，在崔老师的指导下，我们把2019年的蒲公英行动规划为四大系列，分别是"敬老""扶幼""助残"和"环保"。

【活动目的】

（1）关爱福利院老人、社区里的留守小朋友以及身边的残疾人，让他们享有我们的关心和陪伴。

（2）提升自己策划、沟通、动手等方面的实践能力。

（3）提高自己的社会服务意识，培养强烈的社会责任感。

【活动准备】

重新招募组建行动队。打破先前独立的"敬老行动队"，根据每个同学自身的特点和兴趣，我们利用周一升旗的时间，向全校同学发起了"蒲公英在行动"活动倡议，向大家说明了此次活动的内容和意义。倡议发出后，同学们纷纷响应号召，找到我们报名参加。通过细致的了解审核，我们将报名的同学划分为四队，每队分别设立了一位小队长。在同学们的推举下，我成了整个活动的大队长。

制定周密可行的计划。"兵马未动粮草先行"，周密可行的计划会使活动成功一大半。于是，大家集思广益，在小队长的带领下分头制定活动计划。在交流计划时，大家一致认为，"怎样才能将社区里的留守儿童召集起来"和"如何找到身边的残疾人"这两个问题对我们来说非常有困难。在老师的启发下，我们决定在队员中挖掘家长资源，请家长来帮忙联络。曲玲慧同学的爸爸在宁海街道办事处工作，他帮我们联系了宁海社区居委会，通过居委会将社区里的留守儿童召集在一起；姜昊璁同学的妈妈在残联工作，她向我们提供了很多残疾人的信息。

【活动过程】

第一阶段：校内模拟演练，争做校园服务小标兵

为了让我们外出活动不打怵，我们先在校内模拟开展了各种各样的服务活动，让每一个队员都参与其中，积累活动经验，以便真正外出活动时大方得体。有的队员清晨六点半就来到校园，帮助传达室的老师打扫卫生，上学和放学期间，又和门卫老师一起站岗；有的队员走进低年级教室给小弟弟小妹妹读书讲故事，教他们识字；还有的队员帮助图书室的老师整理图书……经过校园模拟服务活动之后，队员们的活动信心大增。老师还评选了"校园服务小标兵"，同学们也交流总结了活动经验。万事俱备,只欠东风。大家个个摩拳擦掌,跃跃欲试。

第二阶段:校外各显身手,活动有声有色传佳话

[环节一:敬老小队] 小小蒲公英,情暖夕阳红。

在前期的敬老活动中,我们曾在福利院和老人们一起包饺子、做蛋挞,为老人们表演节目,陪他们聊天解闷。在为老人们送去温暖的同时,我们也学会了很多厨艺和才艺。

新学期,我们在思考,我们还可以为老人们做点什么呢?春暖花开之时,我们又一次来到福利院,发现福利院里的工作人员正在院子里忙着种菜。队员们纷纷上前,想去帮忙。原来,院子里种的这些菜都是给老人们吃的,自己种的菜吃着放心。工作人员告诉我们,他们现在种的是土豆,过几天还要继续种芸豆、菜豆和黄瓜。如果同学们感兴趣,过些日子可以来帮忙种菜!崔老师说,帮助福利院的工作人员做一些力所能及的事,也是从另一个角度关爱老人呀!听到这里,我们高兴得手舞足蹈。

俗话说"谷雨前后,种瓜点豆"。四月的天气,春暖花开,我们相约来到福利院的大院。队员们准备好了黄瓜种子,在老师的指导下同学们种起了黄瓜。

我们先学习翻土挖畦。"畦要挖得直,而且深浅要一样",指导老师一边讲解一边示范。同学们自发地分成两组,男同学迫不及待拿起镢头接力挖畦,女同学们则提着水桶来打水。虽然男同学挖得沟歪歪扭扭,女同学浇的水有多有少,但活动现场气氛高涨,同学们的劳动热情直冲云霄。

接下来就是最关键的一步"撒种"。"这黄瓜种为什么是绿色的?""种子哪头朝上哪头朝下啊?"大家望着手里的种子疑惑不解。指导老师耐心地告诉大家:"绿色是一种农药种衣剂,能够保护种子不受虫害。黄瓜种子一头尖一头圆,圆头朝下插进泥土。尖头朝上,那是种子发芽的地方。注意每隔三拃放三颗种子⋯⋯"听了老师的讲解,同学们用心地观察起手里的种子,并小心翼翼地把种子插进坑里,生怕把种子插反了。有的同学负责撒种,有的同学用手丈量株距,还有的同学用铲子培土。

一上午的时间不知不觉地过去了,同学们望着自己亲手种下的黄瓜、芸豆和玉米等蔬菜粮食种子,心里乐开了花。此刻,大家多么希望,蔬菜粮食明天就能成熟,我们将把这些蔬菜粮食送给福利院的爷爷奶奶尝尝鲜,让他们一起分享我们的收获!

[环节二:扶幼小队] 小小蒲公英,爱心伴幼苗。

"小山羊,上山岗⋯⋯"一个阳光明媚的上午,童稚的歌声在宁海党群服务中心响起。那是我们扶幼小队的同学们,和宁海社区里的空巢幼童一起开展了"小小蒲公英，爱心伴幼苗"活动。

活动前，队员们用心策划、创新形式，设计了讲故事、手工制作、想象绘画融为一体的绘本阅读活动。经过商量，我们确定了两本绘本——《小猪变形记》和《有个性的羊》，然后精心准备了图片、棉花、彩笔等活动用品。

《有个性的羊》绘本故事开始啦！小朋友们先选好了自己喜欢的小羊，在队员们的帮助下涂上自己喜欢的颜色，搭好支架，用棉花制作小羊，一边听故事一边表演。瞧，队员们讲得绘声绘色，小朋友们听得聚精会神。

接下来，孩子们跟着《小猪变形记》里可爱的小猪，一会儿变斑马、一会儿变鹦鹉、一会儿变大象……经过绘画、角色扮演，最终和小猪一起认识到做自己才是最快乐的。

然后，队员们又手把手教小弟弟小妹妹们用太空泥捏出了各种造型可爱的飞机、蘑菇、企鹅等。最后，小朋友们拿起沙锤、碰铃，跟队员学唱《保护小羊》，戴上小羊和大灰狼的头饰，跟随扶幼小队队员们一起参与故事表演，一起唱起欢快的儿歌，一起参加精彩的游戏，手舞足蹈，满心欢悦。

不知不觉，一上午过去了，一颗颗带着爱的蒲公英种子飘进了每一位小朋友的心里。队员们与社区的小朋友们度过了一段欢乐的时光，这段快乐的时光将永远定格在每位队员的脑海里。

[环节三：助残小队] 小小蒲公英，奉献阳光行。

助残小队的同学们首先来到牟平区残联，采访了残联的工作人员。通过采访，我们了解到牟平区有一万四千多位残疾人。这个数字让在场的同学们大吃一惊，真没想到，小小的牟平区竟有这么多的残疾人！残联的阿姨告诉我们，我们国家对残疾人提供了很多保障，比如一级、二级残疾人，不但享有医疗保险补助、养老保险补助，每月还有一定数额的生活补助和康复补助。每个月残联都会到各个乡镇进行两次评残，为残疾人提供各种帮助。

谈话中，一位工作人员敞开心扉，向我们讲述了自己的成长故事。原来，她也是一位残疾人，由于小时候发烧打了青霉素导致耳聋。起初，小伙伴都歧视她，她很自卑。后来，爸爸妈妈鼓励她，从不把她当成残疾人看待，这让她又重新燃起了生活的勇气和信心。再后来，她考上了大学，现如今被招聘到牟平残联工作。听了她的故事，队员们纷纷为她点赞，觉得她这种积极向上的人生态度值得我们学习。临走时，她送了我们几本关于残疾人的杂志，让我们对残疾人有了更多的了解。

在残联工作人员的帮助下，我们还了解到牟平区有个"轮椅上的男孩"，他身残志坚的故事曾被烟台电视台报道，助残小队决定先派两位队员去拜访他。作为队长的我，当然要义不容辞地先行一步。推开"微点电脑科技"店门，我和队员姜昊璁看到一个瘦瘦的、戴着眼镜的叔叔,我们猜测他就是林建平。果然,在我们说明来意后,林叔叔再三说明不需要我们的帮助。是啊,这位林叔叔,虽然双腿残疾,但是却能自力更生,在电脑科技方面有所研究,他哪里需要我们什么帮助呀!

回去的路上,姜昊璁说:"这个林叔叔真了不起,他的奋斗精神非常值得我们学习。虽然他不需要我们的帮助,使我觉得可以让我们小队的同学过来,听听他的故事,见识一下科技的力量。对我们来说,也是另一种体验和成长啊!"姜昊璁的建议立即得到了崔老师的肯定。

回到学校,大家急切地讨论起来:"我们带点什么送给林叔叔吧!"经过商量,同学们觉得可以带点绿色植物送给林叔叔,装点一下他的小屋。

一个周六,队员们从家里端来各种各样的多肉植物,带着这些可爱的多肉植物,我们来到了微点科技店。队员曲玲慧说:"林叔叔,我们来拜访您没有带什么贵重的礼物,这些是我们从家里带来的多肉植物。因为多肉植物越干旱越能顽强生长,这种品质恰好和您很相似。我们把这些多肉植物送给您,希望您别嫌弃。"林叔叔听了曲玲慧的话,非常高兴。

他先给我们讲了自己的奋斗史。在他读到高中时,赶上牟平一中分层走班,父母便让他辍学了。在家没有书读的林建平就自己借到高中的书在家自学。然后他又借到大学的书,自学完。当他发现自己对电脑科技非常感兴趣的时候,便开始钻研软件编程,最终在电脑科技这一领域有所成绩。听着他的讲述,我们深深地沉浸其中,为他不幸的遭遇而感到惋惜,又为他顽强奋斗的精神所感染。

接下来,林叔叔在他的小屋里为我们讲解并演示了空中无人机的工作原理。"无人机为什么能起飞?""无人机上的摄像头怎么能固定拍摄?"同学们的脑袋里有无数个问号。林叔叔一一为我们做了解答:"无人机有四个螺旋桨,它的螺旋桨带弧度,旋转后上面气流被冲走,下面的气压大,所以就能把无人机带入空中……"只见,无人机在林叔叔的操控下,一会向左,一会向右,一会高一会低,大家惊叹不已。看着同学们这么惊讶,林叔叔打开电脑,让我们轮流体验了在电脑上操控无人机。

最令我们感兴趣的要数林叔叔桌子上的"小爱同学",她是一台智能机器人。大家争着和"小爱同学"聊天:"小爱同学,请帮打开空调!""小爱同学,请帮我把彩光灯调成红色!""小爱同学,能为我们唱首歌吗?"大家你一言我一语,感受着高科技给生活带来的便捷和魅力。

回校后,有的同学在日记里写道:"我们本想去帮助残疾人林叔叔,但没想到是林叔叔帮助了我们。在他的身上,我们看不出残疾人的自卑和气馁,反而是乐观向上的精神给了我们莫大的鼓励!残疾人都如此拼搏,作为我们健全人还有什么理由不努力呢！

[环节四：环保小队]小手拉大手，环保一起行。

为了实现"由学生辐射到家庭"的环保宣传模式，环保小队的同学们在老师的帮助下，与牟平区城市综合执法局、宁海街道通海路社区携手开展了"小手牵大手·垃圾分类"主题系列活动。没想到，区综合执法局的阿姨非常支持我们的活动，让我们在活动中大开眼界。

（1）垃圾分类专题宣讲。

崔老师邀请了城市综合执法局市容科的宋科长对同学们进行了专题宣讲。宣讲现场，宋科长通过 PPT 讲解、现场问答、实物展示、有奖互动等丰富多彩的形式，让学生们懂得了垃圾分类的意义、标准以及如何对垃圾进行分类。宣讲结束，每位同学还领到一本《生活垃圾分类指导手册》，有了这本手册，队员们的环保知识一下子丰富了很多。

（2）体验环卫工人工作。

平日里，同学们对马路上的环卫工人司空见惯，却不了解他们工作的辛苦。宋科长邀请了十几位环卫工人来到我们身边。队员们先是对环卫工人进行了采访，"爷爷，你们早上几点上班啊？""一天要干几个小时？""累不累啊？"队员们争先恐后地和环卫工人了解情况。通过采访，我们知道了环卫工人的工作非常辛苦，大家突然感到，平日里随便在大马路上乱丢垃圾真是不应该，这给环卫爷爷奶奶带来多大的麻烦啊！于是，大家纷纷拿起工具变身"小小清洁工"帮助环卫爷爷清扫马路。

（3）观摩垃圾转运车工作。

在通海路社区高主任的安排下，队员们来到通海路，现场观摩了垃圾转运车是如何工作的。司机叔叔告诉我们，我区每年生活垃圾的产量为 16.5 万吨，垃圾清运费每年约 900 万元，垃圾处理费每年约 2 000 万元。传统的"集中混合收集—集中运输—集中处理"模式，不仅增加了垃圾处理难度，而且造成了巨大的人力、物力、财力和土地资源浪费，所以进行有效的垃圾分类刻不容缓。听了司机叔叔的话，我惊讶得不得了，没想到一个小小的牟平区竟有这么多垃圾，如果每个人都能进行垃圾分类，就能为国家节省一大笔开支。

（4）分发"小手牵大手·垃圾分类"倡议书。

队员们在前期活动中明白了垃圾分类的重要性，就合作拟写了一份倡议书。我们一共印了 1 000 份，每位同学发一份，还剩 300 多份。这剩下的 300 多份我们要做"小宣传员"，走进社区，走向社会，向路上的行人分发"小手牵大手·垃圾分类"倡议书，宣传号召更多的人进行垃圾分类。

　　我们来到公交站点，看到一位奶奶在等公交车。开始，我们都很不好意思，谁也不敢上前宣传。最终，杨淙凯同学鼓起勇气，走上前去，他对奶奶说："奶奶，你了解垃圾分类吗？你在生活中进行垃圾分类吗？"奶奶一脸疑惑地摇着头。杨淙凯继续说："垃圾分类能帮助我们减少占地、减少污染，还能变废为宝呢！"说完，杨淙凯把一些垃圾袋送给了奶奶。奶奶很高兴，直夸我们很懂事。崔老师也对杨淙凯竖起了大拇指。

　　有了杨淙凯的榜样示范，其他队员也大起胆子，开始宣传。有的队员来到路边的手机店，亲切地和叔叔阿姨们交流，有的队员详细地向路人介绍垃圾的分类标准和有害垃圾的危害等。看到有的队员把倡议书压在了路边汽车的挡风玻璃前，崔老师说："我们不要这样做，这样不成了发小广告了吗？我们重要的是向路人宣传垃圾分类的知识，让他们和我们一起进行垃圾分类！"听了崔老师的话，队员们若有所思。

第三阶段：分享交流收获，盘点活动经验善总结

　　各小队活动结束后，我们三个小组认真总结经验，分享交流了自己的收获。同学们的活动感言写得真诚感人。

　　曲玲慧同学的活动感言：

　　俗话说"谷雨前后，种瓜得豆。"在这个朝气蓬勃的春天，我们开展了一项"播种希望，收获爱心"活动，目的是在美好的春天，种下蔬菜和粮食，把我们的爱心送给福利院的爷爷奶奶。

　　阳光明媚的早晨，同学们相约来到种植地点，开始了上午美好的新征程。

　　工作部的阿姨细心地给我们讲解，该怎样种菜，怎样播种，怎样让我们的蔬菜苗壮成长。

　　大家可别小瞧这种菜，种菜里学问可多着呢！

　　第一步：刨沟。别小看这一条小小的沟，它呀，要求可多着呢！首先，这条沟必须是一条笔直而又长长的沟，其次，对沟的深度也有要求，大约是在10厘米深，要均匀。听到这里，同学们跃跃欲试，几个同学激动地举起了手，迫不及待地想尝试一下。同学们接二连三地尝试，熟练后便开始了下一环节的工作。

　　第二步：浇水。每条沟里面要浇适当的水，不能浇太多，也不能浇太少。同学们齐心协力，不一会儿就做好了这项工作。

　　第三步：播种。黄瓜的种子分为圆锐两头，种菜时我们把锐的一头扎进土里，这样比较容易发芽。每三颗种子为一组，每组之间的距离大约是30厘米。芸豆的播种方法和黄瓜大致相同，玉米就简单多了，不需要浇水。同学们兴致勃勃，不一会儿时间我们就完成了这项任务。

第四步：培土。我们应当用双手轻轻拨动旁边的土，拨到土沟里，大约深1厘米。土不能培得太深，因为太深会让芽无法露头；也不能太浅，因为这样会让芽受到阳光的暴晒，无法正常生长。同学们积极参与、热情澎湃，这些工作对我们来说只不过是小意思而已。

在这个朝气蓬勃的春天，同学们有了一股干劲儿，留下了成长的足迹，感受到生活的美好，更体会了农民伯伯的辛苦，学到了受益一生的知识。

我仿佛看到了，福利院里的爷爷奶奶尝到了我们亲手种下的蔬菜，嘴巴乐得合不拢嘴了。

王思文同学的活动感言：

今天，在崔老师的带领下，我们一起去了一个科技店。老师告诉我们，那里有一位身体不方便的叔叔，但他没有消沉，开创出了一番事业。

我们坐公交车到那里去。一进店，同学们都好奇地左瞧瞧右看看，然后一齐说："林叔叔好！"叔叔先给我们讲了一个人生道理——很多时候，生活中会遇到很多困难，困难不能改变，但你可以克服困难。然后，林叔叔开始给我们介绍机器人"小爱同学"。它可以控制空调、扫地机器人、彩光灯，还可以回答我们的问题。同学们争先恐后地问问题，不得不赞叹现在科技真发达。林叔叔又讲解无人机，还拿出小型无人机进行现场演示。我们惊奇地发现，无人机是用手机操控的。只见无人机随着林叔叔的操控在空中跳着舞。林叔叔让同学把手放在无人机下面，无人机竟然会自动上升，碰到天花板又会自动下降。林叔叔告诉我们："无人机之所以会上升，是因为它会发射超声波，来控制距离。"林叔叔还让我们在电脑中模拟操控了一次。

这次活动，我不仅认识到现代科技的发达，还学习到了林叔叔坚强不屈的精神。

【活动反思】

此次活动我们分四个小队分头进行，每个人的收获都很大。

1. 在服务劳动中培育奉献和服务精神

在敬老的活动中（图 6-8、6-9），我们来到敬老院，把亲手包的饺子送给老人尝一尝；在扶幼活动中，我们用爱心与耐心认真呵护社区的弟弟妹妹们，让他们在互动中感受到绘本阅读的魅力，将阅读的种子播撒在孩子们的心田，我们学会用充满爱的"心"去温暖他人、帮助他人；在助残活动中，我们意想不到的是，本想为残疾人做点什么，却不曾想被残疾人身残志坚的精神鼓舞了自己。我们真正懂得"身体的残疾并不可怕，可怕的是精神的残疾"，作为正常人的我们还有什么理由不努力呢? 在环保活动中,学生们对垃圾分类知识有所了解,环保理念深入人心,提高了队员们爱护环境卫生的意识,实现了"教育一个孩子、带动一个家庭、文明整个社会"的良好效果。

图6-8 小小蒲公英,情暖夕阳红

图6-9 饺子送给爷爷尝一尝

2.在服务劳动中提升自我,放飞梦想

我们的蒲公英服务队得到了社会上许多人的关注。在通海路社区领导的指引下,我们"蒲公英服务队"到牟平区民政局进行了备案。我们开展的各项爱心活动被烟台水母网、牟平电视台、牟平文明网、牟平教育网等多家新闻媒体刊播;爱心家长也为我们制作了充满正能量的美篇,在微信朋友圈里转发。现在,已经有越来越多的学生和爱心家长加入了我们这个大家庭中。

一年以来的社会服务,我们每一位小小蒲公英们,都在悄悄成长着。我们的实践能力得到了极大的锻炼。菜农、主讲、助教……我们体验了不同的角色,我们的动手、交流、沟通等多种实践能力得到了提高。在敬老、扶幼和助残的过程中,我们的责任心和社会责任感逐渐增强。我们学会了包容、感恩,对自己的家人也懂得了理解和体贴。在一次又一次的活动中,我们意识到了团队合作的重要性。相信这一点会给我们以后的人生留下一笔宝贵的财富。

我们的志愿服务队逐渐"小有名气",宁海街道社区主任高叔叔,建议我们到牟平区民政局把"蒲公英服务队"备案注册,那样我们的队伍在社会上就真正成为一个独立的组织啦!

我们想,一株小小的蒲公英,微不足道,但它却可以飞越千山万水,把爱的种子传播到大地的每一个角落;我们每一人的力量,虽然微弱,但只要我们拉起手来,就一定能汇聚起爱的洪荒之力。蒲公英在行动,我们一直在路上……

三、榜样引领:赓续劳模精神

为了引导师生牢固树立依靠劳动创造幸福生活,托起"中国梦"的坚定信念,我们通过开展"劳动模范进校园"活动，大力宣传劳模先进事迹，以新时期劳模精神激励并鼓舞师生自强不息、立志成才、奋发有为、奉献社会，逐步形成了崇尚劳模、学习劳模、争当劳模的良好校园氛围，促进了校园文化的良性发展，形成"尊重劳动、尊重知识、尊重创造"的和谐校园风尚。

1. 加强宣传，提高认识

活动中，学校教导处积极开展活动前期宣传报道工作，充分运用校园广播、校园公众号、宣传橱窗等多种渠道，大力宣传总书记在全国劳动模范和先进工作者表彰大会上的重要讲话精神，宣传全国劳动模范和全省劳动模范的先进事迹和优秀品质，宣传劳模进校园的意义、做法，努力营造开展劳模进校园活动的良好氛围。同时，教导处正式向全体师生发出向劳模学习的倡议书，引导师生通过广泛阅读劳模励志书籍树立正确的人生观、价值观、世界观，不断动员广大师生向劳模学习，以劳模精神鼓舞自身，将弘扬劳模精神落实到个人的工作、学习和生活中来。

2. 走近劳模，学习事迹

学校从实际出发，引导师生从身边寻找劳动模范，充分发挥劳动模范在加强和改进师生思想教育工作中的引导、示范和辐射作用。我们邀请"身边的劳模"——玉林店镇十六里头村村党支部书记、村委会主任李伟锋走进校园，为全校师生做现场事迹报告。报告会上，李书记以朴实无华的语言，从不同角度、不同侧面讲述了劳动模范在平凡的岗位上努力拼搏、默默奉献、追求理想、建功立业、报效社会的感人事迹，生动展现了新时期劳动模范艰苦奋斗、勇于创新、甘于奉献的光辉形象，诠释了爱岗敬业、埋头苦干、开拓创新的主人公精神。学校还盛情邀请劳动模范曲国锦师傅与学生们进行了一次座谈会。作为烟台市工业炉厂的工人，曲国锦师傅与孩子们零距离接触与交流，让孩子们的心情久久不能平复。他不怕苦、不怕脏、不怕累的先进事迹再一次震撼着学生的心灵，传递着强大的力量。在不到一小时的谈话过程中，孩子们从未如此地感动着、思索着，劳模的讲话总是被孩子们无比热烈的掌声一次次打断，这是孩子们对劳模最诚挚的敬意，让劳模感动不已。

除了邀请劳动模范进校园，我们还组织学生走出去学习劳模。玉林店镇的尺坎村有座"艾维农场"，农场主徐箴言先生向孩子们讲述自己从"国外求学""学成归国""自主创新"和"造福家乡"的经历，使学生们既了解了"鱼菜共生＋气雾"的栽培技术，又从徐先生身上学到了"学有所长、学有所用""为祖国发展贡献自己力量"的劳动精神。孩子们深深地体会到作为一名学生，在学习知识与技能的同时，要懂得用劳模精神指引自己前进的方向。

3. 特色活动,入心入脑

学校通过开展具有特色的劳模学习活动,使劳动模范精神进一步深入人心,促使师生秉持着这份精神,脚踏实地地投入到学习、工作和生活中去。

一是开展"劳模的一天"活动。活动中,我们组织学生到牟平区派出所跟随劳模李警官,参与他一天的工作。孩子们和李警官一起到马路上值勤,跟随他走访包片社区,出警处理纠纷案件……一天下来,李警官完成防疫建档 54 人次,每个档案需要花 10 分钟的时间,这项工作就需要 9 个小时。何况,李警官在一天之中还做了社区安全宣传、调解纠纷等其他工作。这些数字让孩子们惊诧不已,同时他们也切身感受到了劳模之所以被称为"劳模",那是因为他们身上具有一种任劳任怨、乐于奉献的精神。

二是开展"我是班级小劳模""我是校园小劳模""我是家庭小劳模"以及"我是社会小劳模"的班队会活动。组织学生学习劳模精神,让学生积极提出各自的建议,交流每个人对成为劳模的想法。引导学生在家主动帮助父母分担家务,在学校积极为学生和老师服务。通过学生身边的小事,让学生自主地加入到争做劳模的活动中,让枯燥的劳动教育变得有声有色。

三是开展"劳模来到我身边"征文及演讲比赛活动。学生在深入学习劳模事迹的基础上,或是撰写心得、体会,表达对劳模的敬仰;或是以学习劳模精神为契机,表达自己的拼搏决心;或是以身边的先进人物、感人事迹为题材,撰写文章深入挖掘了劳模身上的教育元素,使劳模精神深入人心。参赛选手在演讲比赛中的神采飞扬,瞬间让劳模精神的宣扬幻化成了对每个人心灵的一场洗礼。我们以这种方式将劳模作为榜样,以榜样的力量教育并激励着广大师生,达到了事半功倍的效果。

第七章 📖

课程评价:唤醒每个生命内在的源能量

劳动课程评价是对师生共同探索学习、劳动实践、取得劳动成果等过程中,针对学生所表现出来的各种行为及这些行为所反映出的劳动素养进行的价值判断。结合劳动教育日常开展情况来看,科学合理的劳动教育课程评价体系有利于获得劳动教育全过程中的效果反馈,从而调整劳动教育课程领导决策,进而推进劳动教育有序有效开展,发挥"劳动育人"的作用,促进学生的全方位发展。基于此,我们结合劳动教育课程特点和学生的具体情况,从评价要点和评价形式两个方面构建劳动教育课程评价体系。

第一节 评价要点

无论是什么课程,在它实施前的需求评估、启动与实施中的试运行以及最终形成方案的微小调整,都必然伴随着评价活动。评价对课程实施的诊断、修正、效果等方面有着方向性、目标性和指引性的作用,它是促成理想方案设计走向现实运作课程的关键。真实、有效、可靠的评估和测评是改进课程实践和提升学生学习能力的关键,是建立高绩效系统的核心。劳动课程评价对引导劳动课程改革走向、促进劳动课程目标的实现、辨析劳动课程实施的问题、为学校建立"评价——反馈——行动"的劳动教育发展机制、激励劳动课程的实践创造等具有重要的意义。

一、评价目标:凸显全人发展

劳动课程评价作为一种教育活动,贯穿劳动教育全过程,其发展轨迹应指向"以人为目的",立足于"立德树人"的时代背景,打破传统的工具主义和功利主义评价观,彰显评价的育人功能。即围绕师生的劳动知识习得、劳动活动体验、劳动能力发展以及劳动情感的养成展开。课程评价不再是一种静态的于劳动教育活动

216

结束之后的甄别和价值判断活动，而是一种于劳动教育过程中所开展的动态的、全方面的价值共创活动。课程评价也不再是纯粹地注重评价工具的效率以及评价结果的呈现，忽视评价的目标和评价后的反馈与改进已无法满足当下劳动教育的特性与发展。新时代劳动课程评价体系应当凸显全人发展的评价目标，变评价的"师生选拔、排序和管理工具"为"师生的持续发展的载体"，充分发挥劳动教育评价引导人与发展人的作用，发挥评价对教育的促进功能，在培养师生劳动素养的同时促进师生的全面发展，进而达成以劳动为载体培养整全之人的目标。

二、评价内容：注重多维融合

新时代劳动教育是以促进学生养成良好劳动素养为目的的教育活动。劳动课程评价体系是以关注学生全面发展为价值导向的包含学生劳动素养评价、劳动课程实施过程评价及劳动成果展示评价等评价对象的复杂系统。从评价内容上应当紧扣课程要求和劳动素养要求，围绕评价目标，基于不同主体、不同领域从多维度进行定义，注重评价内容的多维融合。

一是评价学生的"劳动常识认知度"。学生要对基本劳动常识有认知，这是劳动教育的基本目标，也是促使学生形成正确劳动观念、良好劳动习惯和刻苦的劳动精神的必要条件。在评价学生的"劳动常识认知度"时，我们主要围绕学生对某项具体劳动的"重要意义与价值""基本流程"和"所需技能"等几个方面的知晓程度进行评价。二是评价学生的"劳动情感认同度"。正确的劳动认知是开展劳动行为的前提，而由"认知"到"行为"，还需要"情感认同"这个"桥梁"。劳动教育的目的不只是要让学生明白什么是劳动，还需要引导学生对正向的劳动思想予以认同，进而内化成自身的人生信念和生活态度。为此，衡量学生对劳动的情感认同度是评价劳动教育成效的重要一环。三是评价学生的"劳动信念内化度"。学生对劳动教育目标内化为个人的信念、态度、品质的程度是劳动教育取得成效的一个关键性指标，也是学生形成优秀劳动品质和正确劳动行为的起点。对"劳动信念内化度"的评价，可以结合学生的"自我评价"和观察学生的"劳动态度和行为"来进行。四是评价学生的"劳动行为稳定性"。劳动行为是劳动教育成效的外显和外化阶段，具有良好劳动态度和习惯的学生，其劳动行为也有一定的稳定性和一贯性。对其评价方式更多的是借助于观察和分析学生具体的劳动情况，在这一过程中可以结合不同的评价主体对学生在不同场域（如校园、家中、社会等）的劳动态度和行为进行评价。

三、评价方法：关注适切多样

2020年10月，中共中央、国务院印发的《深化新时代教育评价改革总体方案》

提出：改进结果评价，强化过程评价，探索增值评价，健全综合评价；要充分利用信息技术，提高教育评价的专业性、客观性，鼓励并支持评价工具、手段、方法的智能和创新。这为劳动课程评价方法的选择指明了方向。《劳动课程标准》中基于平时表现评价和阶段综合评价，提出具体的课程评价方法。在总体上要考虑方法的适切性和现代性。

首先，方法的适切性是指评价方法的选择与使用要与目标、内容特征、师生特征相符合，有利于诊断和促进发展。基于"手段——目的"的角度对教育评价进行分析时，教育评价便不仅是目标和标准达成的程度问题，更是这种效果是否可以归因于某些"手段"的问题，即选用何种评价方法以达到评价的最终目的。劳动课程评价存在着多样的方法，要充分考虑方法与评价目标的匹配。例如，平时表现评价，旨在通过了解师生在劳动过程中的表现，判断师生的劳动效果，调整教师的方案实施以更好地实现教育目标，那么在方法的选择上就需要以过程性评价取向为主，采用表现性评价方式，包括劳动任务单、劳动清单、劳动档案袋等。同时，适切性也包含着突破评价方式的单一化，以多元的评价方式满足不同的评价需求，并实现评价方法之间的优势互补。其次，方法的现代性是指将人工智能技术与劳动教育评价深度融合，以改善传统评价方式的局限性，提升评价的效能。具体而言，可以开发劳动教育评价模型，用客观、具体的量化数据对学生的劳动素养、教师的专业发展、学校的劳动教育开展以及学校的管理等不同主体与领域的水平进行诊断。可以依托互联网与人工智能，如借助教育大数据、区块链技术、VR 等对学生在参与劳动教育过程中的数据进行伴随式采集，并且通过开发劳动教育评价 App 或智能评价系统及时收集与记录学生在劳动教育过程中的体验与收获，并在此基础上实现不同主体之间的数据共享，最终促进各主体间的相互评价以及对数据的反馈利用。

四、评价主体：追求协商合作

评价在本质上属于一项管理性活动，它是不同利益需要的认知、鉴别和取舍，进而形成一种评价性权力。第四代评价理论指出，评估是一个共同合作的过程，要以回应各种利益相关者的不同评价要求作为评价的出发点，并通过协商达到所有利益相关者"共同的心理建构"。《劳动课程标准》在不同任务群的活动建议中提出学校、家庭、社区协同实施。以此为建构基础，新时代劳动课程评价主体应当追求多元协商与合作，从而增强评价的民主性、开放性与全面性。

由于劳动课程实施形式的多样性以及实施场域的时空多维性，需要在评价过程中发挥多元主体的协作效能。具体而言，需要根据劳动课程开展的不同内容、形式以及场域协调不同主体之间的评价权重，形成学生自评、生生与师生互评以及家庭、学校与社会共评的协同合作机制。如在学校场域开展的劳动课程，发挥着教师的主导以及学生的主体作用，因此以学校范围内的评价权和学生的自我评价权为主、以家长的评价权为辅；而在家庭所进行的日常生活劳动以及在社会场域所开展的生产劳动与服务劳动，则需以校外力量，即以家长与社会的评价权为主。同时，劳动课程评价应注重营造民主、平等的评价氛围，使得评价主体之间、评价主体与评价客体间通过协商减少意见分歧，进而提高各主体对评价结果的认同感。

五、评价原则：关注成长进步

在劳动课程项目化实施过程中，我们认为每个生命都是独一无二的，评价时，我们更多关注的是劳动的过程，而非劳动的结果；更多关注的是学生的成长与进步，而非拔尖选优。

1. 激励性原则

教师细心地发现并赏识学生在劳动过程中的各方面优点，坚持不懈地为学生的每一个微小进步加油，使学生从每一步前进中感到克服困难、超越他人、战胜自我的愉悦。在评价过程中运用激励性评价，让学生产生被评价的需要，对评价产生信任感，把评价作为自身发展的需要。

2. 因材性原则

评价时充分重视学生能力发展水平差异，针对学生个体差异的不同特点分别要求，虽采用同一评价标准和方法，但针对不同发展水平的学生给予不同等级，并在评语中体现其发展性。对接受能力和劳动能力较弱的学生的进步给予表扬，对合格学生进行激励，对成功的学生进行挑战与竞争教育，从而使不同能力层次的学生都得到充分的培养与发展，以期收到劳动的整体效益。

3. 发展性原则

根据发展性目标，以学生发展为本，关注学生劳动方法的习得、劳动能力的培养、劳动素养的形成，对学生核心素养发展的进程进行评价解释，使学生在评价活动中，不断地认识自我、发展自我，使之不断积淀、发展，优化其自我素质结构。评价者始终要在鼓励、信任、尊重的气氛中充分肯定学生的优点和进步，用辩证的观点、发展性思想对待学生劳动过程中的问题；在评价中，评价者要尊重学生的主体地位和主体人格，培养学生自主性、主动性和创造性，促进学生主动、活泼地发展。

4. 情感性原则

教育应当是有情的，这是因为我们的教育对象是一个个具有思想感情的个体。师生感情的交流是育人的基础，没有爱就没有教育。劳动课程评价不仅输出知识信息，还输出情感信息，能将教师对学生的殷殷期望、热情鼓励与警示鞭策等信息及时地传递给学生，使之感受到教师的亲切关怀和信任而受到鼓舞，激发起勤奋参与劳动的动机和振奋向上的积极情感，增强自尊心、自信心。教师这种以情育人、以情感人的做法也是学生乐于接受帮助、家长乐于倾力合作的重要因素。

第二节 评价形式

一、即时性评价：抓住时机关注点滴变化

所谓即时性评价就是教师对学生在劳动过程中的表现给予即时回应，作出评价。即时性评价分为"即时性口头评价"和"即时性物质评价"两类。即时性口头评价，指的是教师要关注学生在劳动过程中的点滴变化，用语言随机表扬鼓励学生；即时性物质评价是教师根据学生的不同表现，给予"小红花、小贴画、小星星"等物质奖励。这种即时性评价对学生的发展有着不可低估的影响。

即时性评价可以针对学生的劳动态度、劳动技能、劳动精神等进行更贴近、更实际的情感交流，它的优势在于快速、及时。有一名平日里娇生惯养的孩子在劳动基地掰玉米，手不小心被玉米叶子划伤了。正当他皱着眉头的时候，教师发现了，及时鼓励他说："你真勇敢，手被划伤了也不喊疼，老师真为你骄傲！"听老师这么一说，这个孩子搓了搓手，笑了笑，立即又投入掰玉米的行列了。老师的鼓励评价就像一剂强心药，让学生立即重拾信心，潜移默化中养成了"不怕吃苦、不怕累、不怕疼"的劳动精神。后来，老师经常在劳动过程中通过这种即时性评语，将对其期待的信息传递给他，使之感到老师的关怀和信任而受到鼓舞，也使其劳动态度发生了很大的变化。从此，这个孩子身上的"娇贵气儿"再也不见了。如果教师当时不及时评价、鼓励，等事后再去评价的话，效果可能就不会这么突出。因此，即时评价能够表达老师的殷切期望，或鼓励褒奖，或警醒鞭策，这样拉近了师生的距离，荡起学生情感的涟漪，使学生产生积极向上的进取心。

二、评语评价：促进教师和学生心理相容

劳动过程中，教师或许不能跟踪每一个学生的整个劳动过程，但是，教师可以在学生的劳动日志上进行评语评价，或是为学生填写"师生悄悄话""家校联系簿""我是劳动小能手"等评语记录簿。这种评语评价的优势在于能够促进师生心理相容。

儿童情感的形成主要来自周围环境的影响，尤其是教师对学生的感染，将对

学生今后的发展起着十分重要的作用。评语蕴含着教师对学生的融融爱心,每句鼓励、提醒或批评的话,一举手、一投足或一个关切的眼神,都让孩子感到老师的关心和爱护,所以很多孩子特别看重老师的评语。有位女同学在与小组同学合作完成"玉米花"的时候,由于她是小组长,自身又有很强的动手能力,因此老师发现她总是"独揽"所有大权。选玉米种她要自己选,其他同学选的种子,她总是以各种理由退回去;其他同学刚要拿起热熔枪,她就一把夺过来,说别人不会用;玉米花粘在树枝的什么位置上,她也是"说一不二"……在这位女生的劳动日志上,老师写上了这样的评语:你是一位动手能力很强的孩子,各方面素质都很不错。但是作为组长,不是要自己什么都会,而要团结组里的每一位同学,和同学们一起分享合作的快乐。独乐乐不如众乐乐,你愿意和小伙伴们一起享受劳动的快乐时光吗?看到这个评语后,聪慧的女生立即明白了自己的"霸权主义",在第二次小组合作时,再也没有出现"抢活干"的情况,而是把机会让给组里的每一位同学,让大家都有参与的机会。当组员遇到困难时,这位小组长还能耐心地教给组员。看到她有这样的变化,老师感到很欣慰。古人云:"亲其师,信其道。"这个"亲"就意味着一种平等、民主、和谐的师生关系。学生在评语中感受到的是教师真诚的关心和爱护,师生间的距离缩短了,心贴近了,很自然激起他们亲师、敬师、积极进取的心理效应,这也是学生欣然接受教师帮助的重要因素。

劳动教育不能仅仅依靠学校,它更应该延伸到家庭和社会。家庭和社会是不可忽视的强大力量,要转变观念,形成劳动大教育观。虽然我们运用评语评价学生增加了老师们的工作负担,但教师的辛勤劳动和高度负责的奉献精神,也赢得了家长的理解和配合。很多家长对我们的做法表示非常赞成,能够充分看出教师的评语在家长中引起极大的反响,使家长看到教师育人的匠心和对学生高度负责的敬业精神,融洽了二者关系,形成了教育的合力。

三、劳动档案袋评价:积累收集劳动成果

档案袋评价并不鲜见,但许多学校的运用并不尽如人意,主要表现在:(1)档案袋(记录袋)设计内容繁琐,操作不容易;(2)档案袋成了"集装箱",成果搜集无序,且没有突出培养学生的反思能力;(3)档案袋内容设计缺乏对儿童的个性的关怀,个性的发展得不到凸显,个性差异得不到关注;(4)档案袋栏目外观设计缺乏儿童化、趣味化。

劳动课程项目化实施档案袋的设计,力求避免上述不足,本着突出特色、突出学生个性的原则而设计。作为一种新的评价工具,我们的《成长足迹》能较充分展示学生劳动方面的内容,反映学生的努力、进步和成就,使每位学生都获得自信,

同时也注重儿童化、趣味性，使孩子们乐于接受。它具体体现以下特点。

一是评价主体的多元互动性。成长记录袋中，有许多项目是让孩子自评、互评，让他们装进自己得意的作品，同时还设计了"老师的话""家长的话"，让学生在评价中与伙伴交流，教师、家长对话，进行自我反思、自我学习、自我教育，增强学生的自我意识。

二是评价内容的多维性。劳动档案袋的评价范围广，改变以往"一张照片，一张劳动日志"的单一评价方式，对孩子的心理、智力、技能、情感、行为、态度、劳动过程、技能方法以及优势、不足等都进行了记载，注重人的全面发展。劳动档案袋里除了可以放劳动过程的"精彩瞬间"（照片），还有视频资料（光盘或 U 盘）、适当的实物以及自己的劳动感言、反思等。

三是评价形式的生动性。图文并茂、生动活泼、富有趣味是本次劳动档案袋设计的突出特点，体现了趣味性和艺术性，符合学生的心理需求，增强了评价效果。如"小松柏，快快长"栏目是评价学生单项劳动，就将充满绿意的松柏树分为三层，每一层左边精选一则关于劳动的儿歌，右边每部分又分为三个等级："太棒了""不错哦""再加油"，让学生自评后，在相应的地方涂上绿色，让松柏更苍翠，非常形象，以情诱人。

四是评价过程的开放性。劳动档案袋打破了评价的时空，不局限在学生校内的劳动上，而是延伸到课外、社会中、家庭里，对学生的劳动习惯、劳动态度、劳动效果等全方位评价。孩子们也可以根据自己的劳动特长进一步评价自己，有利于孩子们尝到成功的喜悦。

我们的劳动档案袋主要是收集学生作品的样本以展示劳动上的进步，让教师了解学生的发展过程，了解学生每一阶段掌握了什么，努力方向又是什么，它对于学生的自主性、反思能力、创新精神和实践能力的培养具有非常重要的作用。以劳动档案袋为雏形的评价体系建构，使我们能以全面发展的眼光评价学生，帮助学生增强自信心，提高自我教育能力，有利于教师、学生、家长三者之间形成良好的沟通，共同促进孩子的发展。

三、劳动成长手册评价：由部分到整体层层评

为了促进劳动课程项目化实施的活动真正落地，我们还设计了劳动成长手册。劳动成长手册包含三大方面的内容：劳动过程性评价、劳动成果展示评价和整体劳动课程评价。这三轮评价体现了由部分到整体的层层落实，有效保障了课程实施质量。

1. 劳动过程性评价

每一个劳动课程都由很多具体的活动组成,每次具体活动结束后,我们会进行具体的活动过程性评价。过程性评价内容紧贴活动目标,评价的主体除了学生自己,还关注了伙伴评、教师评和家长评。多元多维度的活动评价促进学生劳动素养的全面提升。表 7-1 以"我来做'美丽家乡主持人'"劳动项目为例,展现劳动的过程性评价。

表 7-1 "我来做'美丽家乡'主持人"项目化劳动过程性评价

评价内容	自己评	伙伴评	教师评	家长评
1. 积极参与小组讨论,主动寻找解决如何制作纪录片的办法。	☆☆☆	☆☆☆	☆☆☆	☆☆☆
2. 学会上网搜索文字、下载图片和视频的方法,并能与文字结合进行介绍。	☆☆☆	☆☆☆	☆☆☆	☆☆☆
3. 积极参与劳动,学会套袋摘袋及揉面技巧,并能详细讲述分解动作。	☆☆☆	☆☆☆	☆☆☆	☆☆☆
4. 能胜任自己的工作,并能与组内成员合作完成任务。	☆☆☆	☆☆☆	☆☆☆	☆☆☆
备注:表现优秀的涂亮三颗星,表现一般的涂亮两颗星,还需努力的涂亮一颗星。				

2. 劳动成果展示评价

劳动成果展示评价关注的是学生在每个活动结束后的表现。评价的内容重点从"仪态、表达、条理、思维、成果的质量"等方面设计,评价的主体依然是"自己、伙伴、教师和家长"四个层面。成果展示前,教师应该将评价的标准告知学生,以便学生能有的放矢地做好成果展示工作。表 7-2 仍然以"我来做'美丽家乡主持人'"劳动项目为例,展现劳动的成果展示评价。

表 7-2 "我来做'美丽家乡'主持人"项目化劳动成果展示评价

评价内容	自己评	伙伴评	教师评	家长评
1. 举止大方、口齿清晰、态度亲切和蔼并能流利地进行主持。	☆☆☆	☆☆☆	☆☆☆	☆☆☆
2. 信息收集详实、多样,图片、视频资料清晰度高,并与主题密切贴合。	☆☆☆	☆☆☆	☆☆☆	☆☆☆
3. 条理清楚、思维清晰,能按照一定的逻辑顺序对主题进行介绍。	☆☆☆	☆☆☆	☆☆☆	☆☆☆
4. 作品能按照从整体到局部的顺序,重点突出。	☆☆☆	☆☆☆	☆☆☆	☆☆☆
备注:表现优秀的涂亮三颗星,表现一般的涂亮两颗星,还需努力的涂亮一颗星。				

3. 整体劳动课程评价

每一个具体活动结束后,我们要对这个课程进行整体评价。为此,我们设计了"我是勤劳小蜜蜂"劳动课程评价表(表7-3),从劳动观念、劳动能力、劳动习惯和劳动精神四个方面对学生参加整个劳动课程进行评价总结。评价时,教师要关注学生在不同阶段的成长变化,不能为了评价而评价,而要发现学生在此过程中的进步,及时鼓励、总结,让学生找到劳动的快乐。

表7-3 "我是勤劳小蜜蜂"劳动课程评价表

评价内容	评价内容	自评	他评	老师评
劳动观念	懂得热爱劳动、爱惜劳动成果。			
劳动能力	掌握相应的基本劳动程序和技能。			
劳动习惯	能坚持参与劳动,有始有终。			
	能坚持做到规范操作、卫生整洁。			
劳动精神	勤于参与劳动,乐于为他人服务。			
	劳动过程中肯吃苦、肯钻研、乐于学习。			

备注说明:根据劳动的实际情况在评价表格里给 🐝 涂上喜欢的颜色,特别优秀的涂3只小蜜蜂,表现还可以的涂2只小蜜蜂,需要继续加油的涂1只小蜜蜂。

后　记

感恩同行

　　时光如白驹过隙。此刻手捧书稿,回首往昔,奋斗和辛劳成为丝丝记忆,而我的内心更多的是感恩。一直觉得自己无比幸运,因为在这条成长之路上我并非孤军奋战。敬爱的领导、亲爱的同事与家人一直与我并肩同行,他们在我迷茫懈怠之时给予帮助和支持,在我势单力薄之时给予我力量和前进的动力。当书稿变成铅字的那一刹那,我对他们的感谢溢于言表。

　　首先,感谢烟台市劳动综合实践研究室刘作建主任的指导。刘主任治学严谨,学识渊博,具有浓郁的科研情怀,尤其是敬业精神让人钦佩。自加入劳动与综合实践队伍之后,每当我迷茫的时候,刘主任就像一盏指路明灯,为我指引方向。每当我遇到棘手的问题的时候,刘主任总是放下手上繁忙的工作,细心帮我解答。高屋建瓴的指导,常常让我有一种"拨云见日"的通透。也正是因为有了刘主任的指导,我才得以迅速成长。

　　其次,感谢烟台爱华双语实验学校的王振华校长,是她把我引领到项目化学习实践的领域,让我认识了项目化学习这种独特的学习方式。一年来,我们曾一起共读了夏雪梅博士三本关于项目化学习的书籍,形成了近十万字的研讨纪实。这些研讨纪实记录着我们对项目化学习的认知、实践和反思。一次次深度的研讨,一次次思维的碰撞,促使"以生为本"的教学理念在我的头脑里不断向内扎根。由此,我想到,如果用项目化的方式来实施劳动课程,那么更能提升学生的核心素养,学生会更有劳动的主动性。于是,2022年,我申报了烟台市教学改革项目,并确定了将项目化实施劳动课程作为乡村小学特色发展的办学思路。本书正是烟台市教改项目"农村小学劳动课程项目化实施研究"的成果。

　　再次,我要感谢牟平区教研室林海波主任。林主任是正高级教师、齐鲁名师,每每与他交谈,我都感到醍醐灌顶、豁然开朗。从他身上,我学到了勤奋努力,我看到了一位齐鲁名师在自己执教生涯中执着的追求。在他的鼓舞下,我也一路向前,不曾停歇。

　　我还要感谢我的同事。赵杉杉、张霞、张蕾,我们是一群志同道合的人,心中永远保持着那份对教育的热忱和研究的韧劲儿。她们是劳动课程项目化实施的首批实验教师,白天实践晚上研讨,无数个不眠之夜,我们一起在腾讯会议里讨论研究。每次讨论清楚一个问题,我们的心里都莫名地兴奋。这样的教育生活让我们感到生命的活力和价值。

　　我也要感谢我的家人,他们默默的支持是我不断努力的精神支柱。

　　最后,感谢中国海洋大学出版社,感谢高悦午先生和邹伟真主任对我的指导。他们耐心和细心的服务,让这本书得以顺利出版。

　　由于时间仓促,书中难免有疏漏,希望读者朋友们提出宝贵意见和建议。

崔远红

2023.2